MODIGLIANI

莫迪利亚尼

图书在版编目(CIP)数据

莫迪利亚尼：追逐爱与美之歌 /（法）蒂埃里·杜夫雷（Thierry Dufrene）著；
颜宓译. -- 武汉：华中科技大学出版社, 2023.1
ISBN 978-7-5680-8851-0
Ⅰ.①莫… Ⅱ.①蒂… ②颜… Ⅲ.①莫迪里阿尼（Modigliani, Amedeo 1884-1920）- 传记
Ⅳ.①K835.465.72

中国版本图书馆CIP数据核字(2022)第219887号

莫迪利亚尼：追逐爱与美之歌
Mo Di Li Ya Ni：Zhuizhu Ai yu Mei zhi Ge

[法] 蒂埃里·杜夫雷 著
颜宓 译

出版发行：华中科技大学出版社（中国·武汉）　　电话：（027）81321913
华中科技大学出版社有限责任公司艺术分公司　　（010）67326910-6023
出 版 人：阮海洪

责任编辑：莽　昱　张丹妮　　封面设计：唐　棣
责任监印：赵　月　郑红红

制　　作：北京博逸文化传播有限公司
印　　刷：北京汇瑞嘉合文化发展有限公司
开　　本：889mm × 1194mm　1/8
印　　张：40.5
字　　数：200千字
版　　次：2023年1月第1版第1次印刷
定　　价：498.00元

华中出版

本书若有印装质量问题，请向出版社营销中心调换
全国免费服务热线：400-6679-118 竭诚为您服务

MODIGLIANI

莫迪利亚尼

追逐

爱与美之歌

[法] 蒂埃里 · 杜夫雷（Thierry Dufrêne） 著
颜宓 译

CITADELLES & MAZENOD
華中科技大學出版社
http://press.hust.edu.cn
中国 · 武汉
有书至美
BOOK & BEAUTY

目录

楔子

从传奇到作品

“莫迪利亚尼（Modigliani）的传奇将会流传很多很多年”。[1]知名艺术评论家沃尔德马-乔治（Waldemar-George）在1925年这样写到。彼时，巴黎Bing画廊正在为五年前去世的莫迪利亚尼举办一场重要的回顾展。世人往往先道听途说了他的传闻，继而才了解他的作品，并在这一过程中逐渐修正对于艺术家的认知。如果完全抛开这些传闻，那么可能就会忽略了历史上这样一个有趣的灵魂：他是20世纪初叶的众多传奇艺术家之一。莫迪利亚尼的作品不仅没有使其失去光彩，反而成就了传奇。

一个挥金如土的传奇

莫迪利亚尼本人便足以代表他那个时代的巴黎波西米亚风格。他的人格矛盾且复杂，释放出一种有毒的魅力，使人沉迷。实际上，对于那些纠结于还原人物真相的传记作者来说，编写另一个版本显然是更加简单且常见的做法。1945年，安德烈·瓦诺德（André Warnod）的笔下呈现出“一个挥金如土的传奇人物……展示了一个常年酗酒、滥用药物并且疯狂的人物形象”。这个艺术家人物出身于银行家家族，也曾家财万贯，但在他的挥霍下落得个一贫如洗、常年游荡在不同的“避难所”之间的下场。“运气好的时候可能会在朋友的工作室借宿八天甚至半个月，但这都不能激励他努力工作[2]”，瓦诺德总结道。但是，在莫迪利亚尼的独生女珍妮（Jeanne）的自述《莫迪利亚尼：不是传奇》（*Modigliani sans légende*，1958年）[3]一书中，她否认了艺术家是银行家儿子这一说法。莫迪利亚尼的亲生父亲弗拉米尼奥（Flaminio）在其木材和煤炭公司破产之后，仅在里窝那（Livourne）——莫迪利亚尼的家乡——开了一家很小的中介公司。而关于这个所谓“教皇的银行家”的家族传说，源起自艺术家父亲的一个名叫埃马努埃莱（Emanuele）的祖先，曾在19世纪中叶为梵蒂冈教廷提供铸造货币所需的铜而已！另一方面，在莫迪利亚尼的观念里，他并不认同必须要有一个属于自己的地方才能好好创作。事实上他也言行一致。莫迪利亚尼最出色的近百幅肖像画，于1916至1917年，在另一位“巴黎画派”代表人物莫伊斯·基斯林（Moïse Kisling）位于巴黎约瑟夫·巴拉街3号（3, rue Joseph-Bara）的工作室旁的一间小房间里创作的，其中包括以基斯林为原型的

上图
《莫伊斯·基斯林》（*Moïse Kisling*）
1916年
油画，82厘米×47厘米
法国，巴黎蓬皮杜艺术中心国立现代艺术美术馆藏

左页图
阿梅代奥·莫迪利亚尼（Amedeo Modigliani）
马克·沃（Marc Vaux）摄于1912年
私人收藏

一批肖像画。资产阶级——或者说禁忌的贵族——形象，构成了瓦诺德整个描述的基础：他“英俊，充满男子气概；有着卷曲的头发、宽阔的额头以及如黑色钻石般的眼眸……对得体的着装要求严格；即便身着浅棕色天鹅绒质地的西服——这套工人阶级的服装——他的姿态也如王子般瞩目。”[4]这最后一段的描述呈现出一个有色眼镜下的人物特征：诚然，“银行家的儿子”放弃了他无可挑剔的服装，换上了工人阶级的衣服，但他的姿态依旧像王子一样。如果莫迪利亚尼并非传闻中的“银行家的儿子”，那么他那著名的浅棕色天鹅绒西服也就显得不那么“工人阶级”了。更重要的是，这反映出了画家所喜欢的颜色。在他的生命尽头的两幅作品——我们视之为具有对称性的创作——画商利奥波德·兹博罗夫斯基（Léopold Zborowski）的肖像画（1916—1919年，第292页）以及画家的自画像（1919年，第293页）。

艺术家本人除了几封信和一些私人笔记，几乎什么都没有留下给后人。这让他的人生传奇欠缺史料和物证，更多的描写是在历史长河的传闻碎片中东拼西凑组合而成。至于那些熟识他的人，珍妮·莫迪利亚尼并不认为这些口述的传闻有任何价值：“那些直接的见证者大致可以分为三类：被那个优雅高贵、颇具文化和教养的英俊年轻人所感动的情感主义者；认为艺术家是一个缺乏自制力，酗酒并有着令旁人难以忍受行为的个人生活废墟的制造者、破坏者、醉醺醺的侵入者，对于过往有着不愉快记忆并无法宽容以待的见证者；以及以自我为中心的人。对于他们来说，莫迪利亚尼只不过是一个唤起他们青年时代的借口。”[5]我们可以得到结论，不同人的视角所看到的东西是不同的（不然又能如何？），或者从一个更积极的角度来看，莫迪利亚尼是很多人的锚点，从他的身上映射出一整个时代。

关于他的传闻最广为人知的部分并不怎么光彩：贫穷和疾病，对鸦片和酒精的依赖，对女性的迷恋，以及1917年在贝尔特·魏尔（Berthe Weill）画廊举办的展览“丑闻”——当时警察从橱窗里取下了未经过艺术化处理完全写实呈现的裸体画。这些画如此真实，就连私密处的描画都纤毫毕现。命运的不公进一步加剧了这一悲剧：艺术家在35岁时因病离世，而他怀孕的伴侣珍妮·赫布特尼（Jeanne Hébuterne）则在他死后第二天突然自杀。这真是命运的终极转折，莫迪利亚尼如同凡·高一样，终其一生穷困潦倒，直到离开人世之后，其价值才被世人所认知。

传奇总是令人向往的，即便他是一个酗酒者，那也是酗酒者中的“王子”，有着无可磨灭的优雅。因此1934年，在专业刊物《美术》（*Beaux-Arts*）中，亨利·洛米尔安（Henri Lormian）提出了批评，继而对自己的论点进行了辩护：“尽管艺术家的朋友们都认为他有着传奇王子的风度翩翩，如罗马人英俊的轮廓以及有着尊贵的大君主的魅力（所有的摄影照片都是最好的见证），但他同时也有流着鼻涕，充满血丝的双眼是酗酒者才有的特征。但这些瑕疵都被女人们视而不见，即便有人指

本页及对页图
《裸》（*Nu*）
1917年
油画，73厘米×167厘米
美国纽约索罗门·古根汉美术馆藏

出，她们也会以一种不容许讨论的语气回答道：‘或许吧，但他的灵魂是如此丰富。’”[6]简而言之，他穷困潦倒，但依旧是无产阶级的王子。1963年，在让-玛丽·多特（Jean-Marie Drot）的镜头前，作家布莱斯·桑德拉尔（Blaise Cendrars）将他定义为“创作无产阶级绘画的艺术家”。[7]而在他的另一个朋友——诗人兼批评家安德烈·萨尔蒙（André Salmon）看来，莫迪利亚尼身上有一种耶稣的献祭精神。艺术家用绘画记录当时社会的伤痕，以其独有的方式让因贫穷倒于路边的人和在战争中死去的战士得到重生。萨尔蒙是在1922年的刊物《艺术之爱》（*L'amour de l'art*）中提出了这个观点。对他来说，莫迪利亚尼“在栖身之地进行了狂热的即兴创作。但这种狂热的本质是神圣的，艺术家虽然身处充满贫困、疾病的都市阴暗地带，但用艺术的铭文净化了斑驳的墙壁，驱散了麻风病，让死亡避之不及。艺术家将永恒的纯净带到世间”[8]。

因此，安德烈·萨尔蒙总结了自己的观点：“我不知道莫迪利亚尼是否是不可复制的，这个问题我并不感兴趣。但我知道，由于他的原因，由于他的作品，绘画所提出的众多问题里又增加了一个新的价值——令人痛苦的净化的价值。”这个传奇的核心——支持他的动力之源——确实是通过苦难进行的救赎。莫迪利亚尼的作品之美已从痛苦中跳脱出来。巴黎画派的传奇正是建立在被称为“莫迪”（Modi）的艺术家和其作品的基础上的：这难道不是冥冥之中的天意安排？这与“被诅咒”（法语Maudit，意为被诅咒，发音同Modi）之间的联系多么紧密！在整个欧洲乃至全世界，所有遭受苦难的温床激发了艺术家的灵感，他们冒着身体和精神健康危险，将美和希望带到这个充满忘恩负义和腐败的世界，而世人往往在艺术家死后才看到这一切。从这个角度来看，艺术家身上有着耶稣的奉献精神和激情的即时性：遭受屈辱、怀疑然后复活（译者注：这里作者暗指与耶稣的遭遇相似）。

莫迪利亚尼明确了通过艺术进行救赎的问题，这是对宗教的真正替代。意大利画家吉诺·塞韦里尼（Gino Severini）对此也深以为然。[9]1927年7月18日，塞韦里尼在写给基督教哲学家雅克·马里坦（Jacques Maritain）的一封信中表达出，要成为艺术家的唯一途径是“生活在垃圾箱中”，如莫迪利亚尼那样陷入波西米亚式的深渊。[10]塞韦里尼说自己永远也做不到这一点。在他眼中，莫迪将艺术视为生命的全部，以至于他不允许自己将艺术简化成生活里的“事物”。在同一封信里，塞韦里尼回忆道：“某晚，或者某夜，当我们与莫迪利亚尼一起散步时，他对我说：‘我不喜欢毕加索的东西，他是错误的，彻彻底底的错误。’他原话就是如此。”[11]

画廊老板兼艺术评论家阿道夫·巴斯勒（Adolphe Basler，他收藏了多幅莫迪利亚尼的作品）坚持认为，抛开这位艺术家的落魄人生不谈，我们对他的热爱，显示了他的作品和人格魅力具有普世性。在他眼中，无论是社会底层贫民、阿帕契人（apaches，巴黎20世纪初期的街头黑帮）这样的普通人，还是共产主义知识分子、警察府的高级官员这样所谓的“社会精英”，都没有分别：“为生活所迫，他为所有摆好姿势的人画肖像，但是这些钱一到手，他就会换成酒喝掉。当酒味道不好的时候，他往往会变得暴躁。可以说，他是小酒馆的丧门星。他的朋友们习惯了这种过分行为，总会原谅他。而那些通常不是从艺术家或文化群体中招募来的掌柜和服务员，则会把他当作普通的醉汉。但是在他离开

这个世界以后，每个人都喜欢他，接待过他的旅馆老板、理发师、小酒馆服务生，所有人都保留着他的画或美好的回忆。曾在战争期间给予他温饱饮食的俄国画家瓦西里耶夫（Vassiliev）谈论着他！所有人、所有的可爱邻居、勃艮第的小雕塑家X、画家Z或共产党哲学家拉波波尔特（Rappoport）都谈论着他！而莫迪利亚尼甚至很少与拉波波尔特交谈。甚至那些在他喝醉后将他锁起来的军官们也不例外。他的魅力还赢得了警察府的青睐，其中数名高级官员执着地收藏他的画作。可怜的莫迪做梦也不会想到拥有比战争期间更理想的观众。人们来自世界各地：美国人、瑞典人、挪威人、波兰人、俄罗斯人、墨西哥人，他们轮番在圆亭咖啡馆（La Rontode，巴黎蒙帕纳斯广场上的著名文艺咖啡馆）就座。”[12]

根据巴斯勒的说法，如果“莫迪”得到各阶层人士的赞赏，那是布尔乔亚对波西米亚文化的着迷，确保了他的荣耀——（不幸的是）死后的荣光。马里奥·卡迪斯兹（Mario Cadiz）于1925年4月发表了一幅讽刺漫画，显示转世后的莫迪利亚尼进入了一个高档的歌舞表演场，标题为“在蒙帕纳斯的大天使莫迪利亚尼”，配文以仿佛重回人间的画家的语气写道：“现在，就像再回到人世间一样。”[13]画面展现了在“藤田大厅”（La Rontode，咖啡馆的一个房间，以同时期的著名日裔画家藤田嗣治命名）里的一群美国人和拉丁美洲人：美丽的世界热闹非凡，充满

了爵士乐团的乐声。波西米亚文化已成为布尔乔亚式的，由此带来的影响，波西米亚人也变得绅士化。在莫迪利亚尼去世仅五年后，他所体现的波西米亚主义已不复存在。

那传奇是如何被滋养和流传到今天的？自1916年起，玛丽·沃罗比耶夫［Marie Vorobieff，也被称为马列夫娜（Marevna）］在介绍蒙巴纳斯（Montparnasse）的波西米亚主义时，将莫迪（Modi）塑造成了这一文化的重要代表人物。首篇关于莫迪利亚尼的重要艺术评论——评论家弗朗西斯·卡科（Francis Carco）撰写——刊发在1914年7月15日的报纸《折扇》（*L'Éventail*）上。[14]至于安德烈·萨尔蒙，远早于1957年撰写的《莫迪利亚尼充满激情的一生》的1922年[15]，即莫迪利亚尼去世2年后，他完成了关于莫迪利亚尼的一篇极具暗示性的文章：《佛罗伦萨的圆顶倒映于塞纳河中》。[16]就这样，通过诗歌、绘画乃至摄影镜头，堕落天使的形象逐渐被勾勒出来。

至于电视，要等到布莱斯·桑德拉尔在1953年拍摄的《探索莫迪利亚尼在蒙马特的足迹》。在四十年后，终于有人重新探访了这些当代绘画史的发源地。他沿着洗濯船（Le Bateau-Lavoir）的楼梯下楼，唇边叼着香烟，大衣的一只衣袖因为缺少一只胳膊而悬空飘荡。在废弃的走廊尽头，他叩响了门。“莫迪利亚尼的门没有打开”，画外音说道。画面定格：他曾在那里。就像奥森·威尔斯（Orson Welles）的《公民凯恩》（*Citizen Kane*，1941年）的片尾一样，最后一个镜头的画面逐渐没入黑暗。神秘源自因消失所带来的空虚感，以及一个时代的魅力，如磁石般吸引了没在彼时彼处生活过的人们。桑德尔斯继而前往埃德蒙·何塞（Edmond Heuzé）的工作室，何塞向他讲述了安德烈·厄特（André Utter，1886—1948年），这位法国画家是苏珊·瓦拉东（Suzanne Valadon）的丈夫，莫里斯·郁特里罗（Maurice Utrillo）的岳父，更是莫迪利亚尼的朋友，由他牵引出一串旧时回忆。在他们交谈的身后，一名裸体女模背对着镜头正在调整姿势，镜头不时停留在她身上。当对话结束时，桑德拉尔说道：“你的小模特儿，是个真正的‘莫迪利亚尼’。”通过艺术家作品呈现出的女性不再是之前的女性：她从此以后就是“莫迪利亚尼的女人”。正如奥斯卡·王尔德（Oscar Wilde）所说：“不是艺术模仿自然，而是自然模仿艺术。”这种影响是相互的。据珍妮·莫迪利亚尼说，她的父亲向他的朋友、俄罗斯画家利奥波德·苏瓦吉（Léopold Survage）宣称：“我需要一个活生生的人，出现在我面前，才能创作。”[17]二三十年之后，阿尔伯托·贾科梅蒂（Alberto Giacometti）也是如此。

1958年，在雅克·贝克尔（Jacques Becker）执导的法意合拍片《蒙帕纳斯19号》［（*Montparnasse 19*，或又称《蒙帕纳斯的情人们》（*Les Amants de Montparnasse*）］中，莫迪利亚尼这一英雄角色由杰拉德·菲利普（Gérard Philipe）进行了精彩演绎。这部影片根据米歇尔·乔治-米歇尔（Michel Georges-Michel）的小说《蒙帕纳斯人》（*Les Montparnos*）改编而成，导演不愿呈现一出“如诗如画”的悲剧，拒绝以珍妮·赫布特尼的自杀作为结尾。而选择了另一个结尾：由利诺·文图拉（Lino Ventura）饰演的艺术品经销商为了以低价购买其作品并高价转售，冷眼旁观了画家之死。为了强行买到这些画作，他在珍妮［阿努

左页图
《在蒙帕纳斯的大天使莫迪利亚尼》（*À Montparnasse. L'Archange Modigliani*）
马里奥·卡迪斯兹绘制，出版于1925年4月15日的第8期《生活的艺术》（*L'Art vivant*）
巴黎，法国国立图书馆藏

上图
玛丽·沃罗比耶夫
《向蒙帕纳斯的朋友们致敬》（*Hommage aux amis de Montparnasse*）
油画，161厘米×305厘米
瑞士日内瓦小皇宫馆藏
从左到右：迭戈·里维拉（Diego Rivera）、玛丽·沃罗比耶夫和她的女儿马里卡（Marika）、伊利亚·爱伦堡（Ilya Ehrenburg）、柴姆·苏丁（Chaïm Soutine）、莫迪利亚尼、珍妮·赫布特尼、马克斯·雅各布（Max Jacob）、莫依斯·基斯林和莱奥波尔德·兹博罗夫斯基（Léopold Zborowski）

克·艾米（Anouk Aimée）饰演］迷惑不解的注视下挥舞着钞票，那时她仍然不知道自己的伴侣已经离世。这个毫无顾忌的投机者名为莫雷尔（Morel），这是“死亡”（Le Mort）的反读谐音。其他一些场景和传说的差不多。例如，作为开场白，莫迪利亚尼和利奥波德·兹博罗夫斯基坐在小酒馆的桌子旁，他正在画一个男人的肖像素描。被画的男人对画像并不满意，但依旧坚持按照承诺付给画家酬劳。但艺术家将钱撕碎，并说这样就两不相欠了。而发生在巴黎丽兹酒店的另一幕也没被忽略：美国收藏家迪克森的态度——他的收藏混合了巴恩斯（Barnes）或一些类似的风格——说明了他相信其中一部分将成为不朽的杰作。收藏家将他对这些画作的热爱毫无防备地展现在艺术家面前。迪克森打算推出一款深蓝色调的香水：灵感来自利奥波德·兹博罗夫斯基向他指出的莫迪利亚尼笔下人像所拥有的蓝色眼眸。听完迪克森的叙述，莫迪利亚尼起身离开。他毫不犹豫地放弃了这一可能使他摆脱贫困的机会。稍早时，莫迪利亚尼曾为凡·高辩护，这也是他对任何指责他喝酒的人的回复：“凡·高需要喝酒来获得他在创作时寻找的‘高黄色调’。”

进入新世纪（2004年），米克·戴维斯（Mick Davis）的电影更具讽刺意义。故事的主线实际上是基于毕加索和莫迪利亚尼之间难以想象的激烈对抗。接下来是一场竞赛，伴随着一系列相互冲突的场景，柴姆·苏丁、莫里斯·郁特里罗、安德烈·德兰、莫依斯·基斯林、迭戈·里维拉……每个人都按照各自的真实风格来描绘一幅画，但又是抽象的，就如同这场比赛一样。其中最天马行空的是毕加索试图以分析立体主义风格绘制的“戴着帽子的莫迪利亚尼”，但最终毕加索宣布是他最强大的对手以珍妮的肖像画获胜。这也是莫迪利亚尼生前唯一击败毕加索的一幅作品。在电影戏剧化的蒙太奇处理下，同一时刻，莫迪利亚尼在走出小酒馆的同时被一群阿帕契人袭击了。这些暴徒抢夺并撕毁了他的身份证件。原本他是要带着证件去和珍妮登记结婚，并承认他们的女儿的身份。

在传奇与现实之间，无疑存在着一个模糊不清的交界地带，在那里现实与虚构相互交错。1915年，以对职业的信仰之名，莫迪利亚尼将一幅画作命名为《艺术家》。在他看来，波西米亚蒙帕纳斯传奇不正是自己成为“艺术家”的必要条件（sine qua non）吗？而他自己则是这个传奇中最重要的构建者之一。

从一个传说到另一个传说：从波西米亚到“艺术家”

很少有艺术家像莫迪利亚尼一样，在一生中如此频繁地搬家和更换工作室。他不安定下来的原因之一，首先当然是因为财务上的窘境，但至少还有一个原因，他试图逃离一切布尔乔亚的组织。艺术评论家古斯塔夫·考奎特（Gustave Coquiot）回忆到，有一次，当莫迪利亚尼在一个纸箱里发现了曾经挂在他的工作室墙壁上的意大利大师作品的复制

左上图
杰拉·菲利普（Gérard Philipe）在雅克·贝克尔（Jacques Becker）执导的影片《蒙帕纳斯19号》（*Montparnasse 19*，1958年）中饰莫迪利亚尼

右上图
珍妮·赫布特尼
1914年

右页图
《珍妮·赫布特尼肖像》
1919年
油画，92.3厘米 × 54.5厘米
日本仓敷市大原美术馆藏

modigliani

品时的反应。他说，那是“当我还是一个布尔乔亚的时候”。[18]这与约翰·伯格（John Berger）笔下的毕加索的财务状况形成了鲜明的对比：“1909年，他有一个穿着白色围裙戴着头饰的女仆在餐桌旁服务……在1930年，他买下了布瓦热卢城堡（château de Boisgeloup），这座城堡的历史可追溯至18世纪，后来成为他的第二常住居所……”[19]

除了几本书和歌剧剧本，以及一个具有异国情调的木制面具之外，我们没有发现任何属于莫迪利亚尼的私人物品。[20]他非常珍惜自己的书，但经常冒着遗失的风险把书随便放在口袋里。咖啡馆的服务生曾为他送来丢失的这本书：洛特雷阿蒙（Lautréamont）的《马尔多罗之歌》（*Les Chants de Maldoror*）。早于超现实主义者之前，他就认识到这本书的举足轻重。据称——如果利奥波德·苏瓦吉的话是真实的——莫迪曾从画家曼努埃尔·奥尔蒂斯·德·萨拉特（Manuel Ortiz de Zárate）的图书馆中偷走了哲学家斯宾诺莎的《伦理学》（*L'Éthique*），并声称这是其家族遗产。根据流传在莫迪利亚尼家族内的说法，莫迪母亲尤金妮·加尔辛（Eugénie Garsin）的一个名叫雷金·斯宾诺莎（Régine Spinoza）的祖辈，与哲学家有某种血缘关系。珍妮·莫迪利亚尼表示这一说法是无稽之谈，并补充说斯宾诺莎并没有任何后代：“在加尔辛-莫迪利亚尼（Garsin-Modigliani）家族看来，这个虚构的斯宾诺莎祖先可以在进行银行业务时带来某种抽象意义的威信和信用加持！”[21]同样是根据利奥波德·苏瓦吉的说法，曼努埃尔·奥尔蒂斯·德·萨拉特出于报复，也从莫迪利亚尼那里窃取了一本《堂吉诃德》（*Don Quichotte*），并且是以他本人在智利的财产的名义（因为他是在智利长大的西班牙裔）。但是这个版本更像是经过演绎的逸事，可信度不高。

传记作家们并没就莫迪利亚尼是否拥有贝多芬的半身塑像这一细节达成共识。这个波西米亚人热爱音乐，还喜欢唱歌，虽然他的歌声嘹亮，但并不好听，他总是唱很久，直到疲惫恼怒的听众打断他。

除了自己的作品，死亡面具（死亡面具是以石膏或蜡将死者容貌保存下来的塑像）几乎是艺术家唯一留给世人的形象。莫依斯·基斯林和勒妮·基斯林夫妇虔诚地将这个面具安置在工作室的一个书架上，四周环绕着他与亲友在一起的照片和安德烈·萨尔蒙的著作。这个面具由雅克·利普希茨（Jacques Lipchitz）铸造，“重新找回的永恒”体现出互为矛盾的两面性：一个是载入史书流芳后世的男人，一个是35岁时盛年之时便死亡的病人。毫无疑问，在童年时就染上的结核病并未被根治，这使莫迪利亚尼的健康状况极为脆弱。

每一次放纵，都使他心力交瘁，这引起了他的朋友和艺术商人的关注，尤其是在1909至1913年。那时，他常驻法尔吉埃城（La cité Falguière），那是个四面漏风的工作室，艺术家时常在寒冷与尘土中进行雕刻。“人造天堂”［译者：*les paradis artificiels*，这个形容出自法国诗人夏尔·波德莱尔（Charles Baudelaire）在1860年出版的一本书的书名，这本书描述了毒品的影响，并讨论了它们在理论上帮助人类达到“理想”世界的方式］——大麻、毒品、酒精——并不能改善他的病情，真正悬在他头顶的达摩克利斯剑是他虚弱的肺。在这样的条件下，他需要超乎寻常的精力才能完成一件作品。

如果说在早期创作阶段里，构成波西米亚生活意象的体裁主题和歌舞表演场景具有非凡的吸引力，那么这段“苦行僧”时期反而成就了他短暂的雕塑时期。康斯坦丁·布朗库西（Constantin Brancusi）、毕加索或安德烈·德兰的频繁到访也激励了莫迪利亚尼不断挑战自我。随着雕塑时期的结束，画家的时代来临，波西米亚的神话被“艺术家”取而代之。他为蒙帕纳斯的伴侣绘制的肖像画充满截然不同的吸引力，证实当时波西米亚在他眼中已经不再是一种简单的生活方式，而成为一种选择的标记、一种非凡命运的象征以及一种绝对的追求。阿尔伯托·贾科梅蒂将其称作“最后的英雄，伟大的普罗米修斯”。[22]

这幅名为《艺术家》（*L'Artiste*，1915年）[23]的画作——现被私人收藏——很明显地反映出莫迪利亚尼为实现艺术使命而锻造的崇高思想，尽管当时他展出这幅画的目的是为了卖给艺术商人、收藏家保罗·纪尧姆（Paul Guillaume）的画廊。在画面的上半部分，一个女性的头部微斜，上面写着“道德不存在”的字样和一颗小六角星。画面中央绘制了一副面孔（一只眼睁开，另一只眼眶虚空）。画面左侧写了几行字“华丽的风格/9/3个面/3个世界/3个维度”。右边是从深奥的《翠玉录》（*Table d'émeraude*）中提取的箴言：“在三个世界中，真实的事物也是真实的”，然后在星空下，“上方之物正如下方之物，反之亦然”；“不要说：不要那样做，而要说：那样做”。画面下方绘制了一个极简的头像和一句“我将打造一个杯子，而这个杯子将成为我的情感的容器”的话。画面上还有其他几句铭文：“空寻找满/而满寻找空/只有自己征服的东西才属于你。”这句话同样出自《翠玉录》。这本著作（拉丁原文为*Tabula Smaragdina*，又名“艾默拉德石板”），是传说中一块刻有赫耳墨斯·特里斯墨吉斯忒斯（Hermès Trismégiste）所撰文字的石板，该石板的材质不明，不像是从地球所产出的岩石。它被认为是赫耳墨斯主义的哲学基础，也是早期传入欧洲的炼金术文献之一。传言这本书上的箴言来自古希腊神话中的众神使者赫尔墨斯·特里斯墨吉斯忒斯，最早源自公元前2世纪和公元1世纪的罗马统治时期古埃及的某种晦涩难懂的传统，之后被公元6世纪的阿拉伯手抄本记录下来。

这张看似潦草的手稿上留下了不少神秘学的印记：宏观与微观之间的对应关系（“上方的事物就像下方的事物”）、精神世界（虚空的眼睛）和自然世界（睁开的眼睛）之间的对立关系、三个世界……“华丽的风格”既属于炼金术（占星术），又属于共济会。另一方面，如何理解“道德不存在”和充满基督精神的“这个杯子是我的情感的承载体”？这不是某种源自传统的集体智慧或醍醐灌顶般地有感而发，整件

右页上图
莫迪利亚尼、巴勃罗·毕加索和安德烈·萨尔蒙
在蒙帕纳斯大道上的圆亭咖啡馆前
1916年8月12日
摄影：让·谷克多（Jean Cocteau）
巴黎卡纳瓦莱博物馆藏

右页下图
基斯林的工作室
1933年
摄影：安德烈·柯特兹（André Kertész）
法国巴黎蓬皮杜艺术中心国立现代艺术美术馆藏

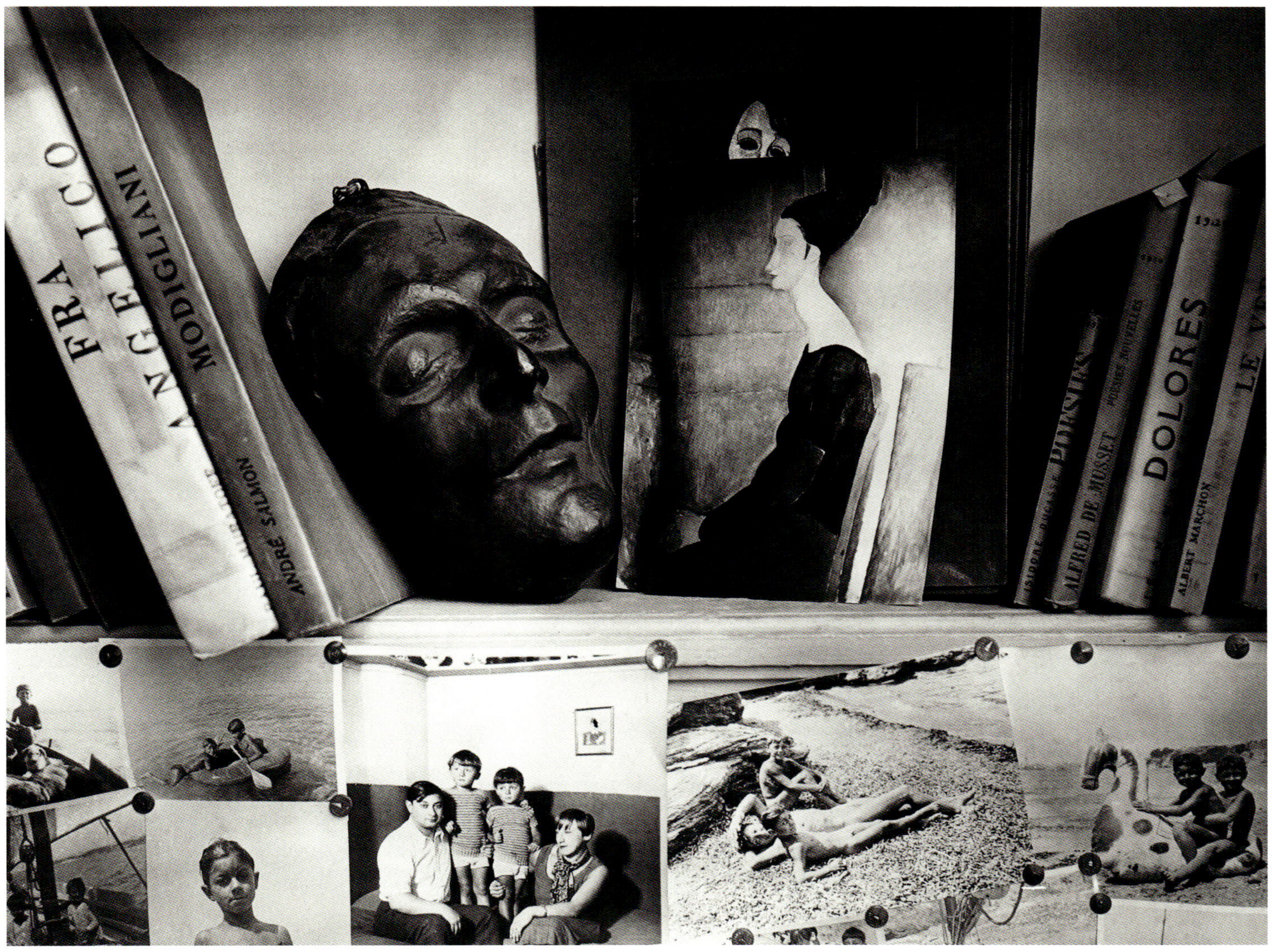
FRA
MODIGLIANI
ANDRÉ SALMON
ALFRED DE MUSSET
DOLORES
ALBERT MARCHON

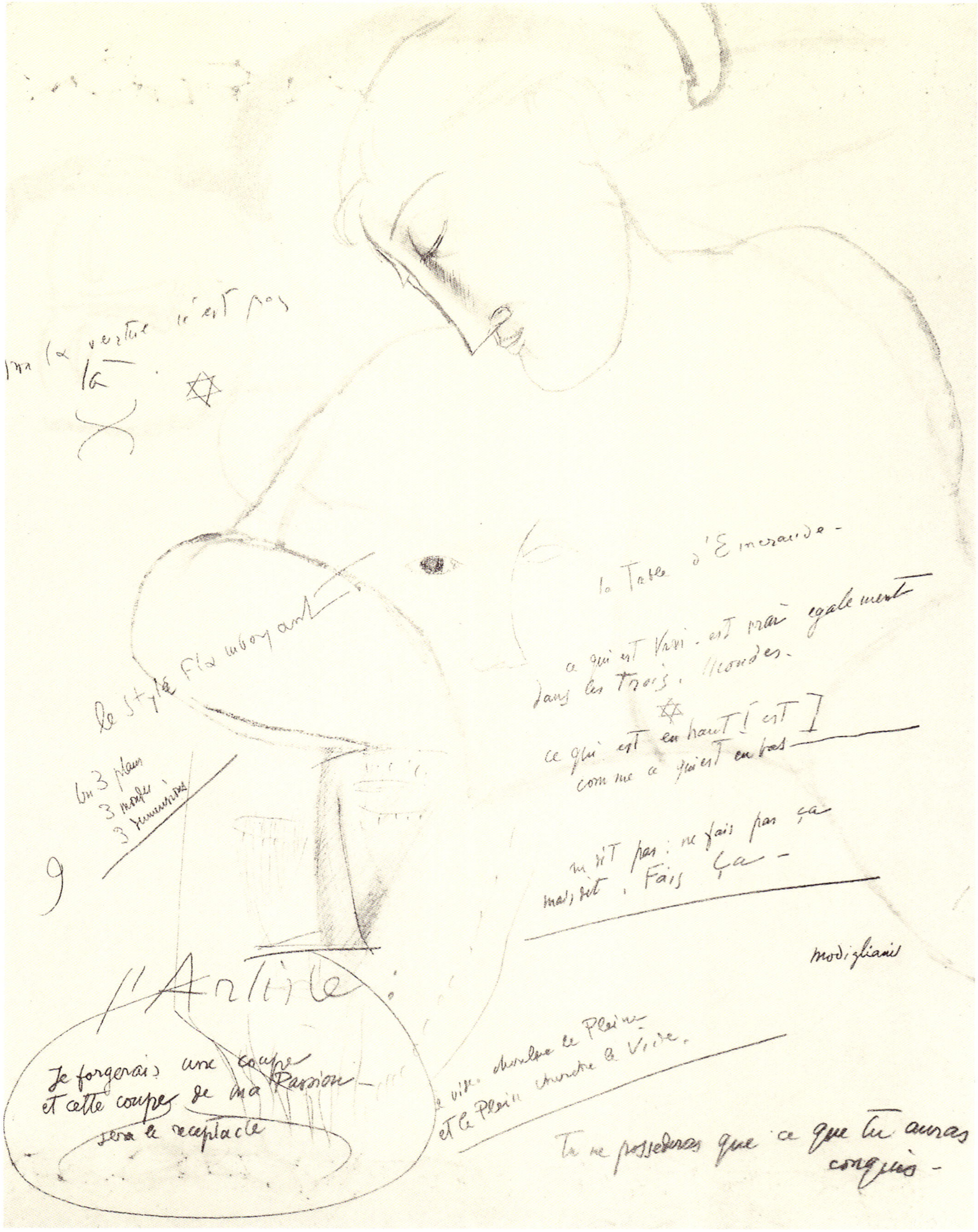

作品如同一场不惜代价的、对良知的考验与承诺。莫迪利亚尼通过试图从激情之杯找到一个方向去找回（不存在的）失去的美德，《翠玉录》的箴言像一棵神秘之树的树枝一样堆叠伸展。这种布局传达出另一层更加个体化的信息：心、同情心和美丽——位于画面中心和底部——的地位优于头脑、知识，但缺失了道德。美德可以通过作品中的化身，而不是抽象的知识重新找回。

艺术家忽略了这本如上天降临给世人的礼物《翠玉录》中的一段话："因万物皆源于一物，故一物的思索可衍化为万物。"但是，他多次用意大利语写了一个类似的箴言：*La vita è un dono, dei pochi ai molti, di coloro che sanno e che hanno a coloro che non sanno e che non hanno*（"生命是一份由少数人给于多数人的礼物，那些知道并拥有的人给予那些不知道且一无所有的人的礼物。"）他经常把这句话写在铅笔肖像画旁，无论是露妮娅·捷克诺夫斯卡[24]（Lunia Czechowska，1919年）——这样熟悉的模特儿——她在回忆录中提到了这一点，并坚信自己与众不同[25]，还是一名休假时偶遇艺术家并获赠肖像的无名年轻士兵[26]。

这三个有着相似运行方式的世界是什么？以赫尔墨斯·特里斯墨吉斯忒斯之名，它代表着三种物质：矿物、植物和动物；而对于艺术家来说，无疑是身体、心灵和灵魂。就莫迪利亚尼而言，布莱斯·桑德拉尔提出了"内在世界"、"人心"和"来来去去的激情"[27]。至于从艺术的角度从这幅画中获取的信息，可以确信看到艺术家对作品、对绘画的信念：“你只会拥有自己征服的东西。”这场对“艺术家”这幅画的反省，基于图形上的引用语句和一连串注释，证明了莫迪利亚尼重塑具象绘画的趋向。

但是，他与众不同的命运显示了创作者总是容易遭受误解和不幸的困扰，如同诗人夏尔·波德莱尔（Charles Baudelaire）的信天翁一样。信天翁是世界上最大的海洋鸟类，拥有巨大的长长的翅膀，这反倒阻止了它在陆地上的行走。于是，受到16世纪初期阿里奥斯托（Arioste）的著作《疯狂奥兰多》（*Orlando furioso*）的启发而创作的一幅1915年的画作中，他将自己描绘成一个被爱淹没的可怜疯子。[28]不过，首先是在形而上学层面上，即意识层面，他的命运令他感到不知所措。他自比法国诗人洛特雷阿蒙，以及有着“诗人王子”美誉的保罗·魏尔伦（Paul Velarine，1844—1896年）。在另一幅创作于1914至1915年的肖像画《囚犯》中[29]，他抄写了第一首四行诗《无耻之徒》（*L'impudent*），出自保罗·魏尔伦的诗集《平行》（*Parallèlement*，1889年）。他完整地抄录了以下的句子，且并没有备注作者的名字：

“苦难和邪恶的眼睛，
这不是诽谤，
使这个骄傲的怪物
成为老囚徒的魂灵。”

他没有抄写的第二节诗，很可能在某种程度上对他的思想状态有所启发：

“是的，Jettatore，是的，最后一个
哀悼中的乞丐中的第一人
到最后一人的阴影
他们追随直至棺木。”

左页图
《艺术家》（*L'Artiste*）
1915年
纸本铅笔速写，49厘米×41厘米
私人收藏

“Jettatore”源自意大利语，意味着“会带来坏运气的人”：画家认为自己和魏尔伦一样都是倒霉的受害者。但莫迪利亚尼也意识到他的职业“骄傲”成为双重层面上禁锢他的牢笼：内心的（他是自己的刽子手）以及社会性的。

本书将尝试重建莫迪利亚尼这段简短的艺术旅程。恰逢画家逝世一百周年之际（原书法语版出版于2020年），是时候用艺术家作品牢不可破的光辉驱散传闻的阴影了。在一个世纪之后，呼应沃尔德玛-乔治所说的那样，莫迪利亚尼的作品已流芳百世。

上左图
《露妮娅·捷克诺夫斯卡》
1919年
纸本铅笔速写，53.5厘米×41厘米
私人收藏

上右图
《囚犯》（*Le Prisonnier*）
1914—1915
纸本铅笔速写，24.5厘米×20.5厘米
私人收藏

从里窝那到蒙马特

古斯塔夫·考奎特于1924年这样写道："曾经，在意大利里窝那，有这样一个犹太孩子，他的父母很喜欢他。他名叫阿梅代（Amédée），阿梅代奥·莫迪利亚尼（Amedeo Modigliani）……"[1]艺术家的母亲虽然是意大利人，但是曾在法国马赛生活过，能说一口流利的法语，因此法国对莫迪利亚尼来说长久以来都有着一种特殊的吸引力。尽管如此，他的文化和教育背景还是地道的意大利式的。这些是他独特的敏锐度和艺术的基础，他同时还是南欧西班牙系犹太群体的一员。这位年轻人先是在自己的家乡接受了一位玛奇奥利（Macchiaioli）画派老师的训练（译者注:Macchiaioli是19世纪下半叶活跃在托斯卡纳的一群意大利画家。他们偏离了意大利艺术学院传授的过时惯例，并在户外进行了大量绘画，以捕捉自然光、阴影和色彩），后来又在佛罗伦萨和威尼斯接受了学院派绘画技巧的训练。他与母亲常常一道在意大利各地旅行，这无疑开阔了他的眼界。但是，无论奥伯利·比亚兹莱（Aubrey Beardsley）或图卢兹-劳特雷克（Toulouse-Lautrec）的画作，还是他的好友——智利画家曼努埃尔·奥尔蒂斯·德·萨拉特画笔下对巴黎的热情描述，都令他对阿尔卑斯山的另一侧产生了无比向往。1906年，年仅22岁的莫迪利亚尼抵达巴黎，然后发现了蒙马特（Montmartre）这片新大陆和前卫的艺术。无数的画作见证了他的波西米亚式、充满着创造力和自由的生活。据他的第一个资助人保罗·亚历山大（Paul Alexandre）医生说，他每天能画100到150幅画。艺术评论家艾米莉·绍布-科赫（Émile Schaub-Koch）曾这样说："如果德拉克洛瓦（Delacroix）、弗罗门汀（Fromentin）是用笔书写自己的回忆录。那么莫迪利亚尼就是用画笔'写'出了自己的回忆录。"[2]他的铅笔不知疲倦地记录了那些在剧院和马戏团观看演出的夜晚，生动刻画出那些不名一文的素人模特儿。唯一的定制需求主要来自保罗·亚历山大的亲朋好友。艺术家的创作在某种程度上超越了简单的写实主义：《犹太女人》(*La Juive*)、《女骑士》(*L'Amazone*)、《乞丐》(*Le Mendiant*) 和《大提琴家》(*Le Violoncelliste*)。与医生的肖像相比，上述作品都是他作为杰出肖像画家的才华得到认可的里程碑作品。直到1909—1910年，他希望成为雕塑家，便逐渐中断了绘画创作。

亲爱的意大利！

虽然法西斯主义势力将其视作逃兵和无国籍犹太人，但莫迪利亚尼终其一生都与意大利有着千丝万缕斩不断的关联。20世纪初的巴黎和那种国际艺术波西米亚氛围为莫迪利亚尼提供了合适的工作环境。他对异国生活并没有产生丝毫的不适应感，也甚少返回出生地里窝那（只在1909年和1913年回去过）。在临终榻前，他的遗言充满了对意大利的情感，也被安德烈·萨尔蒙称为“意大利卡拉”[3]。就让我们追随莫迪利亚尼的记忆回到原点。

“迪多（Dedo，是莫迪利亚尼童年的小名）患有严重的胸膜炎，这让我一直胆战心惊。这个孩子的性格还没有完全成型，因此当下我很难对此发表什么评价。他的行为如同一个被宠坏但又很聪明的孩子。让我们期待他破茧而出的那一天，或许会是一个艺术家，[4]谁知道呢？”莫迪利亚尼的母亲欧也妮·加尔辛（Eugénie Garsin）在日记中讲述了那个充满焦虑的1895年夏天，她预感到了未来莫迪利亚尼的病情和性格中对艺术的极度敏感。事实上，他的儿子很快就用行动证实了这些预感。生于1884年7月12日的小莫迪利亚尼在1898年7月17日刚刚满14周岁，欧也妮在日记中写道：“他已经觉得自己是个画家了，对我来说，我不想太鼓励他，以免他为了追逐这个虚无缥缈的梦想忽略了自己的学业。与此同时，我又希望能够让他开心，摆脱这种无精打采的状态……”[5]同年8月，迪多在里窝那上了第一堂绘画课——我们可以在1899年的这幅自画像中看到他令人惊异的进步——但他患上了伤寒，这令他的肺部越来越脆弱。

他的童年生活和所有生活在那个年代（1900年左右）地中海港口城市的塞法迪犹太（Sephardi Jews）家庭的男孩一样。他的父母并不是十分重视宗教活动，因此他在巴黎发现了来自中欧和东欧的阿什肯纳兹犹太人（Ashkenazi Jews），这对他来说是一种新文化。欧也妮·加尔辛生于马赛，她的先祖们——在18世纪末从突尼斯移民至里窝那——并在1849年定居。她在1872年嫁给了弗拉米尼奥·莫迪利亚尼，他的家人来自罗马，定居里窝那有二十余年。这个婚姻是弗拉米尼奥的父亲安排的，他的父亲当时也住在马赛，经常出入马赛俱乐部，也在股市做一些小规模的投机交易，直到1873年破产。弗拉米尼奥总是在撒丁岛做生意，因此常常不在家。因为生意不顺利所以家里经常缺钱，但四个孩子为家庭生活增加了不少乐趣：老大朱塞佩·埃马努埃莱，后来成为社会党议员；老二玛格丽特（Margherita），成为著名的反法西斯政权斗士，然后就是老三翁贝托（Umberto）和最小的阿梅代奥。阿梅代奥经常和自1886年就搬来女儿家居住的外公艾萨克·加尔辛（Issac Garssin）一起散步，且就他们两个人。与外祖父的这种关系对迪多来说十分重要，也是通过这种关系他得到了犹太文化的传承。阿梅代奥的舅舅阿梅代·加尔辛（Amédée Garsin）经常拜访妹妹欧也妮，直到他在1905年去世，他是一个仁慈尽责的教父。而阿梅代奥最喜欢的姨妈劳尔·加尔辛（Laure Garssin）曾到巴黎来看望他，并在1911年带他去诺曼底旅行，还给他读了无政府主义者克鲁泡特金（Kropotkine）、尼采（Nietzsche）和柏格森（Bergson）的文章。[6]

迪多很快就将自己全身心地投入到艺术创作中。他跟随意大利画家古里耶摩·米克里（Guglielmo Micheli，1866—1926年）学习，而后者曾受到乔凡尼·法托里（Giovanni Fattori，1825—1908年）的训练。乔凡尼被认为是19世纪60、70年代玛奇奥利画派的第一批代表人物之一，

第22页图
《犹太女人》（*La Juive*）细节图
1908年

上图
《自画像》
1899年
纸本木炭，44厘米 × 32.5厘米，
私人收藏

通过斑驳的色块（Macchia）来表现人物和风景，这一运动被认为等同于同一时期在法国兴起的印象派。欧也妮似乎渐渐接受了儿子放弃高中学业的事实。1899年4月10日她写道："迪多的生活里只有绘画这件事，每天从早到晚，他都带着无比的热情坚持画画。老师对他非常满意，但在我看来，他只学习了三四个月，他的油画还行，而素描真的非常棒。"[7] 在他的另一位同学雷纳托·纳塔利（Renato Natali）看来，他对锡耶纳画派（Siennois）非常感兴趣，迪多的裸体写生非常出色，但这并不妨碍他对其他主题的创作，从常见的肖像到罕见的风景画，比如这幅《托斯卡纳的小路》（*Petite Route toscane*，1898年）。尽管在学业上表现平平，但他从这时起开始对加布里埃尔·邓南遮（Gabriele D'Annunzio）的著作和尼采的《查拉图斯特拉如是说》[8]产生了兴趣。

在1900至1901年的冬天，少年莫迪利亚尼患上了结核病。他的母亲带着他来到半岛南部，试图通过艺术和旅行来治愈疾病。母子两人的足迹从那不勒斯到卡普里岛、阿马尔菲（Amalfi）、罗马、佛罗伦萨和威尼斯，一路参观美术馆、画廊和教堂。这一时期莫迪利亚尼的临摹作品后来也被他带到巴黎（在古斯塔夫·考奎特的工作室可以看到），这反映出他对于意大利艺术的赞美。例如委罗内塞的《西蒙家的晚餐》（*Repas chez Simon de Véronèse*，约1567—1570年，米兰布雷拉美术馆藏），彼得罗·佩鲁吉诺（Le Pérugin）的《三博士来朝》（*L'Adoration des Mages*，又称Pala di Santa Maria dei Servi，1470—1473年或1476年，佩鲁贾的翁布里亚国家艺术馆藏），又或者菲利波·利皮（Filippo Lippi）的壁画蛋彩画《圣安妮的圣母玛利亚和圣安

顶图
《托斯卡纳的小路》（*Petite Route toscane*）
1898年
布面油画，21厘米×36厘米，
意大利里窝那法托里市立博物馆藏

上图
照片：阿梅代奥·莫迪利亚尼（右）与本韦努托·本维努提（Benvenuto Benvenuti）、阿里斯蒂德·索马蒂（Aristide Sommati）和兰多·巴托莉（Lando Bartoli）一起在里窝那吉诺·罗米蒂（Gino Romiti）的工作室内，巴黎阿梅代奥·莫迪利亚尼法定文献库藏品

妮生平的场景》[巴尔托里尼通多(*Tondo Bartolini*),1465—1470年,佛罗伦萨小皇宫馆藏],最后一件作品影响到了他后来的创作——《母性》(*Maternit*,1919,P.283)。根据珍妮·莫迪利亚尼的说法,蒂诺·迪·卡马伊诺(Tino di Camaino)是活跃在14世纪初期的一位锡纳耶雕塑家,也是她父亲的重要灵感来源之一,他在1901至1902年的那不勒斯看到了这些雕塑作品。[9]雕塑的脸部线条,简练的眉毛曲线,以及整体的丰满造型深刻地影响了莫迪利亚尼,并反映在1915年创作的一系列比阿特丽斯·黑斯廷斯(Beatrice Hastings)的肖像画中。而在《戴帽子的珍妮·赫布特尼》(1919年,第258页)中我们也很难忽略那一抹来自波提切利的《春》的优雅姿态;又或者在《站立裸体像》(1917年,第217页)中可以感受到《维纳斯的诞生》的影响?

1902年5月7日,迪多进入了佛罗伦萨美术学院的裸体学院(Scuola di nudo,译者注:裸体画在佛罗伦萨画派中有数百年传统,在佛罗萨美术学院对此有专门的培训课程),在那里他与奥斯卡·吉格利亚(Oscar Ghiglia)共享一个工作室。他与这位朋友保持着密切的通信往来,并且在他的"意大利之行"中标记为审美自省。那年夏末,参观因米开朗基罗而闻名于世的彼得拉桑塔大理石采石场,激发了他对于雕塑的热情,这在多年后的巴黎被点燃。然后他来到威尼斯,在舅舅阿梅代·加尔辛的资助下,他于1903年5月19日进入威尼斯美术学院,舅舅支付了他这次旅行和住宿的全部费用。莫迪利亚尼先是住在马乔街(via Maggio)22号,然后搬到了卡桑托皮耶特(Campiello Centopietre)。古斯塔夫·考奎特这样说,"好学生阿梅代奥"非常熟悉卡尔帕乔(Carpaccio)的工作,这从莫迪利亚尼收藏的复制品可见一斑:《圣母之死》(*La Mort et l'Assomption de la Vierge*)、《与医生们争执的圣艾蒂安》(*Saint Étienne disputant avec les Docteurs*)或《两位威尼斯女士》(*Deux dames vénitiennes*)。我们还可以在《珍妮·赫布特尼侧面像》中看到一些呼应(1918年)。[10]莫迪利亚尼毫无疑问也一定看过科雷尔美术馆(Museo Correr)馆藏的这幅《戴红帽子的男人》(*Homme au chapeau rouge*,1490—1493年),这种冷静确定的笔触描绘出来的画面特征,在后来莫迪利亚尼的作品中也有所传承。

自然,并非只有意大利的大师们影响到莫迪利亚尼的成长。在他的素描《盲人》[11](*L'Aveugl*)中,就演绎了荷兰画家老勃鲁盖尔(Bruegel)《盲人引领盲人》的场景,后者被收藏在意大利那不勒斯的国立卡波堤蒙特(Capodimonte)博物馆中。脸庞没有那么空洞,但眼睛依旧是虚空,如同高更笔下的塔希提人。然而,画面人物的头饰线条则显示了他们之间的关系。

左图
蒂诺·迪·卡马伊诺,(1280—1337年)
《希望》(*L'Espoir*)
大理石,雕刻于约1320年。
佛罗伦萨大教堂博物馆(Opera del Duomo)藏

右图
《比阿特丽斯·黑斯廷斯》
(*Beatrice Hastings*)
1915年
布面油画,75厘米×52.4厘米,
剑桥大学菲茨威廉博物馆(The Fitzwilliam Museum)藏

左上图
维托雷·卡尔帕乔（1465—1520年）
《两位威尼斯女士》（*Deux dames vénitiennes*）
创作于约1510年
木上油画，94厘米 × 64厘米，
威尼斯科雷尔美术馆（Museo Correr）藏

右上图
《珍妮·赫布特尼》（*Jeanne Hébuterne*）
1918年
布面油画，99.7厘米 × 64.8厘米，
美国宾夕法尼亚巴恩斯基金会（Barnes Foundation）收藏

左上图
根据安东尼·华托（Antoine Watteau）的作品临摹的《人群中的女人》速写
1915—1916年
纸本铅笔速写，42.8厘米×26.3厘米，
私人收藏

右上图
安东尼·华托
《意大利歌剧院》（*La Troupe italienne*）
1727年
蚀刻版画，32.8厘米×22.厘米，
巴黎法国国立图书馆藏

右页图
《女丑角》（*Arlequine*）
1915年
纸本铅笔速写，43.8厘米×26.4厘米，
私人收藏

即便是在搬到巴黎之后，莫迪利亚尼依旧没有停止对这些作品的重新演绎，这体现了他对意大利的深厚依恋。同时，莫迪利亚尼在法国大师的艺术中找寻着关联：《女人像》（*Donna con personaggi*）[12]，这幅创作于1915至1916年的铅笔素描，复刻了法国洛可可时代代表画家让-安东尼·华托（Jean-Antoine Watteau，1684—1721年）的版画中的人物。在《意大利歌剧院》[（*La Troupe italienne*）又名《意大利礼服》（*Les habits sont italiens*）]这幅画中[13]，华丽的聚会场景里有女舞者、女丑角（Arlequine）、小丑（Pierrot）、弹吉他的梅兹坦（Mezzetin）和司卡班（Scapin）。我们今天无法确切得知当初莫迪利亚尼看到的是哪个版本。玛丽特（Mariette）曾拥有一幅版画，之后成为龚古尔（Goncourt）的藏品，继而又到了奥古斯特·丹洛斯（Auguste Danlos）手上，他在1897年把这幅作品卖给了法国国立图书馆（BnF，Db 15，grés.）。弗朗索瓦·布歇（François Boucher）在1727年曾复制过这幅华托的作品。此外还有出自查尔斯·西蒙诺（Charles Simonneau，1645—1728年）的铜版蚀刻画，这上面刻有弗朗索瓦·加孔（François Gacon）的八言诗：“服装是意大利的/氛围是法国的，而我打赌/在这些真正的演员中/编造一个善意的谎言//意大利人和法国人/嘲笑人类的疯狂/他们同时嘲笑/法国和意大利。”

为什么这个里窝那人要模仿瓦伦西亚人？根据米歇尔·霍格（Michel Hoog）的说法，高更早在1902年创作《希瓦瓦岛的巫师》

（*L'Enchanteur*，又名*Le Sorcier d'Hiva-Oa*，比利时列日现代美术馆藏）时[14]，就曾模仿过卢浮宫拉·卡兹（La Caze）收藏中的《冷漠的美男子》（*Bel Indifférent*）。得益于复兴传统的前卫运动——“恢复秩序”运动（Retour à l'ordre，是第一次世界大战之后的欧洲艺术运动，它拒绝了1918年以前的极端前卫艺术，而是从传统艺术中汲取灵感），华托的作品在20世纪10年代重新被人们重视。克里斯托弗·格林（Christopher Green）表示，立体主义者们从意大利即兴喜剧（commedia dell'arte）中提取主题进行创作，尤其是毕加索和胡安·格里斯（Juan Gris）笔下的《丑角》，可说是承袭了塞尚的一些风格特征。[15]艺术史家相信这让立体主义画家们更容易被一个充满民族主义情结的法国社会所接受，并强调在1915年，毕加索是第一个以这种风格绘画丑角的画家。[16]我们可以将他与莫迪利亚尼在同年创作的这幅《女丑角》联系起来。

莫迪利亚尼以一种十分私人的理由来解读华托的作品：它折射了法国和意大利文化的融合以及对艺术家的牵绊。它集合了意大利即兴喜剧和被法国“野台戏”剧院（théâtre de tréteaux）采用的小丑形象。我们可以通过他的服装右侧领部的细节特征来辨识。而在最初的雕刻中女丑角双手提着裙子，一只手臂在胸前叠起，手指指向小丑。艺术家在创作中逐渐脱离了原型，试图传递一种暗示。在雕刻中，服装的褶皱形成惊人的对角线，呼应了前臂的动态。这是经过莫迪利亚尼化的，重新演绎的华托作品！

让我们暂时重新回到威尼斯时期，莫迪利亚尼也经常拜访其他一些艺术家：翁贝托·布鲁内莱斯基（Umberto Brunelleschi）、翁贝托·波丘尼（Umberto Boccioni）、法比奥·莫龙罗尔（Fabio Mauroner）——莫迪利亚尼曾在1905年画了莫龙罗尔的肖像画。[17]莫迪利亚尼在1904年遇到了曼努埃尔·奥尔蒂斯·德·萨拉特，后者向他热切描述了塞尚和艺术家在巴黎的生活。圭多·卡多林（Guido Cadorin）告诉珍妮·莫迪利亚尼，她的父亲与朋友一起参加了克罗科洛男爵在朱代卡岛（Giudecca）废弃教堂举办的晚会，他们在那里沉迷于性、神秘学、唯灵论。[18]莫迪利亚尼以非常尼采的方式向奥斯卡·吉格利亚宣称：“我们与其他普通人享有不同的权利，因为我们有不同的需要，这让我们（必须相信）从精神上高于他们。你的责任是永不牺牲自己，你真正的使命是救赎你的梦想。美丽也有痛苦的权利：他们创造了灵魂最美丽的力量……坚信自己并永远超越自己。”[19]我们还能找到这个时期留下的几幅肖像画。莫迪利亚尼秉承着欧洲分离主义精神（esprit des Sécessions européennes）一边旅行一边进行创作，从维也纳、布鲁塞尔、慕尼黑到威尼斯。在威尼斯度过三年之后，他计划去巴黎进一步提高自己对当代绘画的认知，尤其是他特别欣赏的图卢兹-劳特雷克。舅舅阿梅代的去世推迟了他的计划。在1905年底，莫迪利亚尼的母亲欧也妮·加尔辛终于为他凑足了旅行所需要的资金。

奠基期

如果说因为母亲欧也妮·加尔辛的缘故，莫迪利亚尼的意大利文化在很早以前就与法国文化产生联系，并且这是理解莫迪利亚尼的艺术气质的关键，那么还有另外两个不可忽视的因素：他对于犹太人社群的归属感，以及他的家族的社会责任。

犹太艺术家?

莫迪利亚尼对犹太民族特性的依恋肯定不是宗教性的，与其说是文化性的，不如说是某种本能。在诺埃尔·亚历山大（Noël Alexandre）出版的一本画家笔记（可能是1913年的）里，画家并非在寻找“某种真实或虚幻，而是种族本能的潜意识和奥秘”。[20]珍妮-巴蒂尔德·拉古（Jeanne-Bathilde Lacourt）在2016年在里尔举办的展览目录中，将“种族”（race）这个词修正为“人类”（Humain）。[21]不过，画家表达的是他那个时代语境下的词汇和观点，种族并非指种族主义，而在意大利精神学家切萨雷·龙勃罗梭（Cesare Lombroso）的理论中，个体会屈从于一些世代相传的世俗之见。因此，我们必须考虑到他与生俱来的犹太民族性。这样一个不了解弗洛伊德也没有听说过或阅读过法国哲学家亨利·柏格森的人，潜意识里却以非常现代的方式进行表达，这是一种本能，源自其性格深处（可能他自己也未意识到）以及像他这样的人群的敏感性格。他的“本能”是原生的，而非遗传的。梅森·克莱恩（Mason Klein）2017年在纽约犹太博物馆（Jewish Museum）策划的展览“面具后的莫迪利亚尼”（Modigliani Unmasked）里，坚持认定从创作体系来看，画家主观选择了很多犹太人作为绘画对象。[22]基于一种群体精神所导向的选择结果，我们建议根据上面提到的注释从不可否认的事实中观察当时的历史环境：当时的巴黎有一个重要的犹太艺术家群体，他们主要来自中欧和东欧。莫迪利亚尼的艺术家身份与犹太身份融为一体，他的犹太人身份成就了他的艺术家身份：而成为艺术家是他作为一个犹太人的自我定义。

从肖像画《犹太女人》（*La Juive*，1908年）的鹰钩鼻轮廓或《阿道夫·巴斯勒》（*Adolphe Basler*，1914年）的五官来看，这不仅代表了一个具有宗教性的种族特征，况且这一外貌特征就很有趣。从人类学的角度来描绘这一“种族”，也可以通过其物理特征打破“神秘”，了解其内在性，即他的“本能”。从身体层面去观察审视他的同族的面孔，继而在精神层面得到共鸣，这是一种特定的心理状态和感知方式，一种透过图形和设计交叉表达进而内外相互解读的方法。图形和设计在意大利语中是共用同一个词语来表达：Disegno。

莫迪利亚尼的多幅画作中都有正在做祷告的人物形象，只是无法明确是哪一个特定宗教的仪式。此外，他的好友、诗人马克斯·雅各布（Max Jacob），在1916年接受了基督受洗仪式，并且教父是毕加索，

上图
《阿道夫·巴斯勒》（*Adolphe Basler*）
1914年
纸本铅笔速写，48.9厘米×29.8厘米，
华盛顿菲利普美术馆（The Phillips Collection）馆藏

右页图
《犹太女人》（*La Juive*）
1908年
布面油画，54.9厘米×46厘米，
私人收藏

莫迪利亚尼也没有因此而责怪好友。艺术家的创作中并没有任何固定的信仰定式，而是融合了周围人的信仰精神和行为符号的某种综合体现。就像马克斯·雅各布一样，神秘主义对画家的吸引力日渐增长，他接触了唯心主义，并学习了占星术和炼金术。在他1913年画的一幅女性头像旁边，写下了这样一句话："当蛇从蜕下的皮中滑出时，你便会摆脱罪恶。"此外跟着三个神秘符号，并以"Aour!"结尾（Aour是希伯来语中"光"的意思），这是"他向神秘主义进行个人承诺的证据"。[23]
而由布莱兹·亚历山大（Blaise Alexandre）捐赠，今藏于鲁昂美术馆

上图
《年轻女人肖像》
1916—1919年
布面油画，64.8厘米 × 50.2厘米，
达拉斯艺术博物馆（Dallas Museum of Art）馆藏

(musée de Rouen)的一幅画上绘有维纳斯像，根据诺埃尔·亚历山大的说法，这与寻找贤者之石(Pierre Philosophale)紧密关联。很多证据显示莫迪利亚尼对于诺查丹玛斯的预言很有兴趣，也很尊敬他的朋友、星相学家康纳德·莫里康(Conrad Moricand)，并为其画了好几幅肖像。他随身的《亚美尼亚笔记本》(*Carnet arménien*，1916年)也证实了他对神秘学的偏爱。[24]我们再看下这幅带有模糊文字的画作：《智天使伸手向剑》(*Chérubin met la main à l'épée*)、[25]以及在《艺术家》(*L'Artiste*，1915年，见第18页)曾使用的主题“艳丽”，都指向共济会。但智天使也与霍克玛(Hokhma)紧密关联，霍克玛是犹太教中对女性神性的一种表达，是对上帝阳刚之气的一种制衡，也是卡巴拉生命之树(Kabbale)的第二个圆(Sephira)，被称为智慧。

这是一个基本要点，莫迪利亚尼的作品具有犹太神秘主义者的传统特征。克里斯蒂安·帕里索(Christian Parisot)曾出版过一个小册子，里面主要收录了1909年的画家作品，这本《质点之书》(*Carnet Sephiroth*)今天保存在罗马的艺术家史料中[26]：用黑色或彩色铅笔绘制的12页图画。在神秘主义传统和卡巴拉思想中，十个圆(Sephire或Sephiroth)代表神赋予人类的十种创造力。卡巴拉的结构将这十个圆连接成一个整体——生命之树。此外与质量和人物有关。如果这个小册子的确出自莫迪利亚尼之手，那么就可以解释他在为艺术家或作家画肖像时以某一关键词指代一种品质。比如在描画比他年长的毕加索(第126页)时，莫迪利亚尼用的是“知识”(Savoir)一词，指向第二个圆霍克玛(Hokhma)，则是智慧的象征。让·谷克多(Jean Cocteau)的画像旁的希伯来字母、数字2和一个六角星符号的组合同样也代表霍克玛，莫迪利亚尼以墨水在五线谱上绘制了这幅画以及一系列他的朋友：藤田嗣治、里维拉、基斯林和汉卡·兹博罗夫斯卡(Hanka Zborowska)。画家和诗人在知识的最高点上是平等的。

根据当事人们的说法，画家对外有意塑造出一个“犹太画家莫迪利亚尼”的形象：直言不讳，甚至有时会引发争斗。这是一个身份不被认同、不被接受的男人的处事态度，他宁愿激烈地表达，也不愿怯懦地掩饰。当莫迪利亚尼来到法国的时候，德雷福斯事件才刚刚获得平反(译者注：Affaire Dreyfus，或称德雷福斯丑闻、德雷福斯冤案，是19世纪末发生在法国的一起政治事件，事件起于阿尔弗雷德·德雷福斯，一名法国犹太裔军官被误判为叛国，法国社会因此爆发严重的冲突和争议。此后经过重审以及政治环境的变化，事件终于1906年7月12日获得平反，德雷福斯也成为国家的英雄)。让我们把时间再往前推大约二十年，1886年4月，爱德华·德鲁蒙(Édouard Drumont)出版了《法国犹太人》(*La France juive*)一书，这本书一经面世便大受欢迎，第一年就销售了62000册。也是德鲁蒙为了反对他所谓的“犹太主义”，在1890年创立了全法反犹太主义国民联盟(Ligue nationale antisémitique de France)，并创立了报纸《自由言论报》(*La Libre Parole*)，副标题为《法国人的法国》(1892年)。莫迪利亚尼在去世后的若干年里，还曾因他的出身受到猛烈的抨击与质疑。保罗·舒尔策-瑙姆堡在著作《艺术与种族》

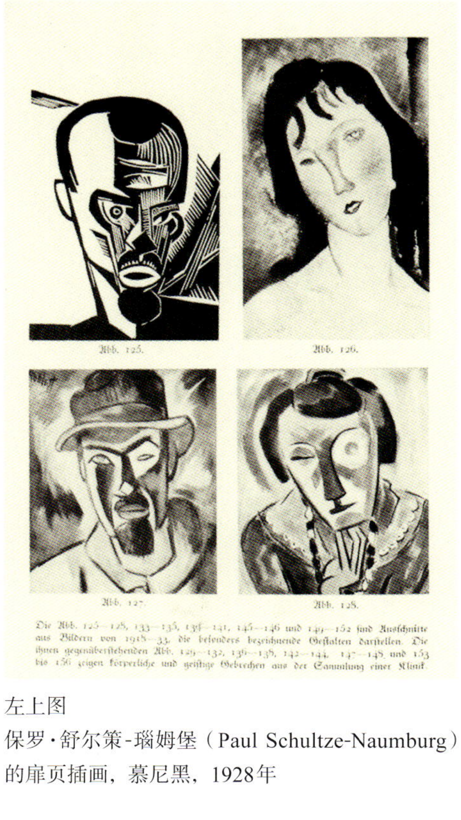

左上图
保罗·舒尔策-瑙姆堡(Paul Schultze-Naumburg)的著作《艺术与种族》的扉页插画，慕尼黑，1928年

右上图
《监狱里的穷人》(*Pauvre en prison*)
1917年
纸本铅笔速写，42厘米×25.4厘米，
私人收藏

上图
《着条纹围裙的女仆》(*Servante au tablier rayé*)
1916年
布面油画，92厘米 × 64.8厘米
私人收藏

右页图
《年轻的少女》(*La Jeune Bonne*)
约1918年
布面油画，174.6厘米 × 81.9厘米，
美国布法罗欧布莱-诺克斯美术馆（Albright-Knox Art Gallery）藏

（*Kunst und Rasse*，1928年）中将表现主义画家卡尔·施密特-罗特拉夫（Karl Schmidt-Rottluff）、奥托·迪克斯（Otto Dix）和莫迪利亚尼创作的肖像画——比如这幅被达拉斯美术馆收藏的《年轻女人肖像》（*Portrait de jeune femme*，1916—1919年）——与因病致残的人物摄影作品放在同一版面上。[27]这可以看出画家的作品在纳粹德国和法西斯意大利经常被污名化。[28]

具有社会信念的艺术家

工人阶级和普罗大众的社会与文化解放一直是莫迪利亚尼关注的重点，这反映在他的绘画主题选择上，例如《监狱里的穷人》（*Pauvre en prison*，1917年）、《贫穷的女人》（*femme pauvre*）或《囚徒》（*prisonnier*）。[29]他的那个曾经富贵然后落魄的家族也认同这些价值观，特别是他的姨妈和哥哥埃马努埃莱，哥哥甚至亲自参与了政治活动。在这些宗教主题的绘画中，有一件作品是《祈祷中的方济各修士》（*franciscain en prière*）。[30]众所周知，阿西西的圣方济各（François d'Assise）还有一个别称“Poverello”（意大利语，意为“小穷人”）。

在劳尔姨妈的无政府主义思想启迪下，莫迪利亚尼阅读了克鲁泡特金和奥斯卡·王尔德的《瑞丁监狱之歌》（*La Ballade de la geôle de Reading*，1898年），后者由奥伯利·比亚兹莱绘制插画。1898年5月，哥哥埃马努埃莱因其社会主义思想获罪入狱。艾米丽·绍布-科赫指出，莫迪利亚尼非常钦佩他的哥哥，但他选择的抗争方式有所不同：“莫迪利亚尼将目光集中在那些个体代表：工厂女工、乞丐、平平无奇的年轻女孩、孩童，他下笔如神助赋予他们光芒。”[31]比如这幅《着条纹围裙的女仆》（*Servante au tablier rayé*，1916年），人物处于近乎黑白色调的完美构图中；又或者这幅《年轻的少女》（*La Jeune Bonne*，约1918年），有着优雅的蓝色双眸，身着简单的塞尚蓝裙，都是“被选中的个体”。

安德烈·萨尔蒙将莫迪利亚尼看作是大众阶层的代言人：

“痛苦但依旧满怀希望，他将目光转向意大利——未来主义的发源地；而我先要强调的是，这里的意大利，指的是普罗大众的意大利，那些在那不勒斯阳光下衣不蔽体的贫民，那些罗马街头的乞丐和搬运工，捧着一整篮萝卜如cho é phore（译者注：古希腊神话中解放死者的人）般有着丰富姿态的妇女，人群中那个宽大的裙子上拴着两个深肤色小孩的女人，充满斗志朝向生命之光的教堂；更加真实的、坚强的人民，穿着蓝色天鹅绒短裤，开领衬衫下露出毛茸茸的深棕色肌肤的人民，来自正在酝酿某种新生活（Vita Nuova）的工业化都市中犄角旮旯里的人民。莫迪利亚尼希望再次告诉我们，只有在人民中间，在无产阶级（这个词在这里真正传达了它全部的意义！），意大利保留了他全部的美学力量……而且当他在科学、自我意识和美好职业中获得的成就越多，那些精巧、精致、感性的知识分子就越会屈服于他的祖国人民：亲爱的意大利！

我们不再相信贫民的诗歌，我们不知如何珍惜或神圣化一个保罗·策兰式的苦难圣人。如同这是一场看谁更苦难的比赛，莫迪利亚尼笔下的贫民，我们无力拯救，但他们的命运可能也没那么痛苦。疯狂的命运使这个王子不断颠沛流离在各种凄惨的场所之间。”[32]

莫迪利亚尼非常重视这幅《乞丐》(*Mendiant*)。这幅画是在1909年8月他回里窝那老家时画的，当时他已定居巴黎；这也是唯一一幅他带回法国的画。根据他创作双联画的逻辑，一般是裸体女性和着装女性相对，圣母子和七苦圣母（*mater dolorosa*）相对，于是他创作了与之相对的女乞丐。[33]让我们来看让·亚历山大（Jean Alexandre）的这幅表情沉重眼神忧郁的肖像吧！让是莫迪利亚尼的赞助人保罗·亚历山大的兄弟，这是画家为了补偿一直未完成的保罗肖像所创作的。在这幅完成于1909年的作品中，让的手肘靠着椅背，手撑着微微倾斜的头，头的位置正好位于画面的对角线上，神情忧郁。画布的背面画了一个坐着的年轻裸女，手臂微弯在身侧。如果这就是与《乞丐》相对应的《女乞丐》，那么《乞丐》显然在画家心中的地位完全不同：莫迪利亚尼对这幅画有着极强烈的占有欲，他拒绝将这幅画交给保罗·亚历山大，并把画挂在工作室的入口，视之为最重要的作品，仿佛从这幅画中找到了自己的存在。他对这名里窝那的乞丐展示出了同情心，可能他从乞丐身上看到了漂流四方的艺术家的化身，为了探索艺术而不得不背井离乡并向富人屈膝祈求帮助，这是一种另类的自我（*alter ego*）。在这次巴黎-里窝那之旅中，他找到了自我认知。保罗·高更是否也曾在20年前的这幅《自画像与埃米尔·贝尔纳的肖像画》(*Auto-portrait avec portrait d'Émile Bernard*, *Les Misérables*，1888年，阿姆斯特丹凡·高博物馆藏）中找到了自己悲惨（miserables）的自我认知？莫迪利亚尼曾在1906年刚到巴黎时的高更回顾展上看到过这幅作品。高更将自己塑造成维克多·雨果（Victor Hugo）小说《悲惨世界》中的英雄冉·阿让（Jean Valjean），将自己描绘成社会的流浪艺术家。高更在1888年10月1日写给凡·高的信中这样解释："冉·阿让的爱和力量被社会压迫、被取缔，这难道不是当今印象派画家的形象吗？以我的名义做这件事，您将拥有我的个人画像以及整个社会上所有贫穷受害者的画像，我们通过行善来复仇。"[34]看着这幅画，凡·高注意到"阴影中的肌肤呈现凄冷的蓝色"，在1888年10月7日凡·高写给弟弟提奥（Théo）的信中提到："看代表一个囚犯的形象这肯定对我产生了影响。"[35]

也许这是一种过度解读，但我们注意到莫迪利亚尼的作品和高更的作品之间有一些形式上的共鸣：相似的四分之三头部侧像，微微前倾，高更笔下的下巴更加挺直坚定。但有着相同的鹰钩鼻、拱形眉毛，甚至连胡须都很相似。高更画作中的黄绿风格线也在莫迪利亚尼的画面背景中出现。是否就像高更去大溪地，莫迪利亚尼也认为自己是离开家乡前往巴黎的游牧人，投入一种致力于艺术、崇高激情和悲惨现实的生活？

左上图
《乞丐》(*Le Mendiant*)
1909年8月，
布面油画，67厘米×54厘米，
私人收藏

右上图
《让·亚历山大肖像》
(*Portrait de Jean Alexandre*)

右页图
《裸体坐像》(*Nu assis*)
1909年
布面油画，81厘米×60厘米，
私人收藏

蒙马特，前卫时期

（1906—1909年）

“拿起一个指南针，在巴黎地图上选择一个点——位于圣心教堂和煎饼磨坊（le Moulin de la Galette）之间——以此为圆心画一个圆圈，从拉维尼亚广场（la place Ravignan）到拉马克街（rue Lamarck），从圣皮埃尔广场（square Saint-Pierre）到考兰库尔街（rue Caulaincourt），一个小小的被战争摧毁的国度呈现在眼前：蒙马特，一切都是从这里开始的。”[36]罗兰·多格莱斯（Roland Dorgelès）的《迷雾城堡》（*Le Château des brouillards*，1932年）是为在战斗中丧生的蒙马特人而创作的，书中艺术家工作室学徒、诗人、自由恋人和无政府主义者共同重现了（蒙马特）高地的氛围，“弹奏五弦琴的弗雷德”[37]，咖啡馆里热火朝天的讨论场景，烈士街（Rue des Martyrs）上的“威尔小姐的陈列”，“在人行道上摆卖画作的苏利埃神父（père Soulié）小商店”。[38]曾经著名的迷雾城堡在今天已经成为历史上的幽灵，吉拉东街（rue Girardon）13号的艺术家工作室的墙上“总是贴着同样主题的绘画作品的照片：《惠斯勒的母亲》、欧仁·卡里埃（Eugène Carrière）的《保罗·策兰肖像》以及波提切利的《春》”。[39]早在1923年，让·科克托就以使者托马斯为主角写下这本描述第一次世界大战风云下的巴黎的同名小说，这本小说由伽利玛出版社（Gallimard）出版。

但在1906年，冲突发生的前几年，年轻的莫迪利亚尼在意大利听到他的朋友曼努埃尔·奥尔蒂斯·德·萨拉特的介绍，首次了解了蒙马特高地。莫迪利亚尼在巴黎的最初几年生活依旧是田园牧歌式的，后面就很难再回到这样的时光。他时常光顾蒙马特著名的狡兔酒吧（Lapin agile），并认识了很多画家——首先是毕加索——以及作家和诗人，特别是马克斯·雅各布。随着时间的流逝，莫迪利亚尼与一个“集体”和“象征性组织密不可分。这个集体被安德烈·瓦诺德在1925年的《Comœdia》[Comœdia是亨利·德斯格朗吉（Henri Desgrange）于1907年10月1日创立的法国文学和艺术论文期刊]发表的评论中称作“巴黎画派”（École de Paris）。莫迪利亚尼的加入对这个画派来说有着“里程碑”意义，正如1905年毕加索在洗濯船创作的装置，又如基斯·凡·邓肯（Kees van Dongen）在1906至1907年在同一地点的创作，后者自1897年开始移居法国。我们可以列举出一系列来自多个创作者的重要年份，共同构建出巴黎画派的雏形。这些创作者彼此吸引，相互欣赏：在巴黎先后遇见的有朱勒·帕斯金（Jules Pascin，1905年）、奥西·查德金（Ossip Zadkine，1909年）、安居在“蜂巢”（La Ruche，蒙帕纳斯的一个艺术家公寓）的马克·夏加尔（Marc Chagall，1910年）、基斯林

左图
狡兔酒吧的夜晚，莫迪利亚尼、弗朗西斯·卡科、加斯顿·库特（Gaston Couté）和保尔·福尔（Paul Fort）正在听弗雷德神父（Père Frédé）演奏

右页左上图
约1906年，莫迪利亚尼刚刚抵达巴黎不久

右页左下图
棋局，德尔塔街（rue du Delta），1912年6月
墙上挂画：《乞丐》（第36页）和一幅保罗·亚历山大的肖像（1911—1912年）

右页右图
1913年，搬离德尔塔街，前往当库尔广场（place Dancourt），
地面上最前面摆放着：
《痛苦的裸女》（*Nu douloureux*，第46页）
巴黎阿梅代奥·莫迪利亚尼法定文献库藏品

（1910年）、藤田嗣治（Foujita，1913年）以及泽韦里·杜尼科夫斯基（Xawery Dunikowski，1914年）。

到达后不久，莫迪便在德尔塔街（rue du Delta）的一栋充满蒙马特贵族气息的建筑物中进行创作。他与雕塑家莫里斯·德鲁阿（Maurice Drouard）、画家亨利·杜塞（Henri Doucet）以及其他一些艺术家共同分享这个地方。得益于他的第一位赞助人保罗·亚历山大医生，组织了一系列艺术家的群体活动。这个里窝那人创作的一系列肖像挂在墙上，注视着画室里的模特儿们。人们打扮成兔子或其他造型的化妆舞会成为其创作的灵感来源。当时留下来的老照片记录下了这些愉悦的时光：日夜不休的讨论、狂欢，活色生鲜的演出、喝彩。不过艺术家本人从未出现在这些老照片中。另一方面，当他从德尔塔街被驱逐的那一天，他的作品——包括《痛苦的裸女》（*Nu douloureux*，第46页）在内——在朋友的帮助下装上翻斗车。之后他先后居住在拉维尼安街（rue Ravignan）、让-巴蒂斯塔·克莱芒广场（place Jean-Baptiste Clément）以及洗濯船（Bateau-Lavoir）。

莫迪利亚尼不断追随着当时著名的派对画家、大众娱乐、电影院和剧院海报插画家、“幽默主义者”的足迹：图卢兹-劳特雷克和斯坦伦（Steinlen，1859—1923年）。在他的蓝色素描本中，他用铅笔描绘了马戏团和歌舞表演的场景。早在让·杜布菲（Jean Dubuffet）之前，他就想到用不牵线的默剧木偶和机械化动作来表达这个领域的人物：“城市和暗夜之木偶”可作为他们的统称。在基斯·凡·邓肯等朋友的陪伴下，他经常去费尔南德马戏团（Cirque Fernando），也就是未来的梅德拉诺马戏团［Cirque Medrano，位于烈士街（Rue des Martyrs）］。25年以前，著名的柔术杂技演员拉拉小姐（Miss La La）正是在这里触发了

左上图
《杂技演员安娜·阿赫玛托娃》（*L'Acrobate Anna Akhmatova*）
1911年
纸本铅笔速写，42.7厘米×26.4厘米，
私人收藏

右上图
《在欢乐的罗什舒瓦尔喜剧剧院（Gaîté-Rochechouart）舞台上的劳勒小姐》
无年份
纸本铅笔速写，27×20厘米
私人收藏

左下图
埃德加·德加（Edgar Degas）
《费尔南德马戏团的拉拉小姐》
1879年
布面油画，117.2厘米×77.5厘米，
伦敦国家美术馆（National Gallery）藏

右页左上图
奥伯利·比亚兹莱
《肚皮舞》（*La Danse du ventre*）
为奥斯卡·王尔德的莎乐美配图，
1907年，第11版，
伦敦维多利亚和阿尔伯特博物馆藏

右页右上图
《站立的裸女和点燃的蜡烛》（*Nu féminin debout avec une bougie allumée*）
1911年
纸本铅笔速写，42.9厘米×26.4厘米，
私人收藏

德加的灵感（第40页）。那种对身体柔韧度的把控力深深地吸引着艺术家们：拉拉小姐用身体完成的线条，被基斯·凡·邓肯和莫迪利亚尼用画笔记录下了。这个安德烈·瓦诺德笔下的“小模特儿，同时也是杂技演员”，在1908年曾为莫迪利亚尼表演，安德烈直言不讳地说，真正的艺术家不是画家，而是这些马戏团的人们。[40]

蒙马特对这个里窝那年轻人来说就是一个舞台。他放弃了学院派的绘画方式，为了捕捉到运动中的模特儿姿态，他的手必须快速精准、反应灵敏。1908至1909年的绘画证实了他的方法：将目光移向画面，以大笔触将姿态大致描画，然后通过重复的阴影线和条纹来塑造立体感和明暗度。首先是面部特征或轮廓：比如这张1909年的保罗·亚历山大的肖像画（第48页）[41]的草稿图最先勾勒出最有特点的鼻子和眉毛组合成的拱形轮廓以及面部细节（胡子、胡须、下巴），其简练程度堪比亚历山大·考尔德（Alexander Calder）晚些时候的具象静物画系列；再比如1910年的这张躯干画呈现出一个田径运动员的3/4侧像，并以一种拳击运动员的姿势展示出他的肌肉。[42]为了重现劳特雷克笔下的法式康康舞场景，包括所有的动态，莫迪利亚尼选择用手势或姿势的独特性来表达：一位戴着帽子的女士坐在椅子上或站在罗什舒瓦尔喜剧剧院（Gaîté-Rochechouart）的帷幕缝隙中间，正是身着长裙，梳着帽子发型，手背在身后的劳勒小姐（Miss Lawler）。艺术家对于同发主义的兴趣或许并不大［同发主义，simultanéisme，20世纪20年代由索尼亚·德劳内（Sonia Delaunay）和丈夫罗伯特·德劳内（Robert Delaunay）共同发展的一项艺术运动］。它强调在绘画中引入色彩的同时对比的原理以及纺织品、时装和装饰。未来主义者和奥费主义者都声称是这一运动的起源。莫迪利亚尼更用心寻求的是捕捉事物的瞬间。图卢兹-劳特雷克和其他知名的海报画家在用铅笔描绘整排的双乳裸露的女演员时，也传递出了这样的现代感。将裙子提高至腰部的哥伦比亚女郎出现在专门为亚历山大医生绘制的图画上，反映出人们对于集体狂欢的迷恋，以及与之相关的更加私人化也更神经质的情色风格：嘈杂的红磨坊舞台上年轻女孩的衬裙在某种程度上成为性爱的隐语，如浪花般上下翻飞的裙裾收割着台下或无耻、或坦然、或冷漠的目光。舞女的卷发用发夹和舞台帷幕的流苏坠子梳成高高的发髻。舞台表演姿态更严谨的节目取而代之以吸引观众的猎奇表演，演员以一种忧郁的姿态背靠在一根棍子上，取代了

上图
《戴帽子的女人头像》（*Tête de femme au chapeau*）
1907年
布面油画，35厘米×27厘米，
威廉·杨（William Young & Co）

右页左上图
《戴蓝色围巾的女性》（*Femme au foulard bleu*），
1907年？
布面油画，32厘米×24厘米，
私人收藏

右页左下图
《两个女人》（*Deux Femmes*）
1908年
纸本铅笔水彩，38.1厘米×30.5厘米，
美国布法罗欧布莱-诺克斯美术馆（Albright-Knox Art Gallery）藏

右页右下图
亨利·德·图卢兹-劳特雷克
《简·艾薇儿》（*Jane Avril*）
1891至1892年
纸板油画，63.2厘米×42.3厘米，美国威廉斯顿克拉克艺术中心（Sterling and Francine Clark Art Institute）藏

康康舞演员软骨头·瓦伦丁（Valentin le Désossé）超乎常人的身体柔软度。图卢兹-劳特雷克用不断回旋、充满变化和剧烈的圈状笔触来表达这一点，而这个里窝那人则用阴影对人体曲线与轮廓做强调。他更喜欢利用简约和有重点的留白来刻画连续的动作：正在旋转跳跃的洛伊·富勒（Loïe Fuller），画面中呈现一种埃及式的侧面静态［《站立的裸女和点燃的蜡烛》（*Nu féminin debout avec une bougie allumée*），1911年］；《从基西拉岛登船》（*Embarquement pour Cythère*）中描绘的法兰朵舞蹈场景让人忽略了这是佛拉芒主保瞻礼节（kermesse，天主教的重要节日之一）。线条的风格介于精致和刁钻之间，这和远东风格的化妆以及细致入微的情色姿态相得益彰；与其说是新洛可可风格，不如说更接近诗人皮埃尔·路易斯（Pierre Louÿs）和《比利提斯之歌》（*Chansons de Bilitis*，1894年）的插画家。英国插画家奥伯利·比亚兹莱的画启发了他，朝图卢兹-劳特雷克的方向更进一步。一张神情紧张的画像，下笔干净利落没有一点犹豫，长长的曲线简练勾勒出情色和令人痛苦的复杂叙事场景，这是一幅高度概括的画——正如奥斯卡·王尔德的《莎乐美》（*Salomé*，1894年）的插画——与劳特雷克式的，描绘红磨坊时所采用的卷曲的、近乎毛糙的曲线笔触风格大相径庭。

在巴黎，年轻的莫迪利亚尼以超乎常人的速度吸收着先锋派的胆识，只有柴姆·苏丁可以与他相比。他大量模拟大师的作品，时至今日，保留下来不少具有“他的风格”的副本和作品。

莫迪利亚尼仔细观察了德加的作品，不仅是拉拉小姐舞蹈时身体的动态。福格艺术博物馆（Fogg Art Museum，1878年）收藏的《戴着手套的歌手》（*Chanteuse au gant*）这幅作品启发了莫迪利亚尼，1906

至1907年，他在速写本内绘制了一系列嘴张开的人像，并由诺埃尔·亚历山大出版：《惊奇的小丑和四分之三女性胸像》（*Portrait de clown ébahi et Tête et buste de femme de trois quarts*）。[43]同样地，图卢兹-劳特雷克的这幅《戴帽子的女人头像》（*Tête de femme au chapeau*，1907年）也启发了《犹太女人》（*La Juive*，1908年，第31页）和《戴帽子的裸女》（*Nu au chapeau*，1908年，本页上图）。我们注意到前者画面中短促、回旋和略带起伏的笔触，均匀的色调晕染，金色的头发，简·艾薇儿（Jane Avril，法国康康舞者，因劳特雷克的画而为世人所知）般的目光以及随意向下弯曲的羽毛。同时，伴随着一系列源自他处的风格变化：从基斯·凡·邓肯的当代肖像画中吸收的浅黄褐色肤色，蓝绿色调从轮廓到整个脸部的过渡，令人想起马蒂斯的《戴帽子的女人》（*Femme au chapeau*，1905年，旧金山现代艺术博物馆藏）。《戴帽子的裸女》的画面前景近乎抽象模糊，女人头顶上方平整的暗色块让人质疑这到底是帽子还是一块简单的污渍，与毕加索的《戴帽子的女人像》（*Tête de femme au chapeau*）有异曲同工之处，也有野兽派的一些影子。而且，《犹太女人》和《戴帽子的裸女》对应的优雅和奔放气质形成的反差，这在另外两幅戈雅的组画——《裸体的马哈》（*Maja desnuda*）和《穿衣的马哈》（*Maja vestida*）中也有体现。这两幅画在某种程度上来说是廉与耻的对应存在关系，显示了一种语义的变化，从人类喜剧表演的普世性向针对特定人群、禁忌与反抗禁忌的艺术质疑的改变。更有趣的是，莫迪利亚尼在深度和主题多样性上大力拓展，创作出多样的对画和组画。

这最后一个特性也承袭自马蒂斯风格自野兽派时期以来的变化。我们可以说莫迪的《犹太女人》与马蒂斯的《戴帽子的女人》之间有着微妙的关联。但马蒂斯的精髓还在于别处：简练的轮廓处理以及由此对于画面构图进行分区着色。这区别于以往的画派，是构成马蒂斯个人风格的决定性元素。《戴帽子的女人》中加粗的线条增强并强调了人物态度，使其作为一个自主的现实存在。线条的双面性，成为贯穿画面构图的关键元素（连接线、连接符），串联起画面中的每个图形，同时突出的线条本身也成为个性化的元素。这在莫迪利亚尼1909年用水墨法临摹马蒂斯的《奢侈2》（*Lux II*，原作创作于1907—1908年）副本中有所体现。毫无疑问，这个水墨版本的画面效果是最和谐的。莫迪利亚尼将关注点放在了前景的两个人身上，而放弃了原作中位于画面背景从水中走出来，手捧鲜花献给维纳斯的第三个女人。画家首先用线条勾勒出裸女的身影，然后将身体轮廓外的地方用大笔触涂画成黑色，即负形画法，这样人体的白色造型就被反衬出来，反而加强了其姿态。另一方面，弯腰擦脚的女仆动态是通过其背部和右臂的线条勾勒出来的；由于女神的腿与女仆双臂的线条交汇，使得画面构图的底部变得模糊，唯有左臂以负形画法技巧突出出来。在马蒂斯的作品中，这个以螺旋状蹲伏的女人像给莫迪利亚尼带来了巨大的能量和动态启发，而坚定的女神面庞位于

左页图
《戴帽子的裸女》(*Nu au chapeau*)
1908年
布面油画，81.3厘米×53.3厘米，以色列海法大学赫克特博物馆(Hecht Museum)藏

上图
《两个裸女》(*Deux nus*)，根据亨利·马蒂斯的《奢侈2》(*Luxe II*)创作于1909年
纸本墨水，20.3厘米×17.6厘米，私人收藏

右图
亨利·马蒂斯(Henri Matisse，1869—1954)
《奢侈2》(*Luxe II*)
1907—1908年
布面蛋彩，209.5厘米×138厘米，哥本哈根丹麦国立美术馆(Statens Museum for Kunst)藏

叠放在头上的双臂形成的阴影下，使其整体姿态看上去充满感性。在临摹完这幅画之后，莫迪开始思考女像柱，并计划从1917年开始绘画并尝试雕刻举起手臂的裸女形象，尤其是如何用一笔勾勒出女性优美的背部线条，这一特点在安格尔的《朱庇特与提提斯》（*Jupiter et Thétis*，1811年，法国普罗旺斯格拉内博物馆藏）的女神形象中可以找到。

在巴黎，莫迪利亚尼了解了毕加索蓝色时期和粉红色时期的作品，弯曲的轮廓和光谱色调的女性身体尤为深刻地启发了他的创作。莫迪利亚尼的《裸体研究》（*Étude de nu*又称*Nu douloureux*，1908年）受到了《坐着的裸女》（玛德琳那，*Nu assis*，1904—1905年，巴黎蓬皮杜中心法国国立现代艺术美术馆藏）和《穿衬衫的女孩》（*Jeune fille en chemise*，1905年）的影响。通过对比《穿衬衫的女孩》看出，相似的半身胸像，只是用接近速写的技巧绘制，以及几乎一模一样的左胸轮廓。

在这些大师的启发下，莫迪通过大量的对比或双联画创作来探索自己未来的方向。1908年的一组双联画分别描绘了一个性感的女人和一个痛苦的女人。第一幅作品叫作《年轻少女胸像》（*Buste de jeune fille*），又称《小珍妮肖像》（*Portrait de la petite Jeanne*，1908—1909年），和后来阿里斯蒂德·马约尔（Aristide Maillol）雕刻的《波莫纳》（*Pomone*）一样，在体态的处理上都倾向于更加丰富的层次，圆润下滑的肩部曲线，卵形的头颅与脖子的衔接十分自然，人物有着大大的眼睛和嘴巴，肤色为橙色调。第二幅作品《裸体研究》（*Étude de nu*）可以

左上图
《裸体研究》（*Étude de nu*）或《痛苦的裸女》（*Nu douloureux*）
1908年
布面油画，81厘米×53.3厘米，
私人收藏

右上图
巴勃罗·毕加索（Pablo Picasso，1881—1973年）
《穿衬衫的女孩》（*Jeune fille en chemise*）
约1905年
布面油画，72.7厘米×60厘米，
伦敦泰特美术馆（Tate collection）藏

右页图
《年轻少女胸像》（*Buste de jeune fille*，
又称《小珍妮肖像》），
1908—1909年
布面油画，61厘米×38厘米，
私人收藏

看出源自毕加索风格的影响。作为双联画，同样是四分之三侧像，《裸体研究》是一个十分消瘦、如尸体般苍白的半身像，四肢僵硬，肩部因为痛苦微微抬高，锁骨清晰可辨，头向后倾，咧着嘴正在苦笑。画家用粗画笔按压所形成的笔触勾勒出轮廓，比如左胸；较细的画笔则画出大量弯曲的、不连贯的曲线——比如连接下颌与下颌骨的位置——来表达痛苦（dolorosa）。

这两幅作品都绘制在被重复利用的画布上：对于年轻画家而言，画材是不菲的开销。画面上人物脸部下方依稀可以见到之前的画痕，而莫迪利亚尼并未打算掩盖。我们甚至怀疑这是否是画家故意留下的痕迹。在《年轻少女胸像》里，我们在少女头部下方可以看出一个女人和一个孩子。孩子的头最终融入了少女的右胸，而另外一侧似乎隐藏了两个女人的形象。我们推断艺术家原本是在用自然主义的方式演绎两种经典宗教题材的主题，也是历史上的名画主题：圣母子像和圣母怜子图（或悲伤的圣母）。

他以一种惊人的速度学习并吸收着前卫艺术、新印象派、点彩派和立体派的特点，正是凭借这些肖像作品，莫迪利亚尼在1909至1910年的秋季沙龙的首次亮相即大获成功。他仿佛是一个融合了塞尚风格的、源自伟大意大利传统的风格主义者！

1909年，他画了一对亚历山大医生的肖像：其中一幅是绿色背景，医生的手放在胯上，另一幅是棕色背景，一只手放在口袋里。[44]布龙齐诺（Bronzino）在1540年创作的《带书的年轻人的肖像》（*Portrait de jeune homme au livre*），在1929年被纽约大都会艺术博物馆收藏，这成为第一幅亚历山大医生肖像的非常重要的视觉参考来源：相似的姿态，右肩向后伸直，身体呈四分之三向前，头部则正面向观众，戴着精致的白色颈圈。手放在胯上[画家在1909年的另一幅作品《女骑士》（*L'Amazone*）里也描绘了同样的姿势]，手指分合的位置也被精准还原了，加强了两者之间的关联。塞尚的作品里有一幅《穿红背心的男孩》（*Le Garçon au gilet rouge*，1888—1890年，第274页），也受到布龙齐诺的影响，而莫迪利亚尼高度欣赏这幅画。

在亚历山大医生的这两幅肖像中，左侧的红色窗帘的存在有助于我们精确定位画面人物在房间里的位置。这个窗帘所隐含的视觉语言非常具有戏剧或真人静态画面（译者注：Tableau vivant，法语词汇，是

上图
《保罗·亚历山大》
1909年
布面油画，100.5厘米 × 81.5厘米，
东京富士美术馆（Tokyo Fuji Art Museum）藏

左图
阿纽洛·迪·科西莫（Angelo di Cosimo，1503—1572年），亦称布龙齐诺
《带书的年轻人的肖像》（*Portrait de jeune homme au livre*）
约1540年
木上油画，95.6厘米 × 74.9厘米，
纽约大都会艺术博物馆（The Metropolitan Museum of Art）藏

右页图
《窗前的保罗·亚历山大》（*Paul Alexandre devant une fenêtre*）
1913年
布面油画，81厘米 × 45.6厘米，
法国鲁昂美术馆藏

一个包含一个或多个演员、模型的静态场景）的特质。在医生及其所在社会阶层中，真人静态肖像是十分常见的（有时还偏好佩戴具有异国风情的头饰）。我们可以看下1913年的《窗前的保罗·亚历山大》（*Paul Alexandre devant une fenêtre*）与格列柯（Greco）的《手放胸前的骑士》（*Chevalier à la main sur la poitrine*，1580年，马德里普拉多博物馆藏），这两幅画曾在2016年的法国鲁昂美术馆并排展出。此外，基于1913年一张摄于德尔塔街的摄影作品上所展示的莫迪利亚尼的多幅作品，亚历山大医生的肖像画在两种情况下会在背景中出现一幅挂在墙上：绿色背景肖像里的《莫里斯·德鲁阿》（*Maurice Drouard*，第54页），棕色背景肖像里的《犹太女人》（*La Juive*，第31页）。艺术家似乎在用这种回顾作品的方式来保持灵感的连续性，同时强调了他的作品收藏者是一位医生。

这还证实了在画风演变上，从对《吉尔桑的招牌》（*L'Enseigne de Gersaint*）中的让·安东尼-华托风格的模仿，中间经历过早期野兽表现主义，逐渐转向一种建立在简练线条、素描和从塞尚那里学到的重复笔触技巧之上的朴实无华，某种发展中的“恢复秩序”风格（译者注：Retour à l'ordre，恢复秩序是第一次世界大战之后的欧洲艺术运动）。

同样还是1909年，莫迪利亚尼还创作了好几幅肖像画，集人物研究、标准肖像和奇特置景于一体。《女骑士》[45]画的是玛格丽特·德·阿什·德·维莱尔男爵夫人，她曾是让·亚历山大（保罗的兄弟）的情人。或许在一开始打草稿的时候，画家曾想象过夫人戴帽子、着城市装束的样子，但很快就被她的骑马装吸引了。其他一些素描则是关于窄边圆帽下的面容研究：呈三角形的下巴微抬，凝视着观众的目光冷酷中带有侵入感，在画面中最终呈现出一个身体微微后倾，带有贵族般距离感和强烈反抗态度的女性形象。在另一大幅半身像中，瘦削的面庞与叉腰的左臂呈对角平衡。画家巧妙地抹去了玛格丽特身体的右半部分，伴随着消失的右臂没入蓝绿色调的背景中——这种处理手法我们在亚历山大医生的肖像中也能找到——左手扶着胯部，衣服在手臂带动下形成褶皱，并向前推动形成一个角状的空隙。就像女骑士的马即将奔跑的瞬间，画上的女骑士的身体两侧呈现两个截然不同的状态：一侧隐去，而另一侧凸出。这种对于角色的尖锐处理让人不得不想起奥伯利·比亚兹莱，特别是他的自画像《脚注》（*Foot-note*，1896年），而这种虚张声势的傲慢无礼，则与维托雷·卡尔帕乔的《年轻骑士》（*Chevalier dans un paysage*，1510年，马德里提森-博内米萨博物馆藏）有所呼应，或许莫迪利亚尼从爱德华·马奈（Édouard Manet）那里找到了一些灵感来源。正是这位莫迪利亚尼推崇的画家创造了令人印象深刻的新式时装的新派女骑士形象。但最重要的是，对服装的细节处理，比如垫高的肩部，以及后来被莫迪利亚尼用来覆盖原本是红色的玛格丽特服装的

左上图
《女骑士》（*L'Amazone*）的速写研究
1909年
纸本蜡笔，30.8厘米×23.2厘米，
私人收藏

右上图
《女骑士》的速写研究
1909年
纸本蜡笔，30.9厘米×23.2厘米，
法国鲁昂美术馆藏

右页图
《科勒先生的肖像》
1909年
纸本石墨铅笔、墨水和水洗，41.5厘米×26.2厘米，
剑桥大学菲茨威廉博物馆藏

à Kohler bien
Modigliani.

上图
《年轻女性胸像》(*Buste de jeune femme*)
1908年
布面油画，57厘米×55厘米，
里尔现代艺术博物馆(Villeneuve-d'Ascq，LaM)藏

右页左上图
《毛德·阿布兰特什》(*Maud Abrantès*)
1907年
布面油画，81.3厘米×53.3厘米
以色列海法大学赫克特博物馆藏

右页右上图
《吉卜赛少年(女)》[*Jeune Gitan(e)*]
1909年
布面油画，81厘米×54厘米，私人收藏

黄色调，无法不令人联想到马奈在1879年画的《手持调色板的自画像》（*Autoportrait à la palette*，私人收藏）或《戴帽自画像》（*Autoportrait à la calotte*，东京普利司通美术馆藏）。阿什·德·维莱尔男爵夫人并不接受这幅画，因为这不符合她的期待。毫无疑问，她从中看到了对自己内心想法的可怕讽刺：过度的傲慢、锋芒毕露和阳刚之气。无论是有意识还是无意识之举，通过诉诸马奈在自画像中使用的黄色调，莫迪利亚尼会不会借由这幅女性自画像的色彩将自己代入其中？1906年，莫迪刚到巴黎时拍摄的一张照片显示出浓密的半圆形眉毛和一张棱角分明的脸——这是玛格丽特在她的肖像画中所无法忍受的特征。同样在十年之后，1919年的另一幅作品《自画画》（*Autoportrait*，第293页）里也出现过如刀削般消瘦的脸庞。

莫迪利亚尼在同一时期的其他画作中也可以看到画家对于性别处理的模棱两可或双重性。例如这幅《少女的半身像》（*Buste de jeune femme*，1908年）中首次出现了戴领带的女性形象，一个特征分明的矛盾体，如同头盔般的发型，具有野性的、紧闭的嘴巴和充满怀疑的眼神；又或者《吉卜赛少年（女）》[*Jeune Gitan(e)*，又名年轻人，1909年] 中，人物的锥形躯体被包裹在过度合身的外套中，露出一张奇怪的脸，两种不同斜度的透视结构将眼睛拉伸成杏仁状。这是一种结合了表现主义和立体派的变形效果，在塞尚的线条处理和毕加索的《亚维农的少女》（*Demoiselles d'Avignon*，1907年，第218页）中也有体现：经过解构的人物是以一种木偶的方式进行关节重组所得到的新物种，肢体略有些不协调，同时性别细节刻画也变得模糊。事实上，如果不这样处理的话，那么在木偶与活人之间就会产生歧义，就像《科勒先生的画像》（*Portrait de M. Kohler*，1909年）一样。

这幅《吉卜赛少年（女）》的人物画开启了一系列莫迪利亚尼绘制的雌雄同体的人物画系列。这幅画也受到了立体派美学的强烈启发。从正面可以看到脸部，但眉眼处构成了两个不同的斜度，如同两个侧面像。其结果就是这张脸上的一双杏仁眼，以不同的角度和透视向脸庞两侧延伸。棕色高领外套上的褶皱堆叠，与组成脸部的线条相呼应。这种金字塔式的结构非常具有雕塑感。人物身后的储物柜右侧被抬高，根据塞尚观点的解读，这是从现象学的角度去观察，并没有主观矫正。放在家具上的花瓶丰富了画面上半部分的层次，而另一个平放在柜子上看似书脊的方块，介于纸张的黄色和封面的棕色之间，也平衡了画面的整体色调。

1909年的其他一些男性肖像——《莫里斯·德鲁阿》（*Maurice Drouard*，见第54页）、《排字工人佩德罗》（*Pedro le typographe*，见第55页）和《约瑟夫·列维肖像》（*Portrait de Joseph Lévi*，见第56页）——则表现出一种真实的健壮感，成就了画家在肖像画领域的声

左页图
《莫里斯·德鲁阿》（*Maurice Drouard*）
1909年
布面油画，61厘米 × 46厘米，
保罗·亚历山大家族收藏

上图
《排字工人佩德罗》（*Pedro le typographe*）
1909年
布面油画，56厘米 × 45.5厘米，
墨西哥索马亚博物馆（Museo Soumaya）

Modigliani.

誉。人像头部之于背景的关系如同独奏家之于乐队。德鲁阿是画家在德尔塔街的朋友之一，为他绘制的肖像，正是由两个正反交错的三角形构图组成：一个是上身躯干和肩膀，另一个三角形的尖端则插入露出白衬衫的领口，整体由浓密的头发、被胡须修饰成三角形的脸庞以及衬衫共同组成。一个斜向笔触绘画的、四周被淡紫色所包围的靛蓝区域提亮了整个脸部，双眼的一抹亮蓝色吸引了观众的注意，令整体画面生动了起来。《排字工人佩德罗》也是取了正面角度，人物有着深邃的眼神。画面背景没入暗沉的蓝色调。这种蓝色调覆盖在衬衫的白色区域时，被调和成更加明亮的蓝色，然后在脸部这种蓝色穿透大片厚重的橙黄色：这是互补色的效果。当我们仔细观察这幅被墨西哥索马亚博物馆（Musée Soumaya）收藏的油画时，被画家对深黑色的运用震撼了，他以宽笔刷着色，突出眉毛和鼻梁。至于《约瑟夫·列维》，我们唯有赞美：他以宽大的笔触有力刻画出头部来达到对被画者的高度还原，并在背景上按照同一方向有序排列厚重的彩色笔触，依稀可以从中辨识出法国和意大利国旗的色彩。

莫迪利亚尼的首次成功要归功于他在1910年的独立艺术家沙龙上展出的《大提琴家》（*Violoncelliste*，1909年），这幅作品是在打过多幅草图和第一稿构图相近的版本之后完成的。画作邀请观众进入一个私人派对的场景。演奏者全神贯注，灵动的手指演奏出美妙的音乐。在室内的狭窄空间里，椅子靠背靠在木质床架上。物体与人之间逐渐形成一种全新的紧密关联，而这正是立体主义中所欠缺的。乐器的深色琴颈与音乐家的胡须融为一体，向下延伸直至红棕色烤漆、有镂空音孔的共鸣腔琴身。琴头部分虽然被音乐家的头挡住，但同样造型的棕色图案在背景墙纸上反复出现。画家通过这种造型的韵律以及人与物平行交叠的方式进行创作。音乐家与乐器在画面上合为一体，这种有意而为的呼应通过多个细节表现出来，右臂持琴弓靠着椅背，音乐家坐在椅子上衬托出乐器的曲线和轮廓。而椅子和床头之间的木材质延续关系又在演奏者背后建立了某种与乐器材料相类似的双重视觉效果。通过对人物的近距离构图建立起来的亲密感，以及演奏者用琴弓垂直演奏琴弦的姿势在人与琴之间勾勒出完美对角线，以上都让人联想到巴黎奥赛博物馆收藏的德加作品《梳头的女人》[（*Femme se peignant*），又名《长发》（*La Chevelure*）]。创作于1886至1890年的这幅著名的粉彩画中，梳子如同琴弓一样，从刚出浴的女人头顶垂落的长发中垂直向前梳下来。而莫迪画中大提琴演奏者的胡须与琴颈融为一体，这使琴弓与梳子的对比更加贴切。至于纵向的曲线在画面左侧占据主导地位，而水平线在右侧形成构图的主要元素。画家通过色调对画面进行了两两分割，这种构图在塞尚的作品中也能找到。左右之间的连接是通过琴弓、琴颈以及背景画框前的置物柜上半部分所形成的锯齿形边界达成的。双倍加粗的线性笔触将画面中的其他元素相对模糊地勾勒出来：放置在家具上的静物——

毫无疑问是书籍和乐谱、琴颈的阴影、琴弓的弦。这些视觉上比较黑暗的区域赋予了画面一种乐声引起的韵律，呼应了主题。这在莫迪利亚尼的作品中是新的特质，因为它传达出一种不同寻常的亲密感，或许是因为结合了取自德加的构图灵感和类似塞尚的色彩风格，这件作品证实了画家对线的运用已经非常娴熟，并可与立体主义作品的构图相媲美，直到合成立体主义阶段（立体主义的第二阶段）才不再运用。

就是在这一年——1909年，莫迪利亚尼虽然还没有完全停止作画，但他开始把主要的精力投入到雕塑上。

左页图
《约瑟夫·列维》
1909年
布面油画，55厘米×46厘米，私人收藏

上图
《大提琴家》
1909年
布面油画，131厘米×81厘米，私人收藏

蒙帕纳斯，雕塑时期

（1909—1913年）

1909年，莫迪利亚尼离开蒙马特前往蒙帕纳斯（Montparnasse）。他迁入位于法尔吉埃城（cité Falguière）14号一楼的一间冰冷的工作室——距离布朗库西的工作室不远。这群被安德烈·瓦诺德在1925年命名为“巴黎画派”的艺术群体，在当时涌现了一股去蒙帕纳斯聚居的风潮，整个街区因此产生了变化。但莫迪并没在蒙帕纳斯待很久，中间甚至短暂地返回过蒙马特。他与家人一起在里窝那度过了1909年的夏天之后，再次返回法尔吉埃城。珍妮·莫迪利亚尼证实了这一点：“1910年，他先后居住在哈斯拜耶大道216号（216, boulevard Raspail）的拉鲁什［La Ruche，现在的丹齐格拱廊街（passage de Dantzig）］；蒙帕纳斯的圣哥达街16号（16，rue du Saint-Gothard）；然后再次回到蒙马特的爱丽舍美术拱廊街［（passage de l'Élysée-des-Beaux-Arts，位于安德烈·安托万街rue André Antoine）］；位于杜埃街［（rue de Douai），今天的塞夫勒路（rue de Sèvres）］的鸟修道院（le couvent des Oiseaux）……；这期间他在洗濯船[1]也住过好几次。”很快，他开启了生命的全新篇章：雕塑时期。莫迪的诗人朋友夏尔-艾伯特·辛里亚（Charles-Albert Cingria）在他过世十余年后回忆道：“莫迪利亚尼有一张英俊的脸庞，同时却不油腔滑调，甚至可以说有点内向寡言——这种与生俱来的意大利式的花花公子气质在犹太人中很常见。他的言语文雅得体，并且会说一口流利的法语。他习惯礼貌地微笑，即使不那么发自内心。他很好，从不刻意迎合或挑逗任何人。我从未遇见一个像他这样丝毫不势利的人。他很勇敢（在蒙帕纳斯这可是必备的品质）。不过尽管他很彬彬有礼（对，非常彬彬有礼），但有时也不得不说一些苛刻的话，甚至是毫不犹豫地表达。”[2]

五年来，他与寒冷、不同的材料、坚硬的巨石作斗争，试图能够把控他希望实现的每一个细节，这也让他本就脆弱的健康状况备受考验。切割石头产生的大量粉尘进一步污染了他的肺。尽管有酒精、艺术家朋友们［布朗库西、雅各布·爱泼斯坦（Jacob Epstein）、雅克·利普希茨］的陪伴，以及梦想——一个伟大的、有远见的项目——支撑着他的意志，但不得不承认，是肉体上的精疲力竭迫使他最终放弃了雕塑。

头颅和女像柱

1909年，毫无疑问是通过亚历山大医生的引荐，莫迪利亚尼认识了罗马尼亚雕塑家康斯坦丁·布朗库西（1840—1917年），后者成为蒙帕纳斯的重要代表人物之一。莫迪利亚尼立刻在《大提琴家》[3]的第一稿的背面画上了他的肖像，这幅画的完成版本最终在1910年的独立艺术家沙龙上展出。这幅画中艺术家对三维造型的热爱，即曲线的应用使人联想起罗杰·德·拉·弗雷斯纳耶（Roger de La Fresnaye，1885—1925年）的作品《装甲骑兵》（*Cuirassier*，1911年，里昂美术馆藏），那也是一位曾尝试雕塑的画家。被胡须和额头上的浓厚毛发包裹住的脸庞立体而丰富，布朗库西的形象跃然纸上。脸部以橙色为底，互补的绿色和红色起到提亮的作用，这在整个塞尚式的蓝调画面中显得格外醒目。他一直都喜欢营造出一种蓝紫色调的氛围，以此作为画面主调，然后用第二种色调去打破它。但这幅画从未完成过，或许是因为崇尚野性的布朗库西不喜欢，或许是后来莫迪利亚尼全身心投入到了雕塑之中。仅留下充满表现力的头像、几张素描和一张画家给雕塑家拍摄的照片。

这个有时被称作“塞尔维亚-克罗地亚人”的大胡子雕塑家对莫迪利亚尼艺术生涯的转折具有决定性的影响。其实早在意大利的时候，莫迪利亚尼就对雕塑产生过向往，尤其是在1902年追随米开朗基罗的足迹参观了彼得拉桑塔采石场之后，他在里窝那曾尝试过。布朗库西引导他在石头上直接雕刻［根据约瑟夫·贝尔纳（Joseph Bernard）的说法“直接石刻”（pierre directe）而来］。相对于塑筑和失蜡法，这种雕刻技巧被认为能更真实、更能表现艺术家的技巧和风格。布朗库西在1910年的独立艺术家沙龙里展示了一件简单命名为“雕刻的石头”的作品。而雕塑大师罗丹所常用的肌肉塑造形体，被他充满蔑视地称为“牛排”（beefsteak），也被雕塑新生代们视为“问题”。莫迪利亚尼在他的工作室看到了雕像《男爵夫人R. F》（*La Baronne R. F.*，又称《女人头像》），这是一块雕刻于1909年的75厘米高的石像：充满张力的修长鹅蛋脸也体现在男爵夫人的画像——莫迪利亚尼的作品《女骑士》[4]以及里窝那人雕刻的其他一些头像上。同样还是1909年，他追随罗马尼亚雕塑家1907年的作品创作了《祷告》（*La Prière*）。[5]就在1912年的秋季沙龙——莫迪在这里展出了他的雕塑头像——之前，布朗库西在独立艺术家沙龙上展出了《沉睡的缪斯》（*Muse endormie*）、《普罗米修斯》（*Prométhée*）和《吻》（*Baiser*）的第一版：浑然一体的风格造型，表面的三维特征清晰可辨，以一种独立的姿态存在于空间之中。卡尔·爱因斯坦（Carl Einstein）在他1915年出版的主要著作《非洲雕塑》（*Negerplastik*）[6]一书中指出，这也是非洲雕像的特征。

由安布罗乔·塞罗尼[7]（Ambrogio Ceroni）确立的莫迪利亚尼雕塑创作时间表，近年来又愈加清晰了，这要得益于2010年由加布里埃拉·贝利（Gabriella Belli）、弗拉维奥·费尔孔兹（Flavio Fergonzi）和

第58页图
《女人头像》（*Tête de femme*）
1912年
另一视角的细节插图见第91页

上图
《男爵夫人R. F.》（*La Baronne R. F.*，又称《女人头像》）
康斯坦丁·布朗库西雕刻
莫迪利亚尼摄影，1909年
巴黎蓬皮杜艺术中心国立现代艺术博物馆藏

右页图
《康斯坦丁·布朗库西肖像》（*Portrait de Constantin Brancusi*）
1909年
布面油画，73厘米×60厘米，阿贝罗美术馆藏

亚历山德罗·迪·普坡（Alessandro Del Puppo）共同策划，在特伦托和罗韦雷托现代和当代艺术博物馆举办的《雕塑家莫迪利亚尼》特展。[8] 当然不可否认的是，一些疑问依旧存在。

莫迪利亚尼直接在石头上雕刻头像，其中一些作品在1911年3月展出于葡萄牙画家阿玛迪奥·德·苏扎-卡多索（Amadeo de Souza-Cardoso，1887—1918年）的画室。他们于1909年在法尔吉埃城相识，从创作的角度来说，发现彼此如兄弟。一张在苏扎-卡多索家的朋友聚会上拍摄的照片上显示，壁炉上陈列着一座弗朗切斯科·劳拉纳（Francesco Laurana，约1430—1502年）的雕塑复制品，它可能是阿拉贡的埃莉诺（Éléonore d'Aragon）半身像。劳拉纳是生活在阿维尼翁的那不勒斯雕塑家，如西蒙尼·马蒂尼（Simone Martini）一样，聚会的年轻人们为了取乐还给半身像戴了一条项链！劳拉纳雕刻的人脸纯洁无瑕，很可能是模仿的榜样。珍妮·莫迪利亚尼在1958年公开了当时在苏扎-卡多索画室展出时拍摄的照片：这些头像的五官按比例拉长，杏仁状的眼睛被刻痕勾勒出来，但与周围的皮肤几乎处在同一水平面上，并未被挖空，眼睛位于细长的梯形鼻子顶端，鼻子下方是略微平坦且横向拉长的嘴。双颊平坦，然后向后延伸。莫迪利亚尼后来的雕塑特征此时已初现雏形：通过头颅后部的反向嵌入向前推动面部，侧面轮廓拉长。安德烈·德兰肯定仔细欣赏了他朋友的这些新作品，因为德兰的画显然也受到了影响，人像的比例被夸张地拉长了［比如1913年完成的《星期六》(*samedi*)，现藏于莫斯科普希金博物馆］。

这些创作于1911年的拉长的头像，构成了来年（1912年）秋季沙龙上展出的作品矩阵，而在此之前这种风格也经历过多次尝试，既有绘画，也有雕塑。比如，《年轻女子胸像》(*Buste de jeune femme*，1910—1911年）和《年轻女子》(*Jeune Femme*，1910年）[9] 都证明了在莫迪利亚尼的画中，颈部的垂直推动力是非同寻常的，其他特征还包括，眼睛和拱形的眉毛，夸张拉长的鼻子和嘴巴，整个脸趋向半圆形或半椭圆形（卵形）。雕塑《头像》(*Tête*，1911年）的扁平眉毛是由两道刻痕组成，这是《年轻女子胸像》这幅画的雕刻版本，只是简化到只有头部。另一幅肖像画显示出，在苏扎-卡多索画室展出的一系列鹅卵形头像，是艺术家正在探索嘴鼻部连续统一体（*continuum*）样式的成果。莫迪利亚尼不断在尝试、摸索、发现。费城艺术博物馆收藏的《女人头

左上图
《女人头像》(*Tête de femme*)
1911—1913年
石头，47厘米×26厘米×30厘米
巴黎蓬皮杜艺术中心国立现代艺术博物馆藏

右上图
《年轻女子胸像》(*Buste de jeune femme*)
1910—1911年
布面油画，55厘米×38厘米，私人收藏

右页图
《头像》(*Tête*)
1911年
石头，39.4厘米×31.1厘米×18.7厘米
福格艺术博物馆（Harvard Art Museum，Fogg Museum）藏

像》(1912年?)与福格艺术博物馆的一样，都有着双切割线结构的眉毛，这有助于我们确定前者与后者的创作年代相近，尽管并不能就此确定是1912年。另外一个引人注目的特征是：毛发边缘的处理。这是艺术家最早时期的雕塑实验特征，他试图在作品中保留住自然主义的一面。

自1911年的《珍珠人头像》(*Pearlman*，第67页)开始，卵形头部都有着尖下巴，头上的发髻以更为抽象的方式排列，头顶呈扁平状。艺术家此时创作的主题集中于交替空间的女像柱和独立头像。莫迪利亚尼在1911至1912年雕刻的头像风格非常独特，整个头颅呈现完美的拉伸圆柱体，高挺的鼻梁和镂空的嘴巴在脸上共同构成一个具有凹凸感的惊叹号。明尼阿波利斯美术馆收藏的头像显示头发被刻画出三个层次，从前额、头顶和发髻向后(第66页)。很难确定双目是睁着还是闭着：我们无法从脸上看出任何情绪。泰特美术馆收藏的头像(第79页)更像是一个独立作品，而不是女像柱系列，它的拉伸达到了一个惊人的程度。它的下巴被进一步拉尖，额头被夸张的杏仁眼取代，眼睛与夸大的鼻梁呈特定角度摆放。如斧斫般的侧面由三个几何体组成：两个圆柱体或管状体——脖子和脸颊——以及第三个扁平轻微凹刻的部分。这件作品显示了莫迪在雕塑风格上的探索达到了一个极致，其灵感来自科特迪瓦的古罗面具，最终达到的优雅弥补了人体结构上的缺失。

澳洲国立美术馆收藏的《站立的裸体》(*Nu debout*，1912年，第68页)和纽约现代艺术博物馆保存的唯一一尊稍晚创作的全身跪立女像柱(约1914年，第70页)，都有着与之前那尊《头像》相同的略微凹陷的脸，但其整体结构的坚固性，石柱般的腿部和头颈部的强化都强调了这是一尊岿然不动、充满力量的女像柱。许是为了呼应布朗库西在同年创作的抽象风格的《女像柱》(*Cariatide*)？艺术家在准备雕塑前期，会画很多不同姿态的女像柱，或站或跪，或素描或油画。或许这也预示着他在1913年后(从意大利回来之后?)回归到一种更加坚实、更加自信的结构的头像，比如金贝尔美术馆(Kimbell Museum)的雕塑(第78页)，抑或是蓬皮杜中心的藏品(第62页)。

莫迪利亚尼从1909年开始雕刻头像，到1912年完成了《站立的裸体》——显而易见的一尊站立女像柱，那么接下来他将进入一个新的研究阶段：他开始尝试跪立状或蹲状的女像柱，尽管这种姿势很受局限，但最终效果却出人意外地生动。与《头像》(*Tête*)不同，这个系列的大多数尝试停留在草稿阶段，除了创作于1914年，保存在纽约的这尊《跪立女像柱》。女像柱的主题在1914年左右的巴黎现代雕塑中再次受到青睐(第70页)，莫迪是最早一批涉足该主题的艺术家。不过相对于另一尊蹲立像——罗丹的《石刻女像柱》(早于1881年)，莫迪利亚尼的作品结合了米开朗基罗式风格和情色意味。时光流逝，这件作品又

左页图
《女人头像》(*Tête de femme*)
1911年
石灰岩，65.2厘米×19厘米×24.8厘米，华盛顿国家美术馆藏

右图
《女人头像》(*Tête de femme*)
1912年?
石灰岩，70.5厘米×23.5厘米×7.6厘米，费城艺术博物馆藏

启发了他的朋友即门徒亨利·劳伦斯（Henri Laurens）的《女像柱坐像》（*Cariatide assise*，1929年，巴黎，MNAM）。

在女像柱素描中，其中一些似乎是雕塑的研究准备。但其中大部分的构图都过于理想化，可以说是画家的梦想。我们不禁猜测，莫迪利亚尼是因为在1914年决定放弃雕塑而没有把这些女像柱像付诸实施？还是因为他坚信自己所寻找的形象无法以石头为载体去转化，从而选择了放弃呢？后一个假设并非凭空猜测：随着时间流逝，这些草稿被实现的可能性越小，画家对肢体末端（如手和脚）的处理越发潦草——而这些细节对于雕塑来说至关重要。

这些素描、水彩或油画的女像柱是雕塑家的绘画杰作。她们的脸和身体的上半部分，过去庄严的姿态现在变得扭曲——比如蓬皮杜艺术中心收藏的这幅《女像柱》（1913年，第73页）——但这种转动姿态

左页图
《头像》
1911—1912年
石灰岩，65.4厘米×17.1厘米×21.3厘米，
明尼阿波利斯美术馆藏

左上图
《珍珠人头像》（*Tête*，又称*Pearlman*）
1911年
石灰岩，41.8厘米×12.5厘米×17厘米，
普林斯顿大学艺术博物馆藏

右上图
《对头像雕刻的研究》（*Étude pour une tête de sculpture*）
1912年
纸本蓝色铅笔和石墨铅笔，63厘米×23厘米，里尔现代艺术博物馆藏

并没有使整个造型灵动起来，反而呈现出一种魂不附体般的奇特姿态。我们从未在里窝那人过去的作品中见过，也不会在未来的作品中见到这样的人物动态，膝盖抬起的姿态和大腿肌肉充满力量感——除了这幅《沙发上的裸女》（*Nu sur un divan*，又称*Almaisa*，1917年，第211页）。通过条纹状肌肉的张力来充分表达被简略处理的人体肢体（如手足）的运动。在其他所有条件相同的情况下，我们后来在爱尔兰画家弗兰西斯·培根（Francis Bucon，1909—1992年）的作品中也能观察到同样的特征。在莫迪利亚尼这一时期的作品构思中，肢体末端显然是多余的，而在他后期的肖像画中，双手反而成为表达情绪不可或缺的元素。在1916年以前，花瓶不是拿在手里，而是用胳膊支撑的；人物也不是依靠双足而是大腿伫立在地面。从1916年开始，四肢重新找回在莫迪利亚尼绘画中的重要性。

此时，雕塑家的另一个关注点是在部分水彩画中通过画笔笔触强调出来的轮廓。这个轮廓是一条反复强调的粗线条，由人物映射在墙上的阴影构成；而姿态的轮廓——并非松散的、分裂的躯体和脱节的四肢——将绘画与解剖图区分开来。只有像马蒂斯和安德烈·德兰这样做过雕塑的画家，才找到了这种通过反复描画来加粗轮廓线的方向。而且这些画作的背景是虚化的，没有任何实体空间或地点，一些头颅呈反向扭转的女像柱显示了一个悖论：如果我们把这些雕像放置成水平角度观察，那么其姿态就是成立的，比如横躺或斜倚的人像，但事实上这些雕像都是竖直角度摆放。这证实了存在一个创作者假想的地面或支撑点，比如胳膊举到位于肩膀和头部以上的花瓶。这里与1916年的《裸体像》有延续性关联。蓬皮杜中心收藏的草稿（第73页）和《蓝色边框的粉红色女像柱》（*Cariatide rose à la bordure bleue*，约1913年，第71页）之间难道不也是这种关系吗？人像内依稀可以辨识出细微但确实的铅笔痕迹，上面以较细的画笔笔触覆盖，强调出四肢和身体的线条。为什么说“强调”？因为如果比例是正确的，那么艺术家所寻求的线条节奏上的排比和共鸣会带来一种与身体脱节的印象，达到一种画面中的人要动起来的错觉。构成人物的色彩包括糖果色、如冰块半透明的彩色以及局部厚涂色，这都有助于建立叠加的层次和透明度。总而言之，过去的静态表达逐渐转向了具有动向的表达。油画抑或是水彩，色彩的运用将画面层次丰富到一个极点。

这种人为塑造的序列感在艾莎道拉·邓肯（Isadora Duncan）的舞蹈中呈现出当代性，她的肢体语言最初是模仿古希腊瓶绘上的人物而来，自由地发挥整个身体的作用，从赤足在地面踩踏，到双臂高举过头，头部有节奏地在脖子上向多方位转动。不过，艾莎道拉·邓肯并没有看过印度乐伎舞，而莫迪利亚尼曾在吉美博物馆或夏乐宫看过。

左图
《站立的裸体》（*Nu debout*）
1912年
石灰岩，162.6厘米 × 33.2厘米 × 29.6厘米，
堪培拉澳洲国立美术馆藏

左上图
《站立的裸体》(*Nu debout*)
1910—1911年
纸本蜡笔，43厘米×26.6厘米，私人收藏

右上图
《正面女像柱》(*Cariatide de face*)
1911—1914年？
纸本蜡笔，42.7厘米×26.3厘米，私人收藏

上图
《跪立女像柱》
约1914年
石灰岩，92.1厘米 × 41.6厘米 × 42.9厘米，
纽约现代艺术博物馆藏

右页图
《蓝色边框的粉红色女像柱》（*Cariatide rose à la bordure bleue*）
约1913年
纸本水彩，55.6厘米 × 45.5厘米，
私人收藏

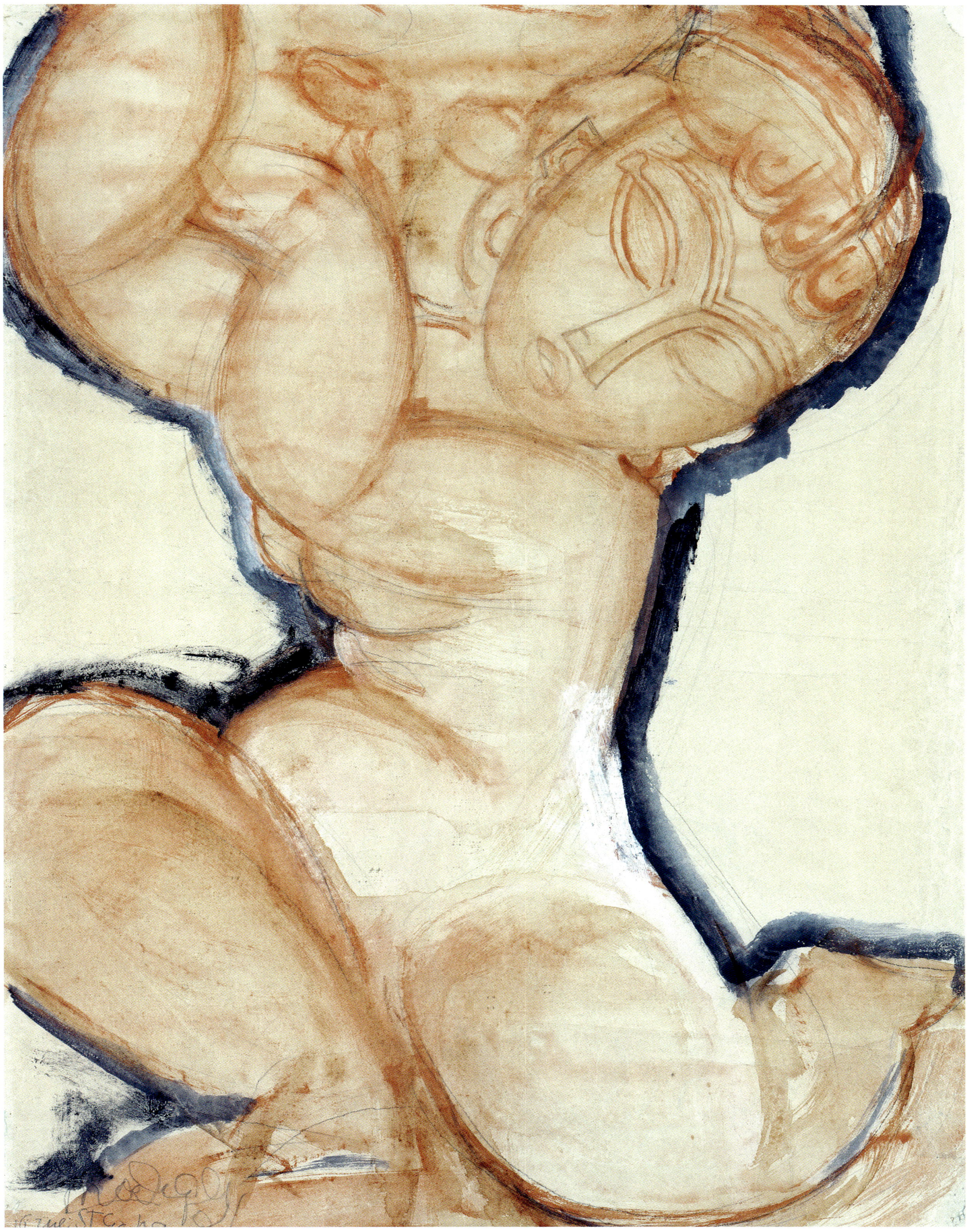

原始主义和现代性

尽管和不少画家一样，莫迪利亚尼也对动态问题感兴趣，但他拒绝在《未来主义画家宣言》(*Manifeste des Peintres futuristes*，1910年）上签字，这一宣言的主要编辑之一正是在威尼斯十分有名的翁贝托·波丘尼。1912年2月，莫迪参观了巴黎伯恩海姆-朱恩画廊（galerie Bernheim-Jeune）举办的费利克斯·费内翁（Félix Fénéon）策划的“意大利未来主义画家”展览。但在展览画册的封面上，他用笔把最后一个形容词圈出来，并加了两个感叹号，画了一颗六角星、一张脸和卡巴拉符号。[10]他是否想强调并非所有的意大利画家都是未来主义者？艺术是否应该以演绎者的国籍来定义？他是否感觉到自己被排除在他的同胞群体——犹太人（六角星的隐喻）——之外？至于赫尔墨斯符号，不正是表明艺术是扎根于与动荡的现代世界毫无关联的古老智慧中吗？确实，他既对速度、计划的动态混乱不感兴趣，也没有未来主义者对现代风格物品的热衷（火车头、汽车、电力照明）。然而，他被诞生于第一次世界大战期间的另一流派纳入其中。

当亨利·高迪耶-布热斯卡（Henri Gaudier-Brzeska）在他去世［1915年他在阿图瓦战役（Bataille de l’Artois）中死去］前几个月签署《旋涡宣言》(*Vortex*)时，他将莫迪利亚尼归类为“现代派”。他只列举了几个有着共同奋斗目标的伙伴，勉强数出了6位：“而我们这些现代派：爱泼斯坦、布朗库西、阿契本科、杜尼科夫斯基、莫迪利亚尼和我自己，我们在对这个复杂城市的不懈斗争中各自都耗费了大量精力……/我们将球体在立方体中结晶化，我们将所有基本形态组合在一起——集中起来表达我们关于意识优势的抽象思维。意志和意识就是我们的旋涡。”[11]

这段话发表在1914年7月2日的第一期《爆炸》(*Blast*)杂志上，作为个人宣言呼应了发表于同一期的英国旋涡主义集体宣言——高迪耶也签署了的《旋涡宣言》(“*Vortex*”在拉丁语中意为旋涡)。他表达了推动与他同一时代的创造者的“运动”以及同时构成这一“运动”的内容。两个关键词分别是“意志”(volonté)——即从大城市运动和基本形态中汲取的能量与“意识”(conscience，他也称其为“抽象思维”)——比如说将生命（球体）在现代（立方体）中的运动进行精神结晶化。他坚决将自己置于后立体主义（立方体中的球）。

在亨利·高迪耶-布热斯卡列举的名字中并没有未来主义者，也没有立体主义者。有主攻直接雕刻法的雕刻家，但也不都是如此，因为阿契本科和杜尼科夫斯基的作品都不以直接在材料上雕刻而著称。正是这点可以看出这些艺术家正与罗丹渐行渐远：高迪耶认为大师只雕刻出了一半这“隐没”在原石中的雕塑。不幸的是，这位过早离开人世的英国旋涡主义信徒，将雕塑视作对抗物质与空间约束的手段。这些约束缩减、限制和抑制了艺术家的表达。这些重要的凸形动态、不断扩张的球体、向外流动的能量旋涡，使其在周围的空间中如同一个发光体的存在。高迪耶在他的序言中写道：“我对雕塑的看法从始至终都保持不变。从根本上讲，这是意志和决心的旋涡。我的情绪不过是构图布局的结果。我通过安排平面、布局和界定线来表达我自己的情绪。”[12]

同样，他嘲笑那些将雕塑与建筑（如果把建筑视作雕塑的母亲）分离开来的无稽之谈：“像爱泼斯坦、布朗库西和我这样的艺术家可以轻松地用我们的雕塑来搭建出和谐的宫殿。由此产生的建筑是相当独特、新奇和重要的。”[13]

上图
亨利·高迪耶-布热斯卡
《红石舞者》(*Danseuse en pierre rouge*)
1913—1914年
红石，43.2厘米×22.9厘米×22.9厘米，
伦敦，泰特美术馆藏

右页图
《女像柱》(*Cariatide*)
1913年
彩铅和布面油画，60厘米×54厘米，
巴黎，蓬皮杜中心国立现代艺术博物馆藏

我们不知道亨利·高迪耶-布热斯卡是如何了解莫迪利亚尼的雕塑作品的。可能是在巴黎，高迪耶在定居伦敦之前，曾在1909年9月到1911年1月居住在巴黎。也可能是通过1912年6月在伦敦结识的雅各布·爱泼斯坦的中间人。这一年爱泼斯坦正在雕刻拉雪兹公墓的奥斯卡·王尔德的墓碑，他当时和莫迪利亚尼已经是朋友了，因此经常在空闲的时间去见他。也有可能是通过画家、作家妮娜·哈姆内特（Nina Hamnett）的撮合，妮娜在1914年经常去拜访他们俩（高迪耶和莫迪利亚尼），并为他们做模特儿。不管怎样，高迪耶立刻断言莫迪利亚尼是个"现代派"，而拒绝认同那些认为他不过是个熟练运用拟古主义（archaism）和非洲风格的"导演"分析。没准他是在"头"像中将球体"结晶"在立方体中，让自己感受到由意识和韵律引导的生命力爆发？在纽约现代艺术博物馆（MoMA）收藏的《跪立女像柱》雕像（第70页）和女像柱草图中，旋涡的存在显而易见。在弯曲的跪姿中，同时也代表着能量的集中，有助于发力并承担着某种假想中的负担。我们再来比较一下蓬皮杜中心收藏的《女像柱》画像（1913年）和高迪耶的另一个传世之作，泰特美术馆收藏的《红石舞者》（*Danseuse en pierre rouge*，1913—1914年）：正是高迪耶对雕像脸部进行的粗暴的"艺术化毁容"成就了这件作品；反之，如果莫迪没有舍弃坚持躯体完整性的纯意大利式的人文主义风范，那么《女像柱》的头部也不会以一种夸张的幅度扭转，甚至仿佛从躯干和四肢上脱离开来，这种变形的动态将其与自然主义彻底割裂开来。

在盘点"现代派"代表时，高迪耶忽略了埃利·纳德尔曼（Elie Nadelman，1882—1946年）。这位波兰雕塑家自1904年以来就居住在蒙帕纳斯，他也是《对人工美容的追求》（*Vers la beauté plastique*，1913年）的作者。这本由32张图画组成的画册在1921年公开出版。或许是因为高迪耶还不了解纳德尔曼的艺术，又或者是他认为纳德尔曼就像阿波利奈尔（Apollinaire）一样过于传统？[14]无视这些绝妙的画

上图
《女像柱》（*Cariatide*）
1914年
纸本彩铅和蜡笔，73.3厘米 × 60厘米，
费城，艺术博物馆藏

作？这不太可能。然而，如果没有纳德尔曼，就无法理解雕塑家莫迪利亚尼作品中极度简约的头像风格以及通过正反曲线的平衡构建起来的弯曲女像柱，因此莫迪肯定看过在杜鲁埃画廊［摄影艺术家欧仁·杜埃（Eugène Druet）开设的画廊］举办的这两次展览：1909年（4月26日—5月8日）和1913年（5月26日—6月7日）。阿道夫·巴斯勒第一个指出："纳德尔曼的绘画和雕塑中的球形分解原则要早于立体主义的出现。"[15]巴斯勒对这位后来定居美国的波兰雕塑家的赞美，是追随了安德烈·纪德（André Gide），后者在1909年4月的日记中写道："纳德尔曼用圆规作画，通过堆叠几何体完成雕塑。他发现人体的每条曲线都有一个与之对应的反向曲线。在这一原则下，躯体的波动达到一种和谐的境界。最令人惊讶的是，他总是根据真人模特儿来创作。"[16]安德烈·萨尔蒙早在1914年就说过："我们不要忘记，早在立体主义派之前，纳德尔曼就舍弃了与体积相对的一切。"[17]

如果说莫迪利亚尼的"头像"参考了毕加索作品中著名的"鹰钩鼻"曲线，并将曲线融合到立体主义的体积中，那么这些"女像柱"也有借鉴乔治·布拉克（Georges Braque）的《大裸体》（*Grand Nu*，1907—1908年，巴黎国立近代美术馆藏），并很快就摆脱了立体主义的模式。里窝那人最终从纳德尔曼的曲线中获取灵感并青出于蓝。纳德尔曼在1910年的《摄影作品》杂志中写道："我从不使用曲线以外的线条创作，曲线具有力量和创新性。我不断调整这些曲线，使它们彼此相对或呼应。通过这种手法，来获取某种有生命的形态，或者说达到某种和谐。此外，我试图让作品的生命力由内向外而发。"[18]

我们也可以这样评价莫迪利亚尼的绘画和雕塑，甚至可以说在强度上具有更多变化。他确实展现了一种独特的综合风格：重新确立了鲜明的轮廓——连贯的线条而不仅仅是侧影，大量彼此相呼应的线条在轮廓内，形成如涟漪如音乐般波动的内在韵律，将人物鲜活地刻画出来。

在探索纯粹、结构化的形式过程中，莫迪利亚尼逐渐开始崭露头角。他的雕塑不仅与布朗库西，也与威廉·莱姆布鲁克（Wilhelm Lehmbruck）和雅各布·爱泼斯坦的雕塑有共同之处。

威廉·莱姆布鲁克（1881—1919年）在1910年离开德国前往巴黎定居，先是在沃日拉尔路（rue de Vaugirard）然后搬到了梅因大道（avenue du Maine）。直到1914年，他在法国期间一共创作了36尊雕塑。就在第一次世界大战开战之前，里维客&西画廊（galerie Lévêque & Cie）正在举办一场他致敬安德烈·萨尔蒙的展览。区别于同时代的艺术家的常规发展路径，威廉·莱姆布鲁克从表现主义到自然主义的古典造型（比如"恢复秩序运动"或"纯粹的雕塑"），他从一开始就以"alla antica"（意大利语：传统）的线条为标志，后来转向更加生动的表现力，这体现在不断拉伸和扭曲甚至几乎就要断裂的、哥特式的体积上。因此，《屈膝像》（1911年）展示出一种整个身体的极度拉伸和低头向地面冥想的姿态。

上左图
埃莉·纳德尔曼
《女人头像》（*Tête de femme*）
约1907年
纸本铅笔和墨水，53.34厘米×32.07厘米，
布法罗奥尔布赖特-诺克斯美术馆藏

上中图
威廉·莱姆布鲁克
《屈膝像》（*L'Agenouillée*）
1911年
石膏浇铸，189厘米×70.5厘米×141厘米，
杜伊斯堡威廉·莱姆布鲁克基金会博物馆藏

上右图
奥斯卡·王尔德墓葬纪念碑
雅各布·爱泼斯坦在1911—1914年完成
弗雷德里克·埃文斯（Frederick H. Evans）摄影，
洛杉矶保罗·盖蒂博物馆藏

英国雕塑家雅各布·爱泼斯坦（1880—1959年）因为一组英国医学会伦敦建筑外立面的裸体装饰像柱（1908年）而闻名：一张1910年的石柱素描显示出他曾和埃里克·乔（Eric Gill）共同构想过一个神庙的蓝图。自1912年起，爱泼斯坦和莫迪利亚尼过从甚密，因此他无疑激励了莫迪的“女像柱”雕刻。众所周知女像柱与建筑的关联，且两人都很偏爱古埃及、古亚述乃至古远东地区的风格，比如奥斯卡·王尔德墓碑（1911—1914年，拉雪兹公墓，第75页）上的飞翔天使造型，其灵感便来源于爱泼斯坦在大英博物馆看到的亚述带翼公牛。

事实上，现代雕塑从原始主义中获取了不少灵感。19世纪末期开始，艺术家开始从西方艺术以外获取一部分灵感，逐渐成为一种趋势：这些灵感来自被博物馆收藏的人类伟大文明中的“古代艺术”，也来自艺术交易商或收藏家在市场交易中获得的，或在人类学博物馆以及世界展览中被赞扬的，来自欧洲以外地区的“原始艺术”。在莫迪利亚尼的雕塑（包括实现的和停留在草图阶段的）中有很大部分因其纯粹的几何造型使人联想起古埃及和基克拉迪雕像。还有一部分雕塑则似乎受到了非洲面具的影响，或具有接近佛像（尤其是高棉佛像）的东方特征。

为了分析埃及艺术对莫迪利亚尼的影响，伊迪丝·巴拉斯（Edith Balas）将目光投向了诗人安娜·阿赫玛托娃（Anna Akhmatova）的回忆录：“1911年，莫迪利亚尼疯狂迷恋上了埃及，他带我去卢浮宫的埃及艺术厅，并向我坚决地表示，其他区域都不值得停留。”[19]事实上，堪培拉的《站立的裸体》（第68页）和他的很多雕刻或绘制的头像都可以用埃及艺术来进行解读。[20]但实际情况还要更加复杂：艺术家综合了不同的灵感来源。莫迪的埃及也毫无疑问是非洲的埃及，这在他的另一幅女性侧像画作中可以看出来。这幅画今天保存在纽约现代艺术博物馆。

在威廉·鲁宾（William Rubin）的著作，即展览《20世纪艺术中的原始主义》（*Primitivism in XXth Century Art*，1986年）的画册中，阿伦·G. 威尔金森（Alan G. Wilkinson）跟从了罗伯特·戈德沃特（Robert Goldwater）的步伐，将莫迪利亚尼的雕塑作品和巴乌莱族（baoulé）、古希腊和高棉雕塑放在了一起。[21]关于莫迪利亚尼真实看到的和体悟到的非洲艺术，我们可以无休止地讨论下去。威尔金森将这尊独一无二的《跪立女像柱》（第70页）与一把卢巴人的座椅放在一起。在创作这些头部后倾的雕像时，艺术家会不会像毕加索一样参考了巴加艺术（art Baga）中的宁巴（Nimba）面具？来自科特迪瓦的古罗人面具有一双倾斜置于脸部轴线上的杏仁眼。其中一些面具的风格极为独特，鼻梁内弯的特征很接近莫迪在1912年左右雕刻的有着刀削斧砍版面庞的头像。加蓬的芳人（Fang）头像一般有着修长的脖颈，头颅相对比较小，头顶呈圆形，而下巴是尖的，这就可以合理解释莫迪作品中垂直、修长、凹陷的头像的灵感来源了。[22]塞拉利昂门德人的面具也有着弯曲的曲线，不过更加吻合1913年之后雕刻的头部造型。《站立的裸体》的小腹微凸，双腿粗壮，双臂交叉置于胸前，这可能参考了芳人的神像。

在莫迪利亚尼的一生中，仅有一次，也是唯一的一次，他的作品与所谓的“黑人”雕像同台展出：那是在画家艾米尔·勒琼（Émile Lejeune）位于巴黎惠更斯街6号（6，rue Huyghens）的工作室举办的展览中，那里也是展示竖琴与调色板协会（Lyre et Palette）的绘画、诗歌和音乐表演的地方。于是，在1916年11月16日至12月5日，基斯林、马蒂斯、曼努埃尔·奥尔蒂斯·德·萨拉特、毕加索和莫迪利亚尼的作品（仅油画）与艺术品经销商保罗·纪尧姆代理的一系列“黑人雕塑”比邻而居。当时的目录册注明，由于其价值所在，这是“黑人雕塑”的首次公开展出。可能正是借这个机会，“遥远土地的艺术”（arts lointains）最钟爱的评论家费利克斯·费内翁在艺术公报（le Bulletin de la vie artistique）上将马蒂斯、波纳尔（Bonnard）与黑人艺术相比对，并对里窝那人产生了兴趣。1918年，费利克斯·费内翁买下一幅珍妮·赫布特尼的肖像，这幅画上，珍妮编着浓密的碎辫，使人联想起非洲面具的发型。[23]约翰·雷瓦尔德（John Rewald）在费内翁的公寓里，钢琴上方悬挂着一幅巨大的裸体画像，“为了更好地聆听音乐”。他想表达的是不是，如果我们不考虑幽默感——通常塞尚的专家比较缺少这点——那么身体舒缓的线条和色调的反差具有音色和旋律变化的特质？

保罗·亚历山大曾说，莫迪利亚尼曾在远征柬埔寨，尤其是探访过吴哥窟之后，带他去了探险家路易·德拉波特（Louis Delaporte）创立的位于夏乐宫（Trocadéro）的高棉艺术展馆（musée indochinois）[24]。2013年，在吉美博物馆举办的展览“吴哥窟，一个神话的诞生——路易·德拉波特和柬埔寨”（*Angkor. Naissance d'un mythe-Louis Delaporte et le Cambodge*）中，展出了约瑟夫·吉拉尔迪（Joseph Ghilardi）制作的关于巴戎寺艺术（l'art du Bayon）的模型，这些模型最早曾在1878年的世界博览会上展出过，然后在1881至1882年的高棉艺术项目之后移至夏乐宫。[25]而有着巨大头像和丰富壁雕的巴戎寺——吴哥窟知名的佛塔建筑群，以佛教宇宙观须弥山为概念而兴建——毫无疑问地深深吸引了莫迪利亚尼。他那时经常去卢浮宫，或许还参观了1912年在水边画廊（galerie du Bord-de-l'eau）内的专门展出“希腊化佛像艺术”（art bouddhique hellénisant）的房间。埃米尔·吉美（Émile Guimet）曾说到其中一件雕塑：“它看起来就像是1828年安格尔笔下的肖像。”[26]

的确，当时高棉艺术和远东艺术是非常时髦的。在1912年1月3日出版的《不妥协报》（*L'Intransigeant*，创立于1880年的法国报纸）上，阿波利奈尔提到前一年在伯恩海姆-朱恩画廊举办的魏格纳夫人（Mme de Wegener）的收藏展“黄色艺术，中国风的拉斐尔和伦勃朗”：有一件作品使他想到了乔托（Giotto），而《两姐妹》（*Les Deux Sœurs*）则使他联想到波提切利。也是在1912年，皮埃尔·洛蒂（Pierre Loti，

左页图
《头像》（*Tête*）
1913年
石头，64厘米×15.5厘米×21.8厘米，
卡尔斯鲁厄，州立美术馆藏

右上图
《女人侧像》（*Femme de profil*）
1910—1911年
纸本蜡笔，42.9厘米×26.7厘米，
纽约，现代艺术博物馆藏

右下左图
巴加族（Baga）
宁巴（nimba）面具
19世纪
木，高125厘米
巴黎，毕加索博物馆藏

右下右图
无名氏（埃及）
《女人头像》（*Tête de femme*）
公元前4世纪
石灰岩，高10厘米，
巴黎，卢浮宫馆藏

上图
《头像》(*Tête*)
约1913年
石灰岩，52.4厘米×24.8厘米×37.5厘米，
沃思堡金贝尔美术馆藏

左图
门德族（Mende）
索维女人面具（Masque féminin soweï）
20世纪
木，高36厘米，
巴黎，布朗利河岸博物馆藏

上图
鲍勒族（Baoulé）
古罗面具（Masque Gouro）
19世纪
木，高34厘米，私人收藏

右图
《头像》（*Tête*）
1911—1912年
石灰岩，69.2厘米 × 14厘米 × 35.2厘米，
伦敦泰特美术馆藏

1850—1923年）出版了《吴哥的进香者》（*Un pèlerin d'Angkor*）。5月13日，谢尔盖·达基列夫（Sergei Diaghilev）创立的俄罗斯芭蕾舞团在沙特莱剧院（Théâtre du Châtelet）演出了《蓝色上帝》（*Le Dieu bleu*），由让·谷克多撰写剧本，里昂·巴克斯（Léon Bakst）为服装设计：故事场景发生在印度，但舞美的灵感来自巴戎寺。莫迪利亚尼在几年后，1917年，创作了一幅肖像，画面上杰出的舞美设计师[27]围着蓝色围巾，外套上的图案令人想到舞剧《牧神的午后》（*L'Après-midi d'un faune*）中瓦斯拉夫·尼金斯基（Vaslav Nijinsky，知名芭蕾舞者）的着装。这部剧从古希腊艺术中汲取了灵感，也是在1912年5月末在沙特莱剧院上演的。

而在1911至1912年创作的一尊《（带发髻的）女人头像》[*Tête de femme (au chignon)*]的外貌则有着明显的东方风格，特别是发型和佛像很相似；这是艺术家在1930年威尼斯双年展时专门准备在大厅中展示的两件雕塑之一（第297页），另一件创作于同年的雕塑今天收藏在泰特美术馆（第79页）。这尊头像似乎正在冥想，双眼紧闭。她的神秘笑容令人联想起那些启蒙的神灵，首当其中的就是佛祖。蓬皮杜中心国立现代艺术博物馆收藏的《女人头像》（1912年）的脸庞尽管呈斜角切割，但还是属于同一类型。

相当多的头像都有着明显的佛像特征，并加入了颇具观赏性的装饰细节（吊坠、流苏和头饰），这在这一时期的女像柱绘画和雕刻中都有体现。这些雕塑令人想起了柬埔寨或印度的礼仪舞蹈。莫迪利亚尼希望这些画在纸上、刻在石中的躯体，如同他曾在博物馆中见到的神女、飞天一样婀娜多姿。

今天保存在法国维伦纽夫达斯克（Villeneuve d'Ascq）现代美术馆的一块木板，[28]安德烈·德兰也绘画了这块高棉浅浮雕雕刻上的舞蹈人物（吉拉尔迪的模型，吉美博物馆藏）。不过他将他们演绎为女性，并

从建筑风格的背景中抽离出来，他甚至将其中一个人物背对观众，但头转过来向外，以获取一种更写实的效果。在这块木板上，画面中的人物呈蹲姿，脚放在边缘的装饰线上——这形成了舞台地面的效果。莫迪利亚尼的选择与德兰恰恰相反：他的女像柱并不是女性的体现，而是一种节奏的体现。

最早的女像柱，有站姿也有跪姿，其姿态还比较僵硬，或多或少地参考了埃及雕像，双臂打开呈负重状。但在1913至1914年，肢体的造型开始呈现颇有韵律的扭动，四肢伸展、分开。膝盖抬起、向外凸出，脚和胳膊被处理成椭圆形：很难想象莫迪利亚尼在这一时期的灵感来自莱姆布鲁克的《屈膝像》(第75页)。剧烈的笔触伴随着身体的动态，进一步强调了运动，反而使造型本身显得不那么重要。莫迪利亚尼在博物馆中研究人物的动态，特别是吉美博物馆的高棉浮雕艺术，此外就是自然观察，这一点从1912至1913年的素描作品《小珍妮》(*Petite Jeanne*)中的仙女姿态可以得到证实，[29]这幅作品是保罗·亚历山大的收藏。这些女性形象姿态优美，极富东方情色风韵，比如一幅仙女（可能源自炼金术）的画像中展示的是跳舞的姿态，一只脚抬起，并用手抓住。[30]

由于没有阿拉伯式花纹，这些画作摆脱了所有的束缚。否则的话，莫迪利亚尼肯定会在实现画面三维化的过程中遇到非常大的技术困难。但最重要的是，当我们比较已实现的《跪立女像柱》雕像（*Cariatide*，第70页）——努力以米开朗基罗风格的人物为基础——和梦想雕塑之间的差距时，可以说理想的、完美的形象只能存在于绘画之中。在相互扭曲的圆弧状轮廓之间，建立起一种共鸣（根据埃利·纳德尔曼绘画的方式，第75页），将雕塑、表演艺术、音乐和舞蹈以一种独特的方式紧密连接在一起。有时则恰恰相反，莫迪利亚尼对人像的处理使之从背景中跳脱出来，启发了后来马蒂斯的雕塑作品《贝壳里的维纳斯》(*Vénus à la coquille*，1930年，巴黎，国立现代艺术博物馆藏)。

左页左图
《(带发髻的)女人头像》[*Tête de femme (au chignon)*]
1911—1912年
石灰岩，57.2厘米×21.9厘米×23.5厘米，私人收藏

左页右图
无名氏（吴哥城）
《观音头像》(*Tête de Lokesvara*)
12—13世纪
砂岩，高33厘米，
巴黎吉美国立亚洲艺术博物馆藏

右图
《女人头像》(*Tête de femme*)
1912年
厄维尔石，58厘米×12厘米×16厘米，
巴黎蓬皮杜艺术中心国立现代艺术博物馆藏

一旦确认了他的雕刻作品（石头和纸上的）与非洲和远东文化之间的关联，就可以再次佐证灵感的源泉不止一个。这些作品见证了莫迪利亚尼的多元化眼光，这一点后来在马尔罗（Malraux）的随笔《虚构博物馆》（*musée imaginaire*）中也提到过，20世纪初期的艺术家的“多重灵感来源”这一概念。之所以说“虚构”主要是摄影复制品，是图像，但也通过复制和模型来重现异国艺术。这一点与那些（通常是指先锋派）通过世界艺术寻求自我道路的人息息相关，就像他也通过立体主义寻找自我一样。毫无疑问，这就是为什么威尔金森认为莫迪利亚尼是原始主义先锋派中“胆子最小”的一位，同时也认识到他对利普希茨、爱泼斯坦或画家奥古斯特·约翰（Augustus John，1913年买了莫迪利亚尼的两件雕塑）产生了影响。与利普希茨等人不同，莫迪利亚尼也关注西方以外的艺术家，“但并没有被他们的思想渗透”。威尔金森进一步提出一个解释：“他首先还是一个肖像画家。”我们可以说莫迪利亚尼被赋予了一个令人瞩目的多元的眼光：文化差异-没有失去-回归西方传统的根源。

因此不大可能将莫迪利亚尼的相关雕塑作品风格的起源，归类到某个特定的大陆艺术，或某个特定的时代。对于威尔金森来说，1912年的头像和非洲面具或高棉头像一样，令人联想到了法国沙特尔主教座堂的圆柱雕像。在《20世纪艺术中的原始主义》展览中，西德尼·盖斯特（Sidney Geist）质疑了在1911至1912年一幅保罗·亚历山大医生的肖像画背后一件布朗库西式的“无限柱”的存在；[31]他绘制的可能是医生收藏的来自摩洛哥或非洲的挂饰，这一物品也启发了布朗库西。[32]但是对单一来源的研究也显示出了局限性：对于画家来说，这个图案是否更像是一种通过模特儿的双手交叉来人为创造出韵律感的一种方法？我们真的看到的是“取代了更常见的方形而堆叠在一起的菱形”，而不仅仅只是简单的菱形？更重要的是，这难道不是非欧洲装饰艺术中的一个常见主题吗？在同一本著作中，威廉·鲁宾提到了一张毕加索1908年在洗濯船工作室里的照片，桌子上就摆着一把饰有菱形图案的普努竖琴。

“雕塑梦”[33]（rêves de sculptures）女像柱很有可能是保留最多的这种影响的实证。从最早期的作品开始，从站姿和线条的变形可以看出安格尔的风格元素，特别是那幅著名的《泉》（*La Source*，1856年，卢浮宫馆藏）。另外，也有马蒂斯的影子，可以再看一下根据《奢侈2》创作的那幅速写中，妙绝的背部曲线（第45页）。艺术家自由发挥了他对线条的想象力，在展示了腿部运动动态的同时，也重点用双重线条刻画了双臂的舞动，这种优美的动态灵感或许是源自安格尔的名画《罗杰解救安杰丽卡》（*Roger délivrant Angélique*，1819年，卢浮宫馆藏）中的女主角，这幅画的场景是出自16世纪初期的阿里奥斯托的叙事诗《疯狂奥兰多》。莫迪利亚尼也曾经为这首诗画过一幅原创草图。很快，在石雕女像柱（约1914年，第70页）或阿弗洛蒂特·阿纳迪奥梅（*Aphrodite anadyomène*，1914年）的画像中，我们可以观察到卢浮宫收藏的蹲伏维纳斯像（*Vénus accroupie*，又称*Vénus* de Vienne）作为古典造型所带来的影响。[34]这与《天使报喜》（*Annonciation*）中跪天使的姿态有关联，该主题频繁出现在意大利绘画中。但这一造型将逐渐演变成前所未有的对能量的表现。莫迪利亚尼1913年和1914期间创作的女像柱则受到了来自东方的乐伎和罗丹的《众神信使伊里斯》（*Iris messagère des*

《女像柱》(*Cariatide*)，左页上图
1911—1912年
布面油画，72.5厘米×50厘米，
杜塞尔多夫北莱茵-威斯特法伦艺术品收藏馆藏

无名氏（吴哥城），左页下图
《天女舞者》(*Danseuses célestes*)
12—13世纪
砂岩，高60厘米，
巴黎，吉美国立亚洲艺术博物馆藏

上图
《女像柱》(*Cariatide*)
1914年
纸本铅笔、水粉和墨水，
57.8厘米×47厘米
纽约，现代艺术博物馆藏

dieux，约1895年）的影响。1914年的这座女像柱，[35]粗看之下，作品与布朗库西的《X公主》（*Princesse X*，1915—1916年，巴黎，法国国立现代艺术美术馆藏）有几分相似，动态是表现的重中之重，重现了风格主义的欲望。她的膝盖牢牢固定在地面。以腰部为轴心，躯体旋转，双乳和双臂形成两条交织在一起的线，以一种近乎扭曲的方式抬起。卵形的头部向前倾斜，引领着视线形成一个不断循环的回旋。而其他一些绘画的特征则集中在人物的装饰上，比如项链和饰品。[36]对头发和珍贵饰品的处理显示出一丝装饰艺术风格的韵味，这在那德尔曼或阿契本科的当代雕塑作品中也可以感受到。

莫迪利亚尼不仅在“虚构博物馆”中占有一席之地，也在他同时期的艺术中有着举足轻重的地位。他懂得现代雕塑的两个层次：一个是以头像为代表，特别是头像三部曲——约瑟夫·贝尔纳的《努力趋向自然》（*L'Effort vers la nature*，1905年，巴黎奥赛博物馆藏）、毕加索的《女人头像》（又称费尔南多，1906年，巴黎毕加索美术馆藏）和安托万·布德尔（Antoine Bourdelle）的《阿波罗头像》（*Tête d'Apollon*，1909年，巴黎奥赛博物馆藏）——这种粗砺的质地与罗丹式的光影雕刻形成鲜明对比，到布朗库西令人震惊的鹅卵形头像；另一个，则与建筑紧密关联，比如同样出自布德尔之手的香榭丽舍剧院外立面的舞蹈人像浅浮雕（1912年）。在现代主义者中，莫迪利亚尼选择站在粗犷风格的雕塑家一侧。他将启发另外两位总是在具象和抽象之间摇摆不定的艺术家，雅克·利普兹和亨利·劳伦斯。他既远离了安德烈·德兰或布朗库西的那种粗暴的简化风格，也与“施耐格团队”［bande à (Lucien) Schnegg，20世纪初围绕在吕西安·施耐格周围，继承罗丹雕塑风格的一群法国雕塑家群体］和装饰艺术狂热者所崇尚的装饰性趋势保持相当距离。这就是为什么现在有必要分析他在1912年巴黎最重要的艺术盛会——秋季沙龙——展出时的举动，目录上的7件作品都以一个标题命名：“头像，装饰合奏”（*Têtes. Ensemble décoratif*）。

左图
康斯坦丁·布朗库西
《波嘉妮小姐I》（*Mademoiselle Pogany I*）
1912—1913年
石膏，高45.5厘米，
巴黎，蓬皮杜中心国立现代艺术博物馆藏

右页图
《粉红色裸体女像柱》（*Nu rose. Cariatide*）
约1914年
纸本水彩、水粉、蓝色铅笔和石墨，
62.2厘米×47.9厘米，
费城，巴恩斯基金会收藏

modigliani

1912年巴黎秋季沙龙中的“装饰合奏”

有关记载莫迪利亚尼在1912年秋季沙龙上展出的7件雕塑作品的文献材料十分有限。主要材料基于10月12日的插画中，可以看到出现在十一号大厅里的4件头像，还有10月20日的《Comœdia》画报中刊登的两张照片，以及10月5日的《巴黎生活》周刊[37]（*La Vie parisienne*）中刊登的描绘了另外2件“装饰性头像”的插画和颇具讽刺口吻的总结。这些头像都纤细修长，风格极为独特并很有层次。[38]《巴黎生活》的照片还特别显示了一组约瑟夫·萨基（Joseph Csáky）的《三个女人》（*Trois Femmes*）以及弗朗齐歇克·库普卡（František Kupka）的一幅抽象画杰作，这幅画被编年史学家佯装辨识为“一个著名俄罗斯舞蹈家的肖像”。

沙龙取得了空前的、极具争议性的成功（译者注：原文是succès de scandale，指其成功全部或部分归因于围绕作品所产生的公众争议。在某些情况下，争议引导观众进一步寻找作品的内在价值，而更多的只是增加了公众的好奇心），这很大程度上是因为莫迪利亚尼的贡献。路易·沃尔塞克（Louis Vauxcelles）在这里将他当作雕塑家来看待。这个严苛的评论家在以后会为画家的成就进行辩护，并在他和基斯林身上看到一种替代立体主义的趋向。此时，沃尔塞克甚至不屑于提到莫迪利亚尼的名字：

“为了增加整个展厅的趣味性，我们将一位勇敢的创作者的各种有趣大胆的雕塑性尝试放入其中，这家伙无疑相信自己正在像亚述或埃及时期的石匠一样工作，或者他是通过月亮公园（译者注：Luna Park，1909年在巴黎马约门落成的主题公园，是当时巴黎人最重要的休闲场所之一）的镜子（或许是哈哈镜？）来观察模特儿进行创作。”[39]

尽管如此，艺术家本人对此倒是很满意：在他眼中，对“装饰合奏”的全盘接受代表着评审团对他的首次认可。他很骄傲地和自己的家人说，这对评审团来说是非常难得的。他对这点如此执着，是因为他将其视为一个更加伟大的雕塑项目的开端，并希望有朝一日能够实现它。

可以肯定的一点是，莫迪利亚尼对于自己的雕塑作品在秋季沙龙上的整体亮相非常重视。他在给母亲的信中提到了这点。利普兹（Lipchitz）也了解到这一点。目录用“装饰合奏”（ensemble décoratif）一词来归类这一系列雕塑，这些作品构成了建筑整体计划的一部分。也是在这届沙龙上，展出了由雷蒙德·杜尚·维永（Raymond Duchamp-Villon）和安德烈·马尔（André Mare）主持设计的“立体主义之家”（Maison cubiste，1912年）建筑装置。根据阿波利奈尔当时的总结，在这种意义上他经常使用“装饰合奏”这种表达方式。然而，在瑞士艺术史学家戈特哈德·耶德利卡（Gotthard Jedlicka）1954年的专著中，保罗·纪尧姆的一份声明引起了人们的注意：“莫迪利亚尼梦想按照自己的计划建造一座庙宇献给整个人类。他所想象的，不是以上帝为荣的寺庙，而是以人类为荣的神庙。一些红色水彩画在整个计划中起到了重要作用。它们被看作是雕塑创作的研究部分，用他的话来说，这座神庙将被近百根‘温柔之柱’环绕。”[40]

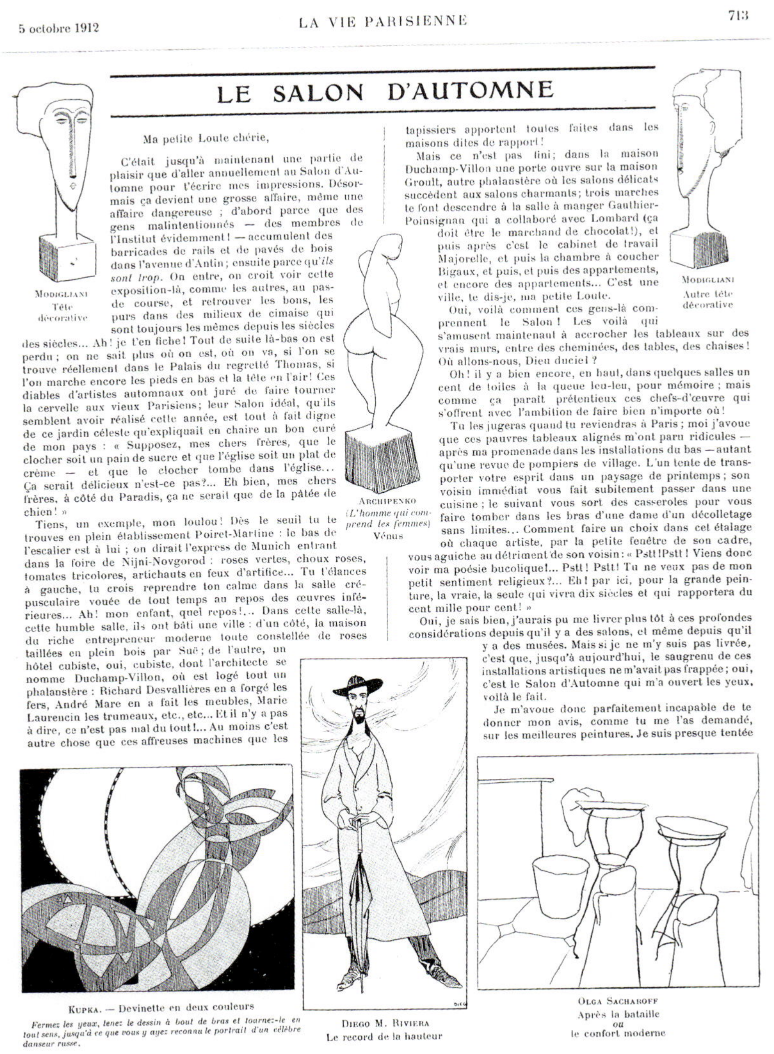

5 octobre 1912 LA VIE PARISIENNE 713

LE SALON D'AUTOMNE

Ma petite Loute chérie,

C'était jusqu'à maintenant une partie de plaisir que d'aller annuellement au Salon d'Automne pour t'écrire mes impressions. Désormais ça devient une grosse affaire, même une affaire dangereuse ; d'abord parce que des gens malintentionnés — des membres de l'Institut évidemment ! — accumulent des barricades de rails et de pavés de bois dans l'avenue d'Antin ; ensuite parce qu'*ils sont trop*. On entre, on croit voir cette exposition-là, comme les autres, au pas-de course, et retrouver les bons, les purs dans des milieux de cimaise qui sont toujours les mêmes depuis les siècles des siècles... Ah ! je t'en fiche ! Tout de suite là-bas on est perdu ; on ne sait plus où on est, où on va, si l'on se trouve réellement dans le Palais du regretté Thomas, si l'on marche encore les pieds en bas et la tête en l'air ! Ces diables d'artistes automnaux ont juré de faire tourner la cervelle aux vieux Parisiens ; leur Salon idéal, qu'ils semblent avoir réalisé cette année, est tout à fait digne de ce jardin céleste qu'expliquait en chaire un bon curé de mon pays : « Supposez, mes chers frères, que le clocher soit un pain de sucre et que l'église soit un plat de crème — et que le clocher tombe dans l'église... Ça serait délicieux n'est-ce pas ?... Eh bien, mes chers frères, à côté du Paradis, ça ne serait que de la pâtée de chien ! »

Tiens, un exemple, mon loulou ! Dès le seuil tu te trouves en plein établissement Poiret-Martine : le bas de l'escalier est à lui ; on dirait l'express de Munich entrant dans la foire de Nijni-Novgorod : roses vertes, choux roses, tomates tricolores, artichauts en feux d'artifice... Tu t'élances à gauche, tu crois reprendre ton calme dans la salle crépusculaire vouée de tout temps au repos des œuvres inférieures... Ah ! mon enfant, quel repos !... Dans cette salle-là, cette humble salle, ils ont bâti une ville : d'un côté, la maison du riche entrepreneur moderne toute constellée de roses taillées en plein bois par Suë ; de l'autre, un hôtel cubiste, oui, cubiste, dont l'architecte se nomme Duchamp-Villon, où est logé tout un phalanstère : Richard Desvallières en a forgé les fers, André Mare en a fait les meubles, Marie Laurencin les trumeaux, etc., etc... Et il n'y a pas à dire, ce n'est pas mal du tout !... Au moins c'est autre chose que ces affreuses machines que les tapissiers apportent toutes faites dans les maisons dites de rapport !

Mais ce n'est pas fini ; dans la maison Duchamp-Villon une porte ouvre sur la maison Groult, autre phalanstère où les salons délicats succèdent aux salons charmants ; trois marches te font descendre à la salle à manger Gauthier-Poinsignan qui a collaboré avec Lombard (ça doit être le marchand de chocolat !), et puis après c'est le cabinet de travail Majorelle, et puis la chambre à coucher Bigaux, et puis, et puis des appartements, et encore des appartements... C'est une ville, te dis-je, ma petite Loute.

Oui, voilà comment ces gens-là comprennent le Salon ! Les voilà qui s'amusent maintenant à accrocher les tableaux sur des vrais murs, entre des cheminées, des tables, des chaises ! Où allons-nous, Dieu duciel ?

Oh ! il y a bien encore, en haut, dans quelques salles un cent de toiles à la queue leu-leu, pour mémoire ; mais comme ça paraît prétentieux ces chefs-d'œuvre qui s'offrent avec l'ambition de faire bien n'importe où !

Tu les jugeras quand tu reviendras à Paris ; moi j'avoue que ces pauvres tableaux alignés m'ont paru ridicules — après ma promenade dans les installations du bas — autant qu'une revue de pompiers de village. L'un tente de transporter votre esprit dans un paysage de printemps ; son voisin immédiat vous fait subitement passer dans une cuisine ; le suivant vous sort des casseroles pour vous faire tomber dans les bras d'une dame d'un décolletage sans limites... Comment faire un choix dans cet étalage où chaque artiste, par la petite fenêtre de son cadre, vous aguiche au détriment de son voisin : « Pstt ! Pstt ! Viens donc voir ma poésie bucolique !... Pstt ! Pstt ! Tu ne veux pas de mon petit sentiment religieux ?... Eh ! par ici, pour la grande peinture, la vraie, la seule qui vivra dix siècles et qui rapportera du cent mille pour cent ! »

Oui, je sais bien, j'aurais pu me livrer plus tôt à ces profondes considérations depuis qu'il y a des salons, et même depuis qu'il y a des musées. Mais si je ne m'y suis pas livrée, c'est que, jusqu'à aujourd'hui, le saugrenu de ces installations artistiques ne m'avait pas frappée ; oui, c'est le Salon d'Automne qui m'a ouvert les yeux, voilà le fait.

Je m'avoue donc parfaitement incapable de te donner mon avis, comme tu me l'as demandé, sur les meilleures peintures. Je suis presque tentée

Modigliani
Tête décorative

Archipenko
(*L'homme qui comprend les femmes*)
Vénus

Modigliani
Autre tête décorative

Kupka. — Devinette en deux couleurs
Fermez les yeux, tenez le dessin à bout de bras et tournez-le en tout sens, jusqu'à ce que vous y ayez reconnu le portrait d'un célèbre danseur russe.

Diego M. Riviera
Le record de la hauteur

Olga Sacharoff
Après la bataille
ou
le confort moderne

这里所讲的是没有在1912年展出的一些女像柱水彩画。其中大部分是在1912年之后创作的，尤其是“红色水彩画”的部分。毫无疑问，艺术家并没打算使用圆雕技法来雕刻上百件作品，这些“温柔之柱”很有可能是一种浮雕设计。无论如何，如果这份艺术史学家的声明来自莫迪利亚尼的代理商，那么由于这位证人的身份特殊，我们不知其可靠性如何。声明中未提到任何建筑家的名字。或许，雕塑家想效仿高迪耶或爱泼斯坦，依靠自己来实现这个建筑，就像古斯塔夫·维格兰或布朗库西一样。在戈特哈德·耶德利卡眼中，这些“温柔之柱”是新艺术运动（Art Nouveau，而Jugendstil是德语名称）精神的一部分，趋向于融合建筑与视觉艺术。

但让我们再次回到1912年的秋季沙龙。需要了解的问题是艺术家是否在当时已经构想了这个“向人类致敬的庙宇”的伟大计划，以及所展出的“头像”是否就是计划中的一部分。有三个因素支持这一假设：首先，是雅各布·爱泼斯坦的声明，他在1910年开始以印度克久拉霍（Khajuraho）神庙为灵感绘制了一座献给无数热恋中的情侣和跳舞仙女的“快乐神殿”的多幅草图。1912年，当时爱泼斯坦正在巴黎忙于奥斯卡·王尔德纪念碑的创作，这段时间里，他与莫迪利亚尼交往非常频繁。根据他的描述，莫迪利亚尼经常在夜晚将蜡烛摆放在洗濯船工作室内的雕塑头像上，这让整个房间在烛光的映照下有了某种“原始神殿”[41]的意味。在莫迪的图画中，这些被蜡烛环绕的女像柱都朝向同一个方向。此外，费城美术馆收藏的头像（第65页）显示出艺术家采用了一种以布朗库西的方式将基座和雕塑有趣融合在一起的形态。雕刻在石灰石底座上的拱门进一步证明了该雕塑是某个建筑不可或缺的一部分。毫无疑问，除了绿色植物，所有的头像在秋季沙龙十一号展厅里的陈列都是

左页图
1912年秋季沙龙十一号展厅实景，可以看到4座莫迪利亚尼的头像和弗朗齐歇克·库普卡、亨利·勒·法康纳（Henri Le Fauconnier）和让·梅金杰（Jean Metzinger）的绘画。
1912年10月12日出版的《画报》（*L'Illustration*），巴黎阿梅代奥·莫迪利亚尼法定文献库藏品

左上图
发表在1912年10月5日的《巴黎生活》周刊（*La Vie parisienne*）上的关于秋季沙龙的报道
法国，国立图书馆藏

右上图
1927年以前的吉美博物馆的高棉艺术展厅，巴黎，吉美国立亚洲艺术博物馆藏

在艺术家监督下完成的！我们可以看出，莫迪利亚尼的雕刻作品见证了夏乐宫或吉美博物馆的高棉艺术对他的影响——狭窄拉长的头颅令人想到梳着高高发饰的佛陀，又或是由于与之相连的垂直底座所带来的面庞被拉长的视觉效果。这种有意而为的设计灵感或许来自莫迪利亚尼在吉美博物馆一楼参观高棉展厅发现的。一张博物馆档案库的图片（备注“直到1927年”）显示，这些头像正面朝向观众，被放置在很高的基座上。对于莫迪利亚尼而言，这间具有强烈精神能量场的展厅或许与夏乐宫重现吴哥窟巴戎寺一样，都是意图创造出具有建筑意义的雕像，就像安托万·布德尔在同一时期于香榭丽舍大剧院所做的工作一样。“温柔之柱”神庙的灵感源泉应该就来自于此，甚至比戈特哈德·耶德利卡所强调的新艺术运动精神更加重要。

除了保罗·纪尧姆的声明，我们认为艺术家相信这个项目在精神意义层面上堪比共济会圣殿或神圣殿堂。但是如果头像和女像柱系列就是莫迪利亚尼所设想的能够融入其中的雕像，那么他是如何看到这些雕像与建筑的共存关系？我们回想一下他在1912年秋季沙龙之前所绘制的女像柱画像，或站或跪，有规律地被剥夺了自由，而这正是在以后他将赋予女像柱的。这些是否是头像的支撑底座？这种假说显然是不太可能的。女像柱被认为是独立的雕塑；规划的数量即使没有“成百上千”这么夸张，也一定是相当可观的。如果是这样，头像是否被规划安置在“神庙”内部，这样做的意义何在？

事实上，除了对莫迪利亚尼的动机进行各种假说推测，并没有什么证据可以证实保罗·纪尧姆的声明中这座“纪念人类的殿堂”项目的真实存在。第一个假说就是莫迪利亚尼希望建立一个人类艺术博物馆——这个想法或许是因为这些头像所呈现出来的多种多样的风格：埃及式、希腊式、非洲式、高棉或哥特式。此外，这些头像在秋季沙龙陈列的方式也与《质点之书》(*Carnet Séphiroth*)有相似之处。在这本具有卡巴拉主义内涵的书中（参见第33页），作者列出了十个头像或面孔：七个女性和三个男性。因此，或许莫迪利亚尼在1912年展出的七座女性头像正是代表这十个质点的一部分。如果是这样的话，尽管前三个质点是更加无形和神秘（即神圣质点），莫迪利亚尼应该选择描绘更代表自我、位于卡巴拉生命之树下方的质点。女像柱或被想象作为头像的支撑底座——书的最后一页展示出一种可能的场景［王国（Malchut）上方是Tet，似乎是一种元素］——或作为补充部分：在艺术家的构想中有些或许是代表位置较低的质点如力量、基础和物质。基于同样的逻辑，展厅中高低不一的陈列布局或许呼应了生命之树上不同质点的位置。观者的目光随之从一件作品徘徊到另一件上，不仅是看到，而是去深度了解它们，如同悬空放在许多不同的圆圈里一样（就像是生命之树的结构）。雅克·利普希茨回忆起1912年一次参观莫迪利亚尼工作室的情形：“他倚着这些头像对我解释说，按照他的想法，她们应该构成一个整体。我想我记得在同一年，几个月后这些头像在秋季沙龙展出，就像管风琴一样交错排列，共同演奏出在他脑海中盘旋的韵律。”[42]

第88、89页图
《头像》(*Tête*)
1910—1912年
石灰岩，高64厘米，私人收藏

上图及右页图
《女人头像》(*Tête de femme*)
1912年
石灰岩，68.6厘米×23.5厘米×24.8厘米
纽约，大都会艺术博物馆藏

无论如何，“温柔之柱”项目自1912年开始就开始剧烈演变。女像柱的形态越来越充满活力、激情和情感，这与充满灵性甚至具有宗教仪式感的头像形成了鲜明对比：她们背负、她们移动，她们承受苦痛或情绪激昂。很有可能是捷克画家弗朗齐歇克·库普卡的《赋格曲两种颜色

的复制品：无定形》（*Amorpha, fugue en deux couleurs*）的激烈韵律感激发了莫迪利亚尼的创作。这幅作品也陈列在这间著名的十一号展厅中，被挂在雕刻头像上方（第86页）。或许莫迪利亚尼意识到某种极为朝气蓬勃的节奏，存在于库普卡作品中。他将这种节奏赋予画面中的垂直支柱，就像在神殿的柱子间袅袅升起的香火，又像是被小节线分割的五线谱。女像柱的动态越来越脱离自然，比如在巴黎现代艺术博物馆收藏的水彩画（1913年），这似乎是呼应绘画《无定形》的雕塑化版本：现实中不可能出现的人物，但通过梦境而成为可能。

莫迪利亚尼和库普卡双双在秋季沙龙中受到了关注，头像的照片经常出现在媒体上，而库普卡也出现在高蒙新闻中（Actualités Gaumont，自1910年起，高蒙每周发布的新闻影片）。他们推动了一些研究同时展开。库普卡在1901年就抵达巴黎，比里窝那人更早，他当时住在科莱因科特街57号（57, rue Caulaincourt），后来当莫迪利亚尼在1906年移居法国时，捷克人搬到皮托（Puteaux，巴黎西北部）。在完成了《色块》（*gammes colorées*）并彻底告别对脸部的刻画之后——画中的女人是他的妻子——库普卡在1910至1911年开始创作《垂直平面》（*Plans verticaux*）。这些抽象的画作于1913年先是在布拉格国立美术馆（Národní Galerie de Prague）展出，然后是在巴黎。《不妥协报》这样描述这些作品："灰色背景上的几条彩色条纹。"大约在1912年，两位画家尝试在具象和抽象之间寻找平衡，库普卡最终选择了抽象主义，而意大利人则创造了我们可以称为纯具象的风格。库普卡也与"黄金分割"（译者注：Section d'or，也被称为皮托集团Puteaux Group，是与立体主义和奥费主义相关的艺术家集体）的成员保持联系：1912年10月，在秋季沙龙结束后不久，他们一起在拉波埃西街（rue La Boétie）举行了展览。由此，阿波利奈尔创造了"奥费主义"（Orphisme，或称俄耳甫斯立体主义，是一个立体派的分支），这个恰到好处的名称。这两位艺术家，一位放弃了脸，另一位则对脸进行了重塑，为立体主义提供了另一个方向。在库普卡的著作《造型艺术中的创作》（*La Création dans les arts plastiques*，1910—1913年）中[43]，他揭示了驱使他在同一前提下却做出与莫迪利亚尼完全相反的选择——抽象主义——的历史逻辑。库普卡认为绘画是一种脱离自然主义的自主语言，唤起了与兰波诗歌中元音和色彩的关系。那首著名十四行诗中"A noir"所带来的挑战：对兰波来说，A代表着爱的春天（译者注：此处参见兰波《元音》一诗）。

1912年的秋季沙龙证实了这一点，用德国艺术评论家朱利叶斯·梅尔-格雷夫（Julius Meier-Graefe）的话来说，莫迪利亚尼属于用行动"回应罗丹"的一代。在石头上直接雕刻让他可以表达出自己对形态的直觉感受。安德烈·萨尔蒙曾经在评论另一位艺术家时提到了类似的观点："阿里斯蒂德·马约尔是个纯粹的艺术家，这就是说在一个优秀的工匠本能的驱使下，他试图创造出精美且具有如陶器花瓶般完整而坚实的曲线的纪念碑。"[44]"工匠本能"：这个形容也同样适用于莫迪利亚尼。正是这种与学术派雕塑相距甚远的手工艺者的本能，使莫迪利亚尼发现了埃及和亚述雕像、高棉雕刻以及非洲艺术的独到之处，也令他被评论界划分为"原始主义"一派。那么，是否对于某些人来说，莫迪利亚尼并没有对材料本身展示出更多的兴趣，这点是令人遗憾的？他只是单纯地希望塑造纯粹形态上的集合。相对于推崇"尊重材料"的信奉者，这一点尤其在英国雕塑学校里非常盛行，这个里窝那人的确并没有从材料出发进行创作：如果材料不能满足他对造型的追求（这也是他唯一感兴趣的），那么他会毫不犹豫地放弃并丢弃这个材料。他并没有像让·阿尔普（Hans Arp）这样的雕塑家一样，在创作初始的构思时就有

左图
弗朗齐歇克·库普卡
《赋格曲两种颜色的复制品：无定形》
（*Amorpha: fugue en deux couleurs*）
1912年
布面油画，211厘米×220厘米，
布拉格，国立美术馆藏

右页图
《女像柱》（*Cariatide*）
1913年
纸本石墨铅笔、水洗和粉彩，53厘米×43.3厘米，
巴黎，市立现代美术馆藏

意识地考虑石材的肌理和纹路特殊性。他对人像无懈可击的造型以及不同层次的构图方法，使他的作品契合了阿道夫·冯·希尔德布兰（Adolf von Hildebrand）在其著作《造型艺术中的形式问题》（*Le Problème de la forme dans les arts plastiques*，1893年）中所提到的理论：圆雕中的浮雕优先原则。他知道的只是这一点吗？他是否更熟悉意大利评论家贝内德托·克罗齐（Benedetto Croce）以及其关于表达和纯视觉的艺术理论？我们没有任何证据可以证明以上推测。

如果“拟古主义”或哥特复兴的概念对莱姆布鲁克来说是有价值的，那么这些头像则与瑞士艺术史学家海因里希·沃尔夫林（Heinrich Wölfflin）在1915年提出的“线性风格”有所关联，这些经典的特征在沃尔夫林眼中与定义巴洛克或印象派的绘画风格截然相反。根据莱纳·玛利亚·里尔克（Rainer Maria Rilke）的说法，莫迪利亚尼放弃了对表面的研究，而这正是罗丹的所长。

莫迪利亚尼的作品在同一时期的雕塑家中引起了强烈反响，雅克·利普希茨就曾表明莫迪利亚尼的雕塑作品比布朗库西的更加有趣。但事实上，这些雕塑在艺术家在世的时候很少向公众展示。除了1912年的这场秋季沙龙，他们还曾在1914年5—6月间，在伦敦白教堂美术馆（Whitechapel Art Gallery）的“20世纪的艺术”（*Twentieth Century Art*）展中展出过，但都是个体，而不是整体展示。在整个立体主义诞生期［《时代报》（*Le Temps*）1912年10月14日出版］，阿波利奈尔都未将莫迪利亚尼视为雕塑家来评论，而在他发表于《不妥协报》上关于1910年独立者沙龙的总结中提到了莫迪利亚尼的绘画作品。怎么理解呢？毫无疑问，雕塑家对莫迪利亚尼来说还不够“古典”：他曾在1910年国家沙龙（salon de la Société nationale）的评论中称赞“查尔斯·德斯皮奥（Despiau，法国雕塑家）的朴实无华的艺术……一座年轻女性的大理石胸像将古典美和造型统一在一起”，并在1911年称赞了阿里斯蒂德·马约尔的波莫纳（Pomone）以及珍妮·布普雷（Jane Poupelet）的作品。[45] 但同时他也不认为这些作品足够“现代”：立体未来主义的新元素令诗人着迷，但却未能在他的作品中找到任何新意，他在1913年的演讲“今天的雕塑”（*La sculpture aujourd'hui*）中表达了这种愿望。

1914至1915年，莫迪利亚尼因为吸入粉尘引发肺部疾病，他不得不放弃亲自雕刻石头。令人惊异的是，在此后的数年中，雕塑依旧以绘画的形式成规模地出现在他的作品里。因此，雕塑家并没有放弃对雕塑的探究，而是通过其他的形式继续进行。速写和油画的优势，在于通过增加色彩的爆发力，来突出造型和比例，这是最终的胜利。

莫迪利亚尼作为雕塑家的实践将为另一种类型的绘画铺平道路，仿佛是从石块中提取出来的头部，如《红发女郎肖像》（*La Jeune Fille*

rousse，1915年）和雕塑家亨利·劳伦斯的肖像（第127页）就是很好的例证。他采用了立体主义的某些特征，同时并没有彻底放弃圆雕的精神。而在《红发女郎肖像》中，略微失衡的右眼、轻微变形的鼻子、僵硬的刘海，这些都没有影响立体感的塑造。莫迪利亚尼同时以雕塑家和画家的身份进行创作，刻刀引导着画笔，他将经常呈碎片化的背景联系在一起。从1916至1917年开始，通过颜色的轮廓和对比度，找到了令他满意的人物与背景的微妙关系（结合和分离）的艺术。

1913年，因为劳累不堪，艺术家最后一次回到里窝那休养。此次返回巴黎后，他完成了这座今天保存在纽约的女像柱（第70页）以及创作了多幅他最出色的素描作品。但他的身体日渐虚弱，雕塑的销售很糟糕，尽管画家奥古斯特·约翰买了两座，与比阿特丽斯·黑斯廷斯和保罗·纪尧姆的重逢，使莫迪利亚尼彻底摆脱了雕塑，重回绘画领域。而这一次，他不会再回头。

左页图
《女人头像》（*Tête de femme*）
1913—1914年
大理石，50.8厘米×15.5厘米×23.5厘米
都灵，现当代艺术馆藏

上图
《红发女郎肖像》（*La Jeune Fille rousse*）
1915年
布面油画，48厘米×38厘米
都灵，现当代艺术馆藏

巴黎画派，预备期

（1914—1917年）

1914年，莫迪利亚尼的生活开启了一个新的篇章。他遇到了比阿特丽斯·黑斯廷斯，他们之间爱恨交缠持续了两年：这两年中，莫迪利亚尼先是住在比阿特丽斯位于蒙帕纳斯街53号（53, rue du Montparnasse）的家中，然后搬到了蒙马特诺文街13号（13，rue Norvins），他把自己的雕塑也都运到这里[1]。酒精、毒品和对比阿特丽斯疯狂的迷恋逐渐消耗着他，参加的酒局越来越多，特别是和朋友郁特里罗一起。记者兼评论家弗洛朗·费尔斯（Florent Fels）记录下了在圆亭咖啡馆看到的场景：“老板利比昂（Libion）在酒局将散之时出现，来处理莫迪和酒馆里其他酒客之间的小麻烦，这些人喝酒、开玩笑、拌嘴……但不管怎么说，老板喜欢他。‘莫迪利亚尼奥（此处用Modigliano表示昵称），你喝得够多了……莫迪，你该回去睡觉了’，他双臂交叉站在吧台旁对莫迪利亚尼说。艺术家丝毫没有感到不快和生气，反而耐心地抬头看着利比昂，要求共饮。黑斯廷斯女士，当时是他的挚爱，丝毫没有醉意，胳膊上挎着一只小花篮，也催促着他赶紧回‘家’。冰冷的工作室里没有任何装饰，除了一张沙发、一口锅、一只脸盆和一把水壶，用家徒四壁来形容毫不为过，我每次来到这个地方总是充满焦虑。”[2]但也是在这个时期，莫迪利亚尼的艺术创作取得了显著变化。莫迪具有非同寻常的同理心，他专注于风格的创新，从立体主义开始，不断寻找自己前行的方向，既有成系列的造型创新，也有极为个人化的风格探索。他将当时已经成为自己代理商的保罗·纪尧姆视作“全新的领航者”。他的双联画使他作为肖像画家得到认可。不知不觉，他完成了一系列艺术家和作家的肖像画，画中的这些人共同组成了“巴黎画派”。直到十年之后的1925年，安德烈·瓦诺德才在发表于《Comœdia》的一篇文章中使用了这个词汇。

穿越立体主义

这一时期，因诗人朋友马克斯·雅各布的引荐，莫迪利亚尼认识了艺术品经销商保罗·纪尧姆。“莫迪利亚尼，与他绑定关系，但别被他束缚。也不必和他交谈，就是买或者不买。特别是他的雕塑，价格不贵。”[3]阿波利奈尔这样向保罗推荐道。

保罗·纪尧姆，“新的领航员”

商人后来显然和画家建立了更深的友谊。他不仅为莫迪提供了工作室，还买下了多幅作品。差不多二十年之后，保罗·纪尧姆回忆道：“始于1914年，跨越了整个1915年，直到1916年，我都是莫迪利亚尼唯一的买家，直到1917年利奥波德·兹博罗夫斯基（Zborowski）开始代理他的作品。最初是马克斯·雅各布向我介绍的莫迪利亚尼。他当时与比阿特丽斯·黑斯廷斯在交往，在好几个地方进行创作，包括比阿特丽斯自己的家、画家弗兰克·伯蒂·哈维兰（Frank Burty Haviland）的家、我为他租下的位于拉维南街13号的工作室、他和比阿特丽斯一起居住的位于蒙马特的小房子——我的肖像画就是在那里完成的。”[4]一张老照片显示保罗坐在工作室里，背后的墙上挂满了油画。艺术家也有一张与之呼应的照片是在一模一样的角度下拍摄的，似乎是有意识地在艺术家和赞助人之间创造出一种双生关联的形式。但克里斯托弗·格林将纪尧姆的照片与另一张与丹尼尔-亨利·康维勒（Daniel-Henry Kahnweiler）在毕加索位于克利希广场的家中拍摄的照片进行了对比。[5]照片中的赞助人们显得有点“局促不安”，并试图让自己看起来悠然自得，甚至有几分略带花哨的优雅。但事实上，他们并不属于这种浪荡不羁且自由自在的波西米亚风格。俄罗斯雕塑家奥西·查德金形容保罗·纪尧姆是一个“年轻且胖乎乎的艺术品经销商，他不仅展示立体主义的画作，也展

第96页图
《莫伊斯·基斯林》
1916年
全图见第11页

对页左下图
1915年，莫迪利亚尼在位于拉维南街的工作室拍摄的肖像
墙上是比阿特丽斯·黑斯廷斯（第118页）和雷蒙德·拉迪盖（Raymond Radiguet）的肖像
巴黎，阿梅代奥·莫迪利亚尼法定文献库藏品

对页右下图
保罗·纪尧姆在莫迪利亚尼工作室
摄于1915年左右
巴黎，阿梅代奥·莫迪利亚尼法定文献库藏品

上图
《保罗·纪尧姆，新领航员》
（*Paul Guillaume, Novo Pilota*）
1915年
裱在拼花胶合板上的纸板油画，
105厘米 × 75厘米
巴黎，橘园美术馆藏

示了当时仍未被普罗大众所周知的黑人雕塑，（他）在几年前曾在大英博物馆的民族志分类下注意过的这些雕塑。保罗·纪尧姆同意让莫迪利亚尼为自己绘制肖像画。这幅画的布景和创作是在一个用强灯照亮的酒窖中完成的，旁边的桌上摆放着整升装的酒。”[6]

莫迪利亚尼在1915年和1916年先后为他的新赞助人创作了4幅肖像画，大量的手稿草图都显示出了一种非同寻常的热情。保罗·亚历山大医生，是莫迪利亚尼的第一位仰慕者，但这段关系没有持续很久，保罗·亚历山大就被动员到一战前线救治伤员，从此两人再没有见过面。另一方面，乔治·谢龙（Georges Chéron）也关注了莫迪利亚尼的作品。他习惯把画家“关”在自己店铺的地下室里，给他一瓶酒，并安排一个女仆给他当模特儿，这是为了降低成本。因为当时一个模特儿需要5法郎，而在1914至1915年，莫迪利亚尼的画也不过卖20法郎！

保罗·纪尧姆的肖像很容易辨识，因为他的头呈方形且相当醒目，公牛般粗壮的脖颈也与画家常画的拥有修长脖子的人像截然不同。这些作品表现出许多立体主义的特征，同时也兼具形而上画派［译者注：peinture métaphysique，由意大利艺术家乔治·德·基里科（Giorgio de

左上图
《保罗·纪尧姆》
1916年
铅笔纸本，35.2厘米×26.2厘米
纽约，现代艺术博物馆藏

右上图
保罗·纪尧姆在自己家中
维埃大街16号，1916年
壁炉上摆放着莫迪利亚尼的雕塑和德·基里科（De Chirico）的《禁忌玩具》（*Les Jeux défendus*），墙上挂着《年轻女子》（*La Jolie Ménagère*，第150页）
巴黎，阿梅代奥·莫迪利亚尼法定文献库藏品

右页图
《保罗·纪尧姆》
1915年
布面油画，74.9厘米×52.1厘米
托莱多艺术博物馆藏

Chirico）和卡洛·卡拉（Carlo Carrà）发展的绘画风格，试图表现超越现实物理外观和感官体验的事物］的维度。事实上，《保罗·纪尧姆》的确与我们所说的立体—形而上风格紧密相连，而利奥波德·兹博罗夫斯基的肖像则忠实于他最后的新风格主义时期（néo-maniérisme）。

这些油画肖像中最为“正式”的一幅，创作于1915年，今天保存在巴黎橘园美术馆。画面中展示的保罗·纪尧姆非常优雅，身着白衬衫、西装革履、打着领带、戴着帽子，指间夹着一支香烟（第99页）。展示出人物的丹迪风格（译者注：Dandy style，精致注重细节的绅士风），并见证了在莫迪眼中他们相识所带来的改变。以纹饰徽章的方式，人物的四周被铭文和图案环绕。左上角，他的名字“保罗·纪尧姆”写成两行；下方写着“novo pilota”（意大利文，意为“新的领航员”），清楚展示出在保罗·纪尧姆的作用下，画家走向新的方向，开始了艺术生涯的一个全新阶段。这还传递出一种但丁式的内涵：莫迪利亚尼找到了他的维吉尔（译者注：Virgile，被当代及后世广泛认为是古罗马伟大的诗人之一，在但丁的《神曲》中，维吉尔也曾作为但丁的保护者和老师出现）。第三个铭文位于右上角“Stella Maris”，这代表在恶劣的天气下指引水手的圣母玛利亚，这几乎从宗教的维度来加强了这一内涵。艺术家在画面右下角署名，对他而言，这同时代表了合同以及护身符的价值。1916年，莫迪利亚尼在纪尧姆的一幅铅笔肖像上写下：“自由！”另一幅画则似乎在表达画家对他“新的领航员”的热情。这真的很神秘，这个铭文“Bathy-Bius”如同一个谜：19世纪英国生物学家托马斯·赫胥黎（Thomas Huxley）以此命名了他认为的所有生命起源的海洋物质。[7]

托莱多艺术博物馆藏的1915年的另一幅肖像画中，保罗·纪尧姆的身体更多地被展现出来。不过，这幅画的挂牌价格比前一幅要低。画中展示的场景也更加私密：在保罗的家中，人物坐在书架和钢琴之间，有一种奇怪的矛盾感，似乎整幅画处于一种将完未完的暂停状态。画中的赞助人没戴帽子，打着领带，西装被一件简简单单、敞开的宽松外套代替。与上一幅画要表达的领航员角色相比，这一幅更倾向于“朋友、家人”的氛围。画家利用家具构图和平衡人物，再次将面孔塑造成六边形，并通过让脸颊两侧向前推动下巴的手法让头部看起来如同一个立方体。与此同时，这幅画的色调相比橘园收藏的那幅更加“正式”的肖像而言，更明快一些，这无疑也是立体主义绘画色调的重要特点。这种提

上图
《红发女孩》(*Fille rousse*)
1915年
布面油画，40.5厘米×36.5厘米
巴黎，橘园美术馆藏

右图
保罗·纪尧姆的、位于巴黎福煦大街22号的家，
摄于1930年前后。
巴黎，橘园美术馆藏

右页图
《保罗·纪尧姆肖像》
1916年
布面油画，81厘米×54厘米
米兰，Civic当代艺术博物馆藏

PAUL
GUILLAUME
1916

亮的处理，尤其表现在中部竖向区域，肌肤的淡粉色与衬衫的白色与表示阴影的紫色和深蓝色调形成反差，并突出了杏仁状、没有瞳孔的深蓝色眼睛。保罗·纪尧姆的眼睛是蓝色的，而蓝色也是莫迪利亚尼最喜欢的色彩，但莫迪利亚尼的画作远超越了简单的形似。在这第二幅肖像画中，还触及了文学和音乐的主题：画面左侧摆放的书架和右侧的钢琴。莫迪利亚尼的艺术不仅超越了自然主义，也摆脱了理性主义立体派。他似乎对同样有着意大利血缘的乔治·德·基里科的形而上派艺术运动十分熟悉，后者是保罗常年来往的另一位艺术大师，尤其值得关注的是基里科画的《保罗·纪尧姆肖像（预告）》（1914年，法国国立现代艺术美术馆藏）和《盲人预言者》的人像。德·基里科特别喜欢说如果没有了莫迪利亚尼和他，就不存在意大利当代绘画了，他们“可都是法国人”！[8]（译者注：此处的感叹是一个比喻，因为这两位艺术家的风格和创作历程都更代表法国）好几张保罗·纪尧姆在公寓中的照片中可以看到这两位明星艺术家的作品被有意混合陈列。在其中一张照片上，壁炉上方陈列着德·基里科的《禁忌玩具》（*Les Jouets défendus*），紧挨着莫迪利亚尼的雕塑，墙上还挂着他的《年轻女子》（*La Jolie Ménagère*，又称*Young Woman*，1915年，第150页）。[9]

另外两幅纪尧姆的肖像完成于1916年。第一幅肖像聚焦于头和肩膀处，人物系着一条黑色领带，领带呈竖向将画面一分为二。[10]头部略微倾斜，下颌的曲线向外延伸，这显示出画家在写真以外的创作自主性。画面中的次要轮廓，尤其是鼻子和眉毛的曲线配合着下颌曲线，而不是以画面右侧的直线为参照，尽管这条直线在画面中起到了人像定位的作用。头部上方的对角线上写下了画中人的姓名。

第二幅肖像今天保存在米兰，延续了“立体-形而上风格”的脉络，画中一只眼眸呈淡蓝色，而另一只呈深蓝色，并有如星星光芒般向外延伸的短线条。“保罗·纪尧姆”的名字写成了两行，名比姓更明显，至于右手手指则呈保护状位于艺术家签名上方。

在橘园美术馆，有一个用老照片制作而成的微型西洋镜装置，让参观者可以身临其境地看到1930年在保罗·纪尧姆位于巴黎福煦大街22号（22，avenue Foch）的公寓-画廊里的众多收藏品，尤其是莫迪利亚尼的作品的场景。就像阿尔伯特·巴恩斯对待自己的藏品一样，纪尧姆也采用了按照作品规格陈列的原则，并将当代艺术和来自非洲的面具与小雕像结合在一起，对称摆放。在书桌后面的短墙上挂着德兰的《胸部裸露的女子坐像》（*Buste de femme assise aux seins nus*），左侧可以辨识出一幅汉卡·兹博罗夫斯卡夫人的肖像画（1917年），正好位于一幅女像柱铅笔画的上方[11]：头像与女像柱上下呼应，莫迪利亚尼的艺术逻辑在这里完美演绎。《刘海少女》（*Portrait de jeune fille à la frange*，1916—1917年）[12]与汉卡的肖像相对陈列。在较长的一面墙上，我们从左向右依次可以辨识出：《莫伊斯·基斯林》（*Portrait de Kisling*，1916年，第11页）；在让·弗特里埃（Jean Fautrier）的肖像画下，是《雷蒙多肖像》（*Raimondo*，全名Raymond Radiguet，法国小说家和诗人，1915年）[13]和《小胖子》（*L'Enfant gras*，1915年，第112页）；在安德烈·德兰的大幅《弹吉他的丑角》（*Arlequin à la guitare*）旁边，是苏丁的两幅画作《唱诗班的儿童》（*L'Enfant de chœur*）和《戴草帽的老妇人》（*Vieille Femme au chapeau de paille*），然后是莫迪利亚尼的《红发女孩》（*Fille rousse*，1915年，第102页）；继续向右，一面墙上有一扇通往隔壁的门，其上方悬挂着《着蓝色胸衣的女人肖像》（*Portrait de femme au corsage bleu*，约1916年，第164页），这幅作品简单又迷人；最后，我们回到悬挂有毕加索的大幅《海边浴女》（*Baigneuse au bord de la mer*）的这面墙上，这幅画左上侧是《长发披肩的女孩头像》（*Tête de jeune fille aux cheveux dénoués*），左下的这幅女性肖像我们还不知道她的身份，其右上位置是1915年的一幅《莫伊斯·基斯林肖像》（第131页），右下则是《年轻女子》（*Jeune Femme*，1917年）。[14]这个布置是有意而为，它构成了整个赞助人的办公场景，也是一个“橱窗”，揭示了他选择销售和推崇的艺术家与艺术观：莫迪利亚尼为保罗·纪尧姆绘制的“官方”肖像（第99页）就摆放在《大女像柱》（*La Grande Cariatide*）上方，[15]画面上呈现了一个基座和顶柱，看起来非常适合“支撑”上方的“新的领航员”。地面上摆放了一座雕刻头像，与沿墙家具上摆放的非洲小雕像比例相异，但又同属一类造型。

最终，保罗·纪尧姆办公室所收藏的莫迪利亚尼的作品规模，见证了他对艺术家近乎疯狂的投资激情。这些作品中的大多数后来都出售给不同的藏家，而纪尧姆自己保留的五件最终被国家收藏：他自己的肖像、《安东尼娅》（*Antonia*，第110页）、《红发女孩》、《戴着丝绒饰带的女人》（*Femme au ruban de velours*，第111页）和《年轻学徒》（*Le Jeune Apprenti*，第173页），最晚的这幅创作于1918至1919年，标志着莫迪利亚尼艺术生涯的最后阶段重新回归到塞尚风格。

从刻刀到画笔或图形转换

保罗·纪尧姆认为自己是莫迪利亚尼回归绘画的幕后推手，当然还有一个重要原因是石雕导致艺术家的身体健康不断衰竭，那么回归绘画也就显得更加顺理成章，1914至1915年正是这样一个转折期。在石刻工作所带来的挥之不去的烙印和对比其早期阶段表现主义对摆脱束缚的追求之间，画家不断进行创作实验，尽管时常是朝着矛盾的方向进行。他汲取了立体主义的元素，但又未完全认可它。在1916年左右，他找到了

右页图
《遐想》（*Rêverie*，弗兰克·伯蒂·哈维兰肖像实验）
1914年
布面油画及石墨铅笔，62.23厘米×49.53厘米
洛杉矶，郡立艺术博物馆藏

上图
《罗莎·波皮娜》(*Rosa Porprina*)
1915年
纸本彩铅、石墨铅笔和油彩，44厘米×27厘米
米兰，21世纪博物馆藏

属于自己的风格：优雅的线条，朴实无华地刻画人物的姿态，以几条简练的线条来突出人物特点。他的艺术探究在造型与色彩之间的关联。他的风格还在不断演变，但留给他活着的时间已经没剩几年了。相较于他在色彩上的杰出表现，这种风格在众人中脱颖而出，尽管有时会被批判为过于单调和重复，在他的笔下，多种多样的人和社会类型，如同熔炼的金属，最终保留下来的共同点唯有：莫测高深的存在和神秘感。

雕塑对画家来说代表着一种具有纯粹形式的艺术理想，以至于即使当他重返绘画领域，也无意放弃雕塑。他甚至尝试用画笔记录下刻刀在岩石上凿刻的痕迹，并以他在绘画初期创作过的主题为题。

在多幅肖像画中，艺术家以出人意料的方式完成了一种我们可以称为“点画法”的风格，来表现雕刻作品的标志性印迹。弗兰克·伯蒂·哈维兰的肖像就是此类型的代表。《遐想》(*Rêverie*，1914年，第105页)，他将这幅画放在工作室的玻璃窗前，与1912年的另一幅姿态相同的肖像画相比，都有着颇为显著的雕刻感。毫无疑问，莫迪利亚尼一定也欣赏过伯蒂收藏的非洲艺术品系列。画中的伯蒂低着头，手中拿着烟斗。头部的（非常雕塑化的）椭圆形轮廓和经点画法处理的色彩（在连续的色调中赋予造型一种独特的振动节奏）之间形成了鲜明的反差。这种振动唯有绘画才能赋予，通过在细腻的笔触与雕刻石头的凿子之间形成共鸣而达成。

在接下来的1915年，《罗莎·波皮娜》(*Rosa Porprina*)和《女人头像》[*Tête de femme*，又称《蒙帕纳斯的吉吉》(*Kiki de Montparnasse*)，第107页]似乎就采用了点触的笔法，就像是凿刻的痕迹一样。我们只能依稀分辨出相对1908至1912年的笔触（点线和虚线）回应，取而代之的是通过多重晕开和逐渐减小的笔触而达到对造型的逐步细化，就像一种没有系统特征的点彩技法。而在雕塑中，对整块石头的雕琢是通过一点点凿刻来完成的。《罗莎·波皮娜》所表达的是他最后在1913至1914年阶段的雕塑尝试，轮廓优美的圆形头像，而《女人头像》则同《皮埃罗》(*Pierrot*)和《洛拉·德·瓦朗斯》(*Lola de Valence*)一样，有着几何感十足的头颅、削平的脸颊和三角状的下巴，这都是立体主义的特征。

《皮埃罗》(1915年，第108页)今藏于哥本哈根，画中人物额头高耸，头像呈四分之三侧面角度，直直地接在修长的脖子上，这与1912至1913年雕刻的头像如出一辙，人物特征显示出这是一个喜剧演员，在白色伊丽莎白领下方写着“Pierrot”字样[译者注：皮埃罗（Pierrot）是哑剧和艺术喜剧的后缀，其起源是17世纪末在巴黎演出的意大利剧团]。闭起的左眼让人想起莫迪利亚尼曾经对利奥波德·苏瓦吉充满信任：一只眼睛观察外面的世界，另一只眼睛审视内在。我们也可以进一步地认为这个里程碑式的人物在雕刻家莫迪利亚尼和画家莫迪利亚尼之间建立了某种联系，即闭上的眼睛与周围的肌肤浑然一体，如同石头的表层，睁开的右眼代表绘画之眼，有着显而易见的瞳仁。《皮埃罗》的脸颊以绿色和红色绘制，互补的两种色彩分别表达阴影与光亮，也象征一半雕塑一半绘画，如同作者眼中的雅努斯（译者注：Janus，罗马神话中的保护神，有着前后两张面孔，能展望着过去与未来）。又或者说，这个皮埃罗难道不是象征着莫迪利亚尼自己吗？在两条道路之间抉择，放弃了石头，选择了一个新的表达舞台——画布？

至于《洛拉·德·瓦朗斯》(1915年，第109页）的风格（修长的脖子，杏仁状的眼睛，没有瞳孔）比《皮埃罗》更加接近非洲雕像：如同一个真正的面具。洛拉的头转向近乎正侧面，这幅绘画作品挑战了与莫迪利亚尼在雕塑中所青睐的正面视角完全不同的另一种视角。画作名称取自爱德华·马奈的、被波德莱尔赞美为“粉红色和黑色珍宝”的那幅画（1862年）；1913年，这幅画随同“卡蒙多”系列（la collection Camondo）一起被卢浮宫收藏，大师的杰作开启了新的篇章。泽卡利·亚斯楚克（Zacharie Astruc，法国雕塑家、画家、诗人和艺术评论家）在1886年也曾创作了同名小夜曲。或许，莫迪利亚尼用一种与马奈的画作完全相反的雕刻式风格，宣告一个全新计划的开始。他的作品与那些大批量印刷的图像，比如图卢兹-劳特雷克绘制的演出海报形成有趣的对比。画面背景的网格使人联想起雕刻的十字架。字母和头部之间形成一种视觉关联：鼻子似乎取代了隐藏在她身后的“LOLA”的“A”，而弯曲的下巴则如同“C”字母，构成了“Valence”的一部分。但除此之外，莫迪利亚尼的《洛拉·德·瓦朗斯》和马奈的没有任何相似之处。这是当代更新版本：马奈画中的西班牙舞者服饰被非洲舞蹈宗教面具所取代。莫迪利亚尼似乎在暗示，非洲面具之于当代绘画相当于西班牙和吉卜赛文化之于马奈和梅里美那批人（Prosper Mérimée，法国现实主义作家，剧作家，历史学家）。

《戴着丝绒饰带的女人》(1915年，第111页）中，凹陷的脸庞和向后延伸的头骨，都传达出非洲雕像对画家的影响。事实上，画家融入了几种不同风格。比如，在背景上通过整个画面的结构分区来勾勒出头部轮廓，这种衔接头部与环境的方式令我们联想到了高更。此外，还有汉斯·梅姆林（Hans Memling)，这位早期尼德兰画家的《老妇人肖像》(*Portrait de femme âgée*）在1908年被卢浮宫收藏。是桑德拉尔向他传达了自己对这位佛兰德斯大师的热情吗？这位诗人在1910年首次逗留巴黎期间曾想为莫迪利亚尼赋诗一首。梅姆林收藏的几幅莫迪利亚尼的作品都有着令人无法忽视的拉长的头颅，以及如拉宁（译者注：hennin，15世纪哥特时期锥形或“尖塔”形状的头饰，在中世纪后期是欧洲贵族妇女的常用装饰）般高高在上的头饰。

另一类造型与康斯坦丁·布朗库西同时期在雕塑中尝试的卵形造型有关。1915年的三幅作品《安东尼娅》、《小胖子》和收藏在米兰的《女子头像》(第110、112、113页），没有瞳孔的眼睛，两行线勾勒的鼻子呈扁平状和不成比例被缩小的樱桃小口：这些人物都呈四分之三正侧面，其头颅似乎被什么力量向后方拉扯着。但这不只是立体主义的标志，而是艺术家试图将绘画视角与雕塑视角相结合的主观意愿。这是一些在不断调试、实验阶段的作品。对莫迪利亚尼而言，他需要将雕塑头像所呈现的正面视角和绘画所允许的透视角度进行恰如其分地融合，达至和谐。这两种艺术彼此交流：绘画着重于还原立体感，而头部的雕塑感则使得差异愈加显著，尤其是相较自然主义风格而言。我们注意下眼睛的位置：三幅画的人物右眼都和鼻梁相重叠，《安东尼娅》在这个位置上有一条反幻觉主义（anti illusionniste）的垂直线，而《女子头像》的右眼由于透视效果相应缩小，《小胖子》则因为眼睛侵入鼻子范围而造成一种诡异的不对称效果。在这种类型的研究中，我们往往根据线索来定义他的风格，莫迪利亚尼依然保留着招牌画家（译者注：peintre d'enseignes，法国人对用手工绘制店面招牌的职业称呼）所擅长的简单

上图
《女人头像》(*Tête de femme*)
1915年
纸本水粉、石墨铅笔和油彩，43.2厘米×26.3厘米
私人藏品

上图
《皮埃罗》(*Autoportrait en Pierrot*)
1915年
布面油画，43厘米×27厘米
哥本哈根丹麦国立美术馆藏

右页图
《洛拉·德·瓦朗斯》(*Lola de Valence*)
1915年
裱在木头上的纸本油画，52.1厘米×33.7厘米
纽约，现代艺术博物馆藏

LOL
DE
VALEN
modigliani

且流行的写字方式，比如不规则充满动感的铭文（《小胖子》），抑或是故意一笔一划写成（《安东尼娅》）。

通过研究艺术家的肖像画，沃纳·施马伦巴赫（Werner Schmalenbach）发现了毕加索对莫迪利亚尼的影响，主要体现在鼻子的三维结构和无瞳孔的不对称眼睛，而且通常模特儿的心理活动并不在他的考量之下。他指出在绘画中加入手写文字——特别是模特儿姓名——的做法，早就被凡·高和高更采用。但施马伦巴赫也正确地指出："如果莫迪利亚尼在1915至1916年曾尝试立体主义的话，他也保持着极为谨慎的态度，他为马克斯·雅各布画的肖像可以证明。"而且这种"尝试极为细微，仅仅体现在棕色调和立体的面部造型上"。[16]皮埃尔·戴克斯（Pierre Daix，法国新闻记者和作家，也是毕加索的朋友和传记作者）在著作中处理毕加索和莫迪利亚尼的关系[17]时所遭遇的困境，使我们不得不赞同这一观点。莫迪利亚尼的绘画并不能代表"立体主义"。当然他可能采用了一些野兽派和立体主义先锋派的做法，比如他们都通过并列摆放不同平面来构成人物主体。比阿特丽斯·黑斯廷斯的铅笔肖像画以立体主义的方式将脸部与轮廓结合在一起，并且尤为巧妙地达成一种同心圆组合结构。

总而言之，如果莫迪曾经有立体主义者朋友[18]，受此影响，他画出了马克斯·雅各布和胡安·格里斯的肖像画这样的杰作（第121、130页），那这位朋友（指毕加索）也不过是他立体主义旅程中的一个旅伴而已。

左页图
《安东尼娅》(*Antonia*)
约1915年
布面油画，82厘米×46厘米
巴黎，橘园美术馆藏

上图
《戴着丝绒饰带的女人》(*Femme au ruban de velours*)
1915年
裱在纸板上的纸本油画，54厘米×45厘米
巴黎，橘园美术馆藏

上图
《小胖子》(*L'Enfant gras*)
1915年
布面油画，46厘米×38厘米，米兰
私人藏品

右页图
《女子头像》(*Tête de femme*)
1915年
布面油画，46厘米×38厘米
米兰，布雷拉画廊藏品

modigliani

比阿特丽斯和雅各布，情欲与精神

如果说保罗·纪尧姆宣称他自己促成了莫迪格利亚尼回归绘画之路，那么比阿特丽斯·黑斯廷斯（1879—1943年）的肖像画则宣告了这一回归。原名艾米丽·爱丽丝·海格（Emily Alice Haigh）的比阿特丽斯出身于一个富裕的家庭。她的青年时代在南非度过，写作和旅行是她的爱好。正是在巴黎，她遇到了马克思·雅各布，他将她带进莫迪在蒙帕纳斯的朋友圈。关于这位爱人，她如是说："在一开始相遇的时候，我就爱上了这个英俊的意大利小伙。他很快就搬进了我在1914年春天抵达巴黎时就租下来的公寓——蒙帕纳斯街53号。"然后他们又一起搬到了蒙马特。这种持续多年的充满了漂泊感、带有诗意印迹的人间天堂的关系，将随着两人分手、比阿特丽斯返回伦敦而结束。[19]在这期间，莫迪将自己视为爱上了一个新的比阿特丽斯的但丁。在1915年的一幅画作中，他将这个女人命名为《英国美人》（*La belle Anglaise*），约1916年的另一幅作品中，则是《贵妇》（*Noble Lady*）。文艺青年将比阿特丽斯视作能陪伴自己进行思辨和小说创作的理想伴侣。正是由于她的影响，在1914至1916年，我们可以看到艺术家逐渐通过几幅绘画作品，一点点构建起一个充满浪漫的世界。而比阿特丽斯逐渐完成了小说《米妮·平尼金》（*Minnie Pinnikin*，1914—1916年）。这本小说讲述了她和艺术家的情感关系。1915年，画家以比阿特丽斯为模特儿完成《蓬巴杜夫人》（*Madam Pompadour*，画家有意省去了"e"和介词。译者注：蓬巴杜夫人的正确法语写法应为"Madame de Pompadour"），以这种方式来打趣她的华丽服装。他在1915至1916年的一些绘画中着重渲染了牧师或朝圣者的主题。比阿特丽斯因此给他取了一个新的绰号"皮纳里乌斯"［译者注：Pinarius，谐音使人联想起俚语"pinard"（一种法国葡萄酒）和"pine"（松树）］，而马克思·雅各布在手稿中则将这个词修正成"帕特多尔"（Pâtredor）。根据肯尼斯·韦恩（Kenneth Wayne）的说法，马克思·雅各布也是小说中的另一个关键人物，名叫"邦帕"（Bompas）。[20]

画作《羊圈》[21]（*Bergerie*，1915—1916年）中出现了牧师。这位朝圣者的形象与"查尔斯·道格拉斯"紧密相连，这个名字也是道格拉斯·戈德林（Douglas Goldring，1887—1960年）的笔名，他是当时伦敦文学界十分活跃的作家，也是温德姆·路易斯（Wyndham Lewis）、大卫·赫伯特·劳伦斯（David Herbert Lawrence）以及查尔斯·比德尔（Charles Beadle，1881—1944年，1904年从非洲归来后居住在巴黎的作家、冒险家）的朋友。[22]另一幅画显示了一个穿着旅行服并手持长棍的年轻人。如果比阿特丽斯（很有可能）让她的"意大利帅哥"读过《恰尔德·哈罗德游记》（*Le Pèlerinage de Childe Harold*，拜伦勋爵在1812年出版的长篇叙事诗），那么这个《年轻朝圣者》[23]（*Jeune Pèlerin*）很有可能就代表着拜伦式英雄的莫迪本人。但这种认定还是一种假设，特别是因为"年轻朝圣者"的神态似乎与华托的《从基西拉岛登船》（1717年，卢浮宫馆藏）中的一个人物颇为相似。朝圣者是否是宗教人物，甚至是流亡犹太人或基督的形象？是否是但丁式的自我表述？抑或只是单纯的世俗绘画，表达他对比阿特丽斯的爱情的享乐之旅？

无论如何，"帕特多尔"（Pâtredor）与"马尔多罗"（Maldoror）押韵，后者是洛特雷阿蒙笔下的奸雄，生于蒙特维多（Montevideo），死于巴黎。我们知道莫迪利亚尼将洛特雷阿蒙当作信仰般膜拜，不管到哪儿都随身带着《马尔多罗之歌》[24]这本书。皮纳里乌斯是否代表着马尔多罗邪恶且暴力的一面，而帕特多尔则象征着其光明的一面？洛特雷阿蒙的一生令莫迪利亚尼十分着迷，因为在艺术家看来，这与自己的经历极为相似：疾病、贫穷、创作的自豪感。而洛特雷阿蒙的选择也打动了莫迪：谦卑、旁观者、对风尘女的支持、来自巴黎街头的召唤。《马尔多罗之歌》，有着狂野之美和令人难以置信的自由。画家融合的艺术，创造出一种兼具残酷变形的人类形象、暴力、共情和温柔乡的独特美学。精准无比的铅笔线条和笔触共同造就了整体如数学公式般精确、令超现实主义者着迷的几何魔法。要知道，洛特雷阿蒙曾经是一位数学家。诗人的音乐风格也引起爱好者莫迪利亚尼的共鸣，并将之转化成了线条与色彩。莫迪利亚尼所拥有的版本序言揭示了洛特雷阿蒙在位于胜利女神街（rue Notre-Dame-des-Victoires）的酒店房间里，"只在夜晚降临时，坐在钢琴旁开始写作。他大声宣读，他构想着词句，他演奏和弦来配合拟人的修辞。这种混合创作的方法使同一酒店的其他住户感到十分崩溃，时常被乐声惊醒。毫无疑问，是这位伟大的语言音乐家，一位不可多得的短语交响乐手，正通过敲击键盘来找寻文学上的演奏节奏。"[25]

莫迪利亚尼反复画了十几次比阿特丽斯·黑斯廷斯，有时以立体主义的朴素画风和几何特征为主，有时则以古怪和伪装的装扮呈现。[26]1915年的一幅画是坐姿的比阿特丽斯，旁边写了两行铭文："神圣的家庭生活"（La vita domestica santa）和"仁慈的姊妹"。[27]《蓬巴杜夫人》中的比阿特丽斯的脸庞和马克思·雅各布的肖像一样，轮廓都很粗糙（第120、121页）。而她的羽毛帽子更像是凡·代克（Van Dyck，比利时佛兰德斯画家）笔下的英王查理一世，而不是林荫大道上的妙龄女郎。我们可以看到比阿特丽斯的形象随着时间线所经历的变化。在1915年以后以印象派或点彩画派风格为主，比如在《女子头像》（*Tête de femme*，1915年，第113页）中，画家采用了弗兰克·伯蒂·哈维兰（第105页）处理肖像的方法，将背景虚化成一种模糊不清的氛围。人物如《蓬巴杜夫人》一样，被放置在整个色彩架构之中，这些色彩借鉴了综合立体派（cubisme synthétique）的风格：在这样的背景下，比阿特丽斯的形象生动浮现出来。继而，是那幅藤椅上的坐像，藤椅的靠背沿着她的肩膀线条弯曲；呈井字交叉的纹路立刻使人想起1911至1912年的保罗·亚历山大医生的肖像。[28]在那幅画中，菱形图案和医生双手交叉

上图
《蓬巴杜夫人》（*Madam Pompadour*）
1915年
布面油画，61.1厘米 × 50.2厘米
芝加哥艺术博物馆藏

modigliani

形成了呼应。暗影在视觉上辅助加强了头部的倾斜度以及上衣的轮廓，莫迪利亚尼的恋人被嵌入在椅背上的交叉线中，真实且熟悉的世界，并且增加了画面的装饰性。与保罗·纪尧姆相识之后，比阿特丽斯·黑斯廷斯的最后一幅肖像（1916年）就像马克斯·雅各布的那幅一样，呈现出双重的可能性：趋向立体主义，或者受到黑人雕塑启发的庄严感。

在1915至1916年这个时期，立体主义对莫迪利亚尼的影响的确很明显。整体色调偏暗，人物以正面居多。但正是1916年的一张比阿特丽斯的肖像上的"贴纸"充分证实了他的立体主义尝试，后来画家开始有意摆脱这一来自毕加索的"影响"。时至今日，只有一张老照片可以见证这张贴纸的存在，但在画面上依旧留存着胶水和印刷油墨的痕迹，并渗透到画面的其他部分。在戈特哈德·耶德利卡著作中发表的复制品上依旧保留了贴纸，旁边写着两行字："这是摘自'剧院和表演'（théâtres et spectacles）[29]栏目的报纸剪报。"我们无从得知这张贴纸的消失，是偶然的技术的原因还是故意为之。1919年，路易·阿拉贡（Louis Aragon）曾致信安德烈·布勒东（André Breton），说自己"想要尝试乔治·布拉克的拼贴手法，纸张只是一个测试工具，有助于将画面各个部分关联在一起，最后取下贴纸，画作大功告成"。[30]那么莫迪利亚尼使用的贴纸是否也只有测试的价值？摈弃立体主义，甚至未来主义是否是他后来选择抹去贴纸存在的主要原因？立体主义也在创作中诉诸于印刷品，尤其是报纸。无论如何，这幅画都有着"立体主义"的趋势，人物面部微微倾斜，如同从一整块石头中剥离成型。而这些笔触则证实了立体主义的多焦点取景。

比阿特丽斯·黑斯廷斯当时是英国媒体《新时代》（*The New Age*）的专栏作家，她翻译了一版马克斯·雅各布的散文诗集《骰子盒》（*Cornet à dés*）。她会说在这段她与莫迪利亚尼的动荡关系中，诗人"是（她的）看门犬"。莫迪利亚尼在抵达巴黎不久之后就认识了"特鲁伊立体派"（druide cubiste，这是安德烈·萨尔蒙的表述），但直到1915至1916年他才开始这样绘画。1923年，马克斯·雅各布在写给画家朋友勒内·兰贝尔（René Rimbert）的信中回忆了莫迪利亚尼画的一幅肖像画："暮色中，春天的花园里，这位曾经是他蒙马特情人的英国女士……。肖像素描如此之美，真的是太像了！如此成功又如此感性！我们祈求着不要触碰它，但他在极大自尊心和矛盾心态的驱使下，破坏了这幅画像。在我的散文集中，有两首诗是为这幅肖像所作：他看起来既是法官，又是罪人/画家朝着这个双重目标努力着。"[31]法官和罪人？毫无疑问，诗人回想起了现收藏在辛辛那提的这幅创作于1916至1917年的画作，画面中的人物秃顶且没戴帽子（第121页）。两只眼神情空洞，以深蓝色涂画，被整个面部的暖色调烘托出来，与西装和领结的色彩相呼应。我们可以感受到画家有意模仿1907年毕加索为马克斯·雅各布创作的那幅肖像《马克斯·雅各布》，马拉加人（译者注：Malaguène，毕加索来自马拉加，这和作者称莫迪利亚尼是里窝那人为同样的手法）在1915年也为诗人绘制了一幅画。[32]

马克斯·雅各布的这幅肖像，身着西装，打领带，头戴传奇的高顶礼帽，以铅笔素描绘制（1915年）。其中一只眼睛看似缺失，实则是闭目，似乎是为了更好地内观自我。画面的右半部分最终没有在油画版本中体现，画面上书写了一段文字："致我的兄弟/非常温柔/三月七日的夜晚。/一轮弦月。"下面是一幅小图，一轮实线绘制得极细的月牙，而虚线则代表即将到来的满月轮廓。莫迪利亚尼把签名放在画面下方，仿佛一只温柔的手轻轻搭在朋友肩膀上。"我的"（mon）、"火星"

左页图
《比阿特丽斯·黑斯廷斯坐像》
（*Beatrice Hastings assise*），
1915年
布面油画，73.5厘米×49.5厘米
私人藏品

左上图
《比阿特丽斯·黑斯廷斯》（*Beatrice Hastings*）
1916年
布面油画，64.9厘米×45.9厘米
私人藏品

右上图
巴勃罗·毕加索（Pablo Picasso）作品
《沉睡的女人头像》（*Tête de femme endormie*）
1907年
布面油画，61.4厘米×47.6厘米
纽约，现代艺术博物馆藏

ATRICE

（mars）、“莫迪利亚尼”（modigliani）这些词语的叠韵和反复的元音，以诗的方式来加强了情感。最终，就如同在字谜中一样，同时被书写和绘制的“弦月”不是一个气象符号，它象征着罗马历三月十五日（Ides de mars）。在这幅作品中，它既非占星术，也不是以图形加以强调的文字信息，而是取代了缺失的左眼。诗人在收到皈依天主教的启示几年后，在1915年，完成了受洗礼。物质的现实世界在这里让位于内在的神秘世界。

莫迪利亚尼的这幅画作是一个很好的例证，说明艺术家从不机械地应用立体主义的画法，而是基于其丰富的视觉文化对作品进行重新设定。在这里，文字与上弦月的图案相得益彰，让人联想到洛伦佐·洛托（Lorenzo Lotto）的风格。《卢西娜·布雷姆巴蒂》的肖像绘制了16世纪初来自贝加莫（Bergame）的一位贵族妇女：蓝颜，鹰钩鼻，戴着项链，梳着时髦的“capigliara”（译者注：这是一种由织物、珍珠和假发做成的威尼斯发饰）。洛托在黑色服装的右袖上签下了自己的姓名。莫迪利亚尼也是如此，他喜欢将人物和自己的签名紧密连接在一起[33]。此外，在洛托的画作中，月亮（Luna）上清晰可辨写着两个字母C和I，合在一起以一种优雅隐晦的方式构成了“Lucina”（露西娜）的名字。莫迪利亚尼则在自己的作品中将马克斯·雅各布的一只缺失的眼睛转向一轮弦月的示意图。这或许是立体主义，但更让人联想起威尼斯文艺复兴时期的大师。

在根据铅笔素描完成的油画中，马克斯·雅各布的右眼整体呈暗色调，以白色高光点缀，而左眼则空无瞳孔。这幅画完全是原创的，特别是对双眼眼神的差异化处理手法。根据画商爱德华·劳勃（Édouard Loeb）的回忆，这幅肖像可能正是亨利-皮埃尔·罗谢（Henri-Pierre Roché，法国作家）在1917年12月从贝尔特·魏尔画廊的展览上买下的那幅。[34]

或许，和他的朋友马克斯·雅各布的肖像画一样，艺术家经历了一次神秘的危机。无论如何，从1916年开始，艺术家留下了一系列为数不多的，围绕宗教题材展开并以绘画形式记录的文献。[35]第一批似乎与不久前皈依并受洗的诗人有关。布德尔博物馆（Musée Bourdelle）收藏的《圣母子像》（*la Vierge à l'Enfant*，又名*Rosa Mistica,* n° 228）就属于马克斯。约瑟夫·阿尔托尼（Joseph Altounian），是莫迪利亚尼朋友中的一位古董商、收藏家，莫迪利亚尼为他画了一幅铅笔肖像，[36]名为《欣喜若狂》（*L'Estatico, n °242*），画面中是一个正在祈祷的男人。基于这些史料，我们又有了新的推测：这些画作似乎共同组成了一段源于《圣经》主题的“历史”。我们或许可以认为这些作品是为了一本书所创作：《亚当》象征创世纪；《天使伸手向剑》（*Chérubin met la main à l'épée*）[37]代表着上帝派遣使者将亚当和夏娃逐出伊甸园。布德尔博物馆的这幅《圣母子像》则代表道成肉身（译者注：Incarnation，基督教基本教义之一）。画面四周以圣母玛利亚的尊称为铭文［Turris eburnea（意为“象牙之

左页图
《比阿特丽斯·黑斯廷斯》（*Portrait de Beatrice Hastings*）
1916年
布面油画和印刷报纸拼贴，55.2厘米 × 38.2厘米
费城，巴恩斯基金会藏品

右顶图
《马克斯·雅各布肖像》（*Portrait de Max Jacob*）
1915年
纸本石墨铅笔，35.5厘米 × 26.5厘米
坎佩尔，艺术博物馆藏

右上图
洛伦佐·洛托作品
《卢西娜·布雷姆巴蒂》（*Portrait de Lucina Brembati*，局部）
1518—1523年
木上油画，52.6厘米 × 44.8厘米
意大利，贝加莫卡拉拉学院藏

上图
《马克斯·雅各布肖像》（*Portrait de Max Jacob*）
1916年
布面油画，73厘米 × 60厘米
杜塞尔多夫，北莱茵-威斯特法伦艺术品收藏馆藏

右页图
《马克斯·雅各布肖像》（*Portrait de Max Jacob*）
1916—1917年
布面油画，93厘米 × 60厘米
美国，辛辛那提美术馆藏

塔”，Maria Virgo Sanctissima，Rosa Mistica，Stella Maris）]，又与《死亡与复活》（*Dies Resurrectionis*）的处理手法类似。这是否意味它是一部马克斯·雅各布的著作？马克斯·雅各布曾请毕加索为他的三部曲作品之一《圣马托内尔》（*Saint Matorel*，1911年版，由康维勒出版）创作蚀刻版画。那么，他是否也有过相似的机会，请莫迪利亚尼为《盟友在亚美尼亚》（*Les Alliés sont en Arménie*）创作？这一宣言是长篇诗作，主张干预亚美尼亚种族灭绝，于1916年出版，但并没有插图。稍晚时期的一幅画（1918年）属于利奥波德·兹波罗夫斯基所有，描绘了施洗的圣约翰，其画面构图给人感觉如同书籍的卷首扉画。[38]此外，一些画作上所描绘的激动人心的场景饰以西卜林铭文（sibylline，《西卜林书》是古罗马神谕，以希腊语六音部格律写成），往往至少具有双层含义，比如《圣人们》[39]（*I Santi*）有如下文字：“你在哪儿？别处。欣喜。”（Où es-tu? Ailleurs. Ravis.）如果说这些语气是真诚的，特别是想表达悔意，那么众多人物的裸体，与某些领圣体的夫妇的模糊形象形成反差，又或者与之相结合的文字，进一步暗示着肉体与心灵、神秘的禁欲主义与燃烧的情色主义之间的紧张关系。这里我们远离了石版画《贝塔·马特斯》（*Beata Matrex*）的简单表达。[40]时至今日，我们对这一系列反映其创作者生活的作品仍旧知之甚少。

左页图
《圣母子像》(*Rosa Mistica*)
1916年
纸本铅笔，42.6厘米×26.6厘米
巴黎，布德尔博物馆藏

左上图
《亚当》(*Adam*)
1916年
纸本铅笔，42.8厘米×26厘米
纽约，现代艺术博物馆藏

右上图
《死亡与复活》(*Dies Resurrectionis*)
1917或1918年？
纸本铅笔，30.5厘米×22.7厘米
私人藏品

右下图
《双手合十的裸女》(*Femme nue les mains jointes*)
1917年
纸本铅笔，30厘米×22厘米
私人藏品

全新的“雅典学院”

在安德烈·瓦诺德看来，除了比阿特丽斯·黑斯廷斯，莫迪利亚尼为所有早期巴黎画派的艺术家都画了肖像。毫无疑问，他有意识地用画笔记录下他的艺术同行们。并且，在不知不觉中，他将当时活跃在现代思想和艺术领域的人物一一绘出，逐渐丰富并构成一种集体肖像，是全新的《雅典学院》，而他就是“拉斐尔”，一个能使每个人的独特之处活灵活现的拉斐尔。从整体效果来说，莫迪并没有刻意去创造这样一种“大场面”（译者注：grande machine，直译是大机器，此处为比喻）的特点。事实上，他所留下的人物肖像系列更为独特。毕竟，在当时摄影还很罕见。至于马克斯·恩斯特的《朋友聚会》（*Rendez-vous des amis*，1922年，科隆路德维希博物馆藏）是一幅多人肖像画，也是唯一记录了当时超现实主义艺术团体的画作。

莫迪利亚尼开始声名鹊起，他的赞助人——保罗·亚历山大，乔治·谢龙，抑或是保罗·纪尧姆——以及他的第一位重要藏家乔纳斯·奈特（Jonas Netter），在他们的支持下，莫迪的创作条件也得到改善。比如，他开始从位于瓦文街（rue Vavin）和布瑞亚街（rue Bréa）交叉口的艺术用品商店列斐伏尔-福安奈（Lefebvre-Foinet）购买画材，这家店离他位于蒙帕纳斯的工作室很近。如果说在《雅克和波特·利普希茨》（*Jacques et Berthe Lipchitz*，1916年，第132页）时期他还节俭地在用过的画布上进行二次绘画，那么现在他越来越常使用全新的画布了。2017年，在泰特美术馆举办的一次展览期间[41]，通过技术研究发现莫迪利亚尼的肖像画规格不同寻常，不符合当时的法国绘画惯例：他会购买“风景画规格”（竖版）的画布用于创作竖版肖像。这种塞尚式的直觉在对尺度的把控上尤为准确，著名心理学家威廉·冯特（Wihelm Wundt）注意到“在同一尺寸下，竖向的距离显得比横向的距离更大”。[42]

莫迪利亚尼与古斯塔夫·库尔贝（Gustave Courbet）所诠释的波西米亚风格相差甚远，库尔贝的人物形象开朗活泼，他的工作状态、对工作室的愿景以及他笔下的人头攒动的世界，无不折射出一个反映社会宏观及其矛盾与冲动的缩影。莫迪利亚尼所描绘的世界显得有些脱离现实，仿佛现实生活在画布上没有留下任何痕迹，仿佛在画布与真实世界之间有一道无法逾越的门槛，无论从现实还是新生的规则来看，都与他的过去做了彻底的决断。哪一个是艺术家在这种复杂背景下创作的现代人物？如果红围巾、烟斗和虚张声势的帽子代表了人物在艺术领域的归属，那么派对已经结束：莫迪利亚尼就是绘画界的亚兰·傅尼叶（Alain-Fournier）。那些画面中孤立又隐退的人物，就是《美丽的约定》（*LE Grand Meaulnes*，亚兰·傅尼叶唯一的小说）中所描写的某晚看到的，寻找并设法找到的、经过并永远不会忘记的人物。莫迪利亚尼看到了什么？一个无法重生的过去。又或许只是错觉。

莫迪利亚尼从来不画正在写作的作家或正在绘画的画家。偶尔会记录正在创作的雕塑家，比如站在巨石前的亨利·劳伦斯，[43]还有这幅《奥斯卡·米切纳诺夫肖像》（*Oscar Miestchaninoff*，1916年）：脖子上围着围巾，双手紧紧扶着双腿；在他的右侧有一块巨石。当时，被莫迪利亚尼画下来有着简单而普遍的意义：这个圈子有一位专属的画家。

当他在1915年为毕加索绘制肖像时，他将这位比自己年长的艺术家视作壁画《雅典学院》中的柏拉图/达·芬奇（译者注：这幅壁画位于梵蒂冈使徒宫内的拉斐尔房间的签字厅，拉斐尔把柏拉图绘成达·芬奇的脸，以示对后者的敬重）。这是巴黎的加泰罗尼亚人（毕加索）在新拉斐尔（莫迪）眼中所呈现的形象：现代版《雅典学院》中的莱昂纳多·达·芬奇。画面中在毕加索的名字旁，他写下了“Savoir”（知识）一词：向这位在他心中总是领先于其他人的艺术家致敬，也是向有着“抽象知识，即理性知识”的人致敬，这里借用了莫迪利亚尼经常阅读的亚瑟·叔本华（Arthur Schopenhauer）对知识的定义。毕加索的“知识”与感觉相反，被梅西斯拉斯·戈尔伯格（Mécislas Golberg）称为个性化，即“一体化”。在莫迪利亚尼的笔下，毕加索化身成圣，甚至是法师、东方文人画家的身影，有着柔软且慵懒的眼神。这是毕加索的同胞巴勃罗·加加罗（Pablo Gargallo）曾在1913年画出的那种精准的且有些斯文败类的神韵。[44]

立体派雕塑家亨利·劳伦斯的肖像（第127页）在神情上与保罗·纪尧姆的私服画像（第101页）有异曲同工之妙，但又完全不同于商人的肖像，并没有特别“形而上学”。这幅画中，艺术家将人物的轮廓强有力地勾勒出来，同时有意将画面的其他部分进行“留白”。圆桌呈现直立状态，这与塞尚的观念相吻合。我们在他的另一幅作品《喝酒的男人》（*L'Homme au verre de vin*，1918—1919年，第151页）中也可以找到这一特征。这一技法很快在现实主义的后继者中变得常见，并被用于处理富有生机的物体与死气沉沉的物体之间的辩证关系。一个最好的案例就是非常莫迪利亚尼式的《记者希尔维亚·冯·哈登肖像》（*Portrait de la journaliste Sylvia von Harden*，1926年，法国国立现代艺术美术馆藏），这幅画出自奥托·迪克斯之手，他是德国新客观主义（Nouvelle Objectivité/*Neue Sachlichkeit*）的代表人物之一。不过，我

右页图
《雕塑家奥斯卡·米切纳诺夫肖像》
（*Portrait du sculpteur Oscar Miestchaninoff*）
1916年
布面油画，81厘米×60厘米
私人藏品

modigliani.
1916.

上图
《毕加索肖像》(*Portrait de Picasso*)
1915年
裱在纸板上的纸本油画，34.2厘米×26.3厘米
私人藏品

右页图
《亨利·劳伦斯肖像》(*Portrait d'Henri Laurens*)
1915年
布面油画，115.8厘米×88.3厘米
瑞士，琉森罗森加特收藏馆藏

们同样在亨利·劳伦斯的《小丑》(*Le Clown*，1915年，斯德哥尔摩当代美术馆藏）雕像的底座也发现同样的圆盘构造。莫迪利亚尼以非常不同的手法来处理雕塑家肖像的左右两侧：画面右下方有一个圆形物体，粗放的笔触以一种旋转的方式绘出人物前臂，但又不完全填满，露出下面的白色画布，手和腿甚至被简化省略了，还有一只闭着的眼睛被一笔带过；而人物的左侧则描绘得更加完整，轮廓清晰，层次也更丰富。左侧，艺术家的目光显得沉重，坚定又复杂；右侧，莫迪利亚尼没有描绘出劳伦斯的目光，呈现出一个难以捉摸的世界。画面色调以黄色、深灰褐色和蓝灰色为主，一个由左腿、右侧圆桌和顶部的雕塑物体共同组成的红棕色三角构图清晰可见，这个视觉尝试在画面构图中达到了完美的平衡。劳伦斯的坐姿微微倾斜，这让整个画面显得毫也不僵硬，黑色领带也成为三角构图的元素之一。

1914年，当时和莫迪利亚尼共同居住在巴黎圣戈塔尔街16号（16, rue du Saint-Gothard）的是未来的墙画大师、墨西哥画家迭戈·里维拉，莫迪为他画了3幅肖像以及大量的草稿。肖像画中圆形的头颅十分明显，也正因如此我们才可以很容易辨识出那些草稿图。但随着铅笔绘制出的姿态，画面就没有那么僵硬了：四肢显现，右手手持一只烟斗，这一姿势像极了弗兰克·伯蒂·哈维兰（第105页）的当代肖像画，只不过这幅画中的人物的头颅微微后倾。有两幅画采用了这一新姿势，一幅今天收藏在圣保罗，另一幅在杜塞尔多夫。第一幅采用十分快速的笔法完成，脸部以点彩画法上了部分粉彩，但不能算完全完成，身体的其余部分以寥寥数笔简单勾勒。但这幅画中人物的神态非常到位，双目微阖，嘴巴微笑，几乎像一尊佛陀。而第二幅画中，双眼睁开呈杏仁状，带着俏皮的微笑，整体感觉有些奸诈。

1915年，莫迪利亚尼创作了多幅植根于立体主义传统的多面体头像，可与保罗·纪尧姆的肖像相媲美：包括塞尔索·拉加尔（Celso Lagar）[45]、胡安·格里斯、具有强大的令人回味魅力的莫伊斯·基斯林（第130—131页）。

《雅克和波特·利普希茨》(*Jacques et Berthe Lipchitz*，1916年，第132页）则是一幅向“自然主义”过渡的作品。雕塑家雅克坚持摆出

上图
《迭戈·里维拉肖像》(*Portrait de Diego Rivera*)
1916年
纸板油画，100.2厘米 × 81.3厘米
圣保罗艺术博物馆藏

右页图
《迭戈·里维拉肖像》(*Portrait de Diego Rivera*)
1914年
纸板油画，104厘米 × 75厘米
杜塞尔多夫，北莱茵-威斯特法伦艺术品收藏馆藏

左页图
《胡安·格里斯》(*Juan Gris*)
1915年
布面油画，54.9厘米×38.1厘米
纽约，现代艺术博物馆藏

上图
《莫伊斯·基斯林肖像》(*Portrait de Moïse Kisling*)
1915年
布面油画，37厘米×28厘米
米兰，布雷拉画廊藏品

LIPCHITZ
modigliani

同一姿势，并准备给莫迪利亚尼增加酬劳，而莫迪按照自己的习惯表示会在两天内完成画作：第一天打二十多幅草稿，第二天作画。[46]男人的脸呈现典型的立体派风格，以莫迪利亚尼的第一种画法绘制：快，但着色也比较浅。[47]与之相反的是，画家在描绘波特·利普希茨时更加浓墨重彩，纹理更加凸显其年轻女性的特质。

柴姆·苏丁是一个特例。当苏丁于1912年逃离沙皇俄国、来到巴黎的时候，一度因为贫穷陷入孤立无援的困境。但他很快就成为莫迪利亚尼的门徒和宠儿，莫迪还在临终前将他介绍给了利奥波德·兹博罗夫斯基，向这位画商倾诉，告诉他自己身边有一位伟大的画家苏丁。艺术家甚至在兹博罗夫斯基位于约瑟夫·巴拉街3号（3，rue Joseph Bara）的公寓大门上画了一幅苏丁的肖像。一张老照片显示，画商坐在这扇门前，身后就是苏丁的画像，如同一个守护天使，身边是一个高柜，上面摆放着一座非洲加蓬科塔人的守护神圣物箱：两个守护神在看守着箱子。绘画的头像微微倾斜，戴着一顶帽子，四周勾勒出潦草但形似犹太烛台的图案。现藏于圣保罗的迭戈·里维拉的肖像画（第128页）上，我们相信也辨识出一只烛台（位于画面右上角）。

苏丁的第一幅肖像画是1915年的一幅头像（现藏于德国斯图加特）：面部描绘还不够理想，嘴微张露出牙齿，鼻子扁平宽大，但双目炯炯有神，如有一小簇火焰隐藏其中。1916年的另一幅肖像中，苏丁身着棕黄色的外套，双手置于大腿上呈坐姿（第134页）。头和身体微微倾斜，眼睛微睁，仿佛在半梦半醒之间。根据一些分析家的说法，画面上的右手比出犹太祭祀“*cohanim*”常用的祝福手势：中指和无名指分开形成一个V。而在1917年的画中（现藏于华盛顿，第135页），苏丁身着深色西装，双手紧握在一起，坐在一张木桌旁，桌上摆放着一只玻璃杯。衬衫领子没经过整理，显得乱七八糟，愈发衬托出脖子的修长。

莫迪利亚尼也会画当时经常往来的作家们，其中一些对他来说是真正的人物，比如布莱斯·桑德拉尔。原籍瑞士的布莱斯·桑德拉尔在第一次世界大战初期和乔托·卡努杜（Ricciotto Canudo，1877—1923年）共同起草了《致在法国的外国人》（*Appel aux étrangers vivant en France*）：“在法国的（外国）朋友们，在这里居住期间，我们学会了将这里作为第二故乡，去爱她，珍惜她，现在她迫切地需要我们向她伸出援手。”[48]他本人也作为志愿者参战，并因伤在1915年接受了截肢手术。

左页图
《雅克和波特·利普希茨》
1916年
布面油画，81.3厘米 × 54.3厘米
美国，芝加哥艺术博物馆藏

上图
《柴姆·苏丁肖像》（*Portrait de Chaïm Soutine*）
1915年
布面油画，36厘米 × 27.5厘米
德国，斯图加特国立美术馆藏

上图
《柴姆·苏丁肖像》（*Portrait de Chaïm Soutine*）
1916年
布面油画，100厘米×65厘米
私人藏品

右页图
《柴姆·苏丁》（*Chaïm Soutine*）
1917年
布面油画，91.7厘米×59.7厘米
美国，华盛顿国家画廊馆藏

modigliani

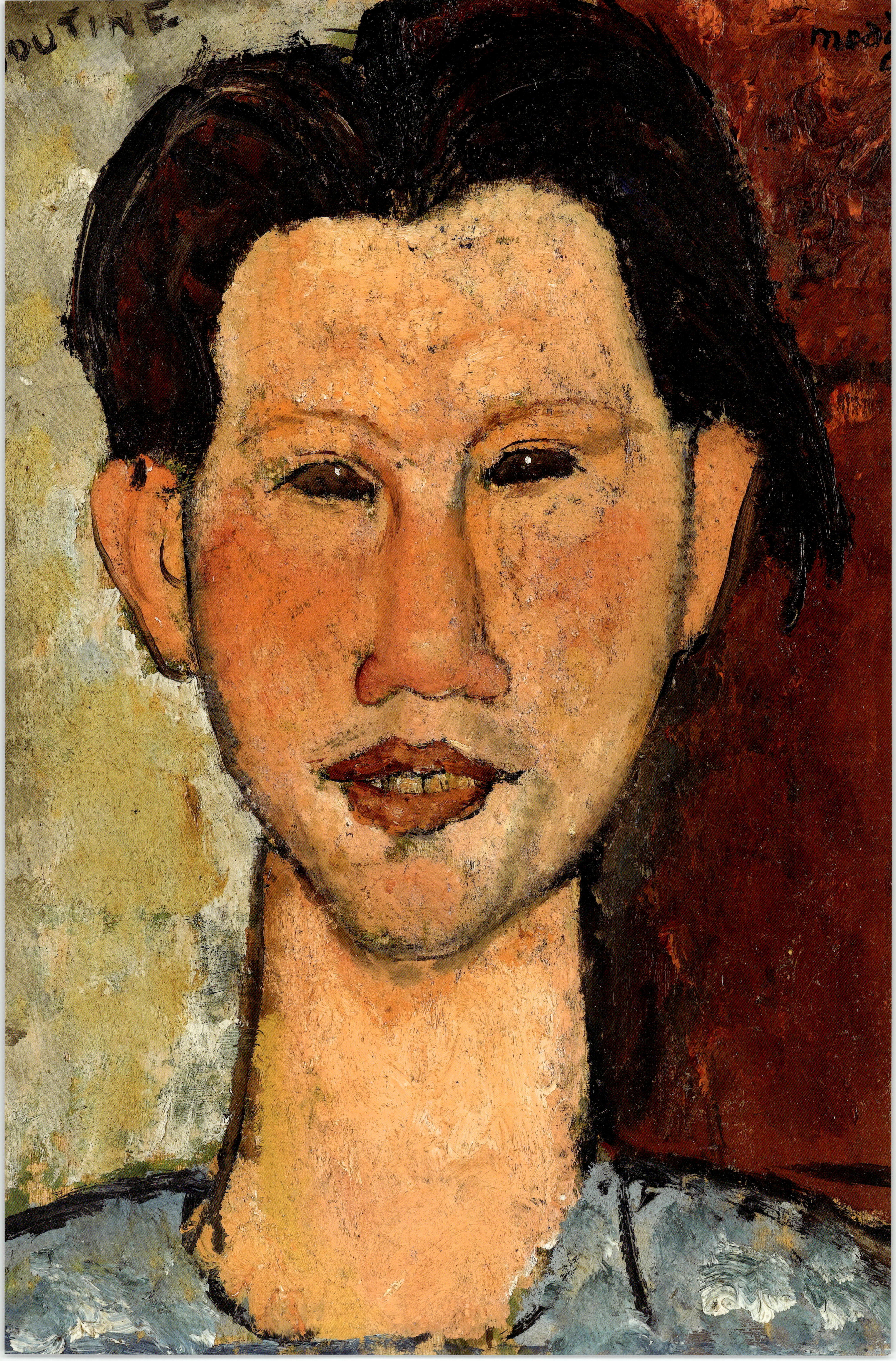
OUTINE

第136、137页图
《布莱斯·桑德拉尔肖像》（*Portrait de Blaise Cendrars*）
1917年
布面油画，60.9厘米 × 50.8厘米
私人藏品

上图
《布莱斯·桑德拉尔肖像》（*Portrait de Blaise Cendrars*）
1916至1918年
纸本铅芯笔，43.2厘米 × 26.8厘米
私人藏品

第二年，当布莱斯·桑德拉尔遇到这位艺术家时，发现他“多愁善感、对世界充满嘲讽，优雅且绅士，非常唐·璜”。[49]1916年11月，在竖琴和调色板协会举办的、那场同时展出了莫迪利亚尼画作和非洲雕塑艺术的展览上（参见第77页），也有桑德拉尔在展览目录中那首《Musickissme》，正是他为埃里克·萨蒂（Erik Satie）写下的诗句。这一诗歌、音乐与视觉艺术的碰撞，是前卫艺术充满希望的特质之一。11月26日，展览开幕一周后，在瑞士画家艾米尔·勒琼位于蒙帕纳斯惠更斯街6号（6, rue Huyghens）的工作室举行了一场诗会。整个1916至1919年，这是相当受欢迎的且定期举办的活动，早于1920年谷克多创建六人团（Les Six）之前。

对于1917年这幅莫迪利亚尼为他绘制的肖像画，桑德拉尔冷静地说：“我的红发［译者注：Poil de carotte，这个形容出自儒勒·雷纳德（Jules Renard）］于1894年出版的长篇短篇小说或自传小说，讲述了一个红发孩子的童年和经历。肖像今天被收藏在纽约史丹利·里索先生（M. Stanley-Resor）的藏品里。”[50]事实上，这幅肖像与其说是《红发》，不如说更接近让-安东尼·华托的那幅《丑角吉尔》（*Gilles*）！在一幅同一时期的名为“桑德拉尔”的手稿中，我们可以看到他用意大利文写下了：“五月的玫瑰/人造的/在咖啡馆/Trina（咖啡馆的名字）的橱窗/白色的/午夜。”[51]桑德拉尔于1912年在巴黎永久定居下来，他常常和立体派的艺术家往来，但也写下了一篇关于画家利奥波德·苏瓦吉的彩色节奏系列（1913年）的文章。[52]1919年出版的《19首快活诗集》（*Dix-neuf poèmes élastiques*）尤其体现了他的自我、渊博的知识和旅行经历。[53]他谈到印度圣城瓦拉纳西（Varanasi，又称Bénarès），谈到基督和埃菲尔铁塔（“一切都是圣光/深深的”），他提到了拉鲁什（La Ruche）、夏加尔、洛特雷阿蒙、布里耶舞厅（Bal Bullier）、卡努多、阿契本科（他将其雕塑描绘成“首个卵形蛋”），甚至还有费尔南·莱热（Fernand Léger）。

即使我们无从得知他们两人在参加1917年于画商贝尔特·魏尔处举办的展览时所进行的私密对话，桑德拉尔为这次展览写下的序言也对莫迪利亚尼作品的解读和传播起到了至关重要的作用。[54]谁能够比诗歌《我的舞蹈》（那个女人，那支尼采想要教会我们的舞蹈/我旋转跳跃）和《裙子上，她的身体》（如圆盘般的小腹；从彩虹桥下穿越而过的丰乳；小腹/圆盘/太阳）的作者更懂得摆脱了世俗之见的情色主义的绝对新颖性呢？

桑德拉尔的肖像画是莫迪利亚尼作品中罕见的展示第一次世界大战主题的作品，是“没有硝烟”的作品。从两幅手稿中可以明显看出来：第一幅中，诗人只露出半个身子，画家描绘出他仅剩的一只左臂——桑德拉尔曾说自己在战争中失去了“用来书写的右手”；在第二幅中，他坐在一张垂直呈现的咖啡桌旁，这是塞尚的立体派的特征：左臂抬起去拿酒瓶，但外套的右袖垂于桌下，一只酒杯似乎代替了失去的右手，如同幻肢的存在——或许桑德拉尔正在被幻肢痛（译者注：algohallucinose，幻肢痛又称肢幻觉痛，系指患者感到被切断的肢体仍在，且在该处发生疼痛）所困扰。[55]

如果不是因为画家和模特儿本人无法展示因截肢所造成的残缺，那么如何解释桑德拉尔没有一幅肖像画是远景全身像？基于对不愿展示

身体的缺失和对战争暴力的共同反抗，莫迪利亚尼以残缺在作品中展现战争的存在。画家本可以当作仿佛战争从未发生，而持续以不惜一切代价的生命为主题。与此同时，桑德拉尔似乎也不顾及自己身体健康，又仿佛是为了安抚自己因为未能与身处危险之中的前线战友们同心协力而潜藏于心的负罪感。1919年，他担任了阿贝尔·冈斯（Abel Gance）执导的影片《我控诉》（*J'accuse*）的助理导演一职。在其中一个壮烈的场景中，亡者们从坟墓中爬起：镜头前，因战争而肢体残缺或毁容的人群中，赫然行走着桑德拉尔。

1916年，莫迪利亚尼此时正在创作让·谷克多的一幅肖像画。[56]他留下了好几幅手稿，其中一幅更像是速写。事实上，1916年的这幅铅笔手稿与现藏于普林斯顿大学艺术博物馆的肖像画有着完全一致的构图：坐在沙发里（这一场景是在莫伊斯·基斯林的工作室内进行的）的诗人十分优雅：身着有方巾口袋的西装、圆领白衬衫并佩戴领结——这与马克斯·雅各布的肖像如出一辙（第120页）。近乎瘦骨嶙峋的脸庞并不

是那么光洁，高耸而精致的鼻子两侧是短且上下错落的眉弓，一缕光滑的刘海向后梳，露出前额。纤细而弯曲的眉毛下，一只眼睛睁开黑白分明，另一只则灰暗且空洞，象征着诗人对有形及无形的双重凝视。立体派的技法在这里的应用，并没有教条主义或讽刺意味。它被艺术家很好地吸收转化了。正如在胡安·格里斯（第130页）的肖像中所展现的与众不同，莫迪利亚尼知道如何巧妙地打破面部对称、通过调整鼻子线条来获取不同的视角。或许可以称为不够丰满的立体主义。鹅蛋形脸庞内有两个三角形巧妙地结合在一起：一条略微倾斜的线，从下巴中央贯穿到右眉末梢，与眉毛相交，脸颊下方的左上颌骨略微外凸，将左眼与下巴连接得更近。在鹅蛋形脸庞上形成的三角形内部，略微错位的右眼与左颧骨相连，在前一个三角形中构成了第二个略小的三角形。右手和手腕放在左前臂上，由于诗人双腿交叉而坐，所以左前臂的一部分被膝盖遮挡住了，也因此而显得如脸庞般瘦削。

谷克多并不喜欢这幅肖像画。是否是因为画面中的他显得有点紧张、自负，就像一个肩部被刻意加宽但实则矮小瘦弱的男子？在《塔朗窃贼》(*Le Voleur de talan*，1917年）一书中，皮埃尔·勒韦迪（Pierre Reverdy）回忆到，诗人在摆姿势时“不停地说话”；“他的声音就像敲打窗户的雨滴般响亮”。[57]这么的百无聊赖吗？后来，谷克多这样说道：“这不像我，更像是莫迪利亚尼，这样更好。”[58]基于这样的思路，毫无疑问，画家想要借鉴毕加索的创作方式，面对他人认为格特鲁德·斯泰因（Gertrude Stein）的肖像画与本人并不相似的质疑，画家应该会回答说“模特儿最终会变得与这幅画相似”。在这一点上，我们不得不赞同毕加索的观点，每一代人都是通过艺术家的眼睛来认识过去的人。从此，在集体记忆中，谷克多更接近于莫迪利亚尼为他画的肖像画。

尽管得到了很多赞扬，并且蒙帕纳斯对画家来说象征永恒，[59]诗人还是在1951年3月将这幅画卖给了亨利·珀尔曼（Henry Pearlman）。这

第139页图
《让·谷克多肖像》(*Portrait de Jean Cocteau*)
1916年
纸本石墨铅笔，42厘米 × 26.3厘米
阿姆斯特丹，荷兰国家博物馆藏

上图
莫伊斯·基斯林作品
《让·谷克多在工作室坐像》(*Portrait de Jean Cocteau assis dans l'atelier*)
1916年
布面油画，73厘米 × 60厘米
瑞士，日内瓦小皇宫美术馆藏

右页图
《让·谷克多》(*Jean Cocteau*)
1916—1917年
布面油画，100.4厘米 × 81.3厘米
美国，普林斯顿大学艺术博物馆藏

位美国富豪成为精致且富有激情的莫迪利亚尼的收藏家，他还从其他地方获得了雕塑家莱昂·因登鲍姆（Léon Indenbaum）的肖像画（1916年），并在1954年买下了在石灰石上雕刻的细长头像（*Tête*，1911年，第67页）。谷克多更加喜欢那幅更接近基斯林的修长版肖像手稿（1916年，第140页），并将其陈列在家中，以及雅克-埃米尔·布朗什（Jacques-Émile Blanche，1861—1942年）为他画的那幅更受欢迎、更布尔乔亚的肖像：《最终的肖像画》，绘于1913年，是一幅全身立像，身后是一只小狗和几只彩球（法国鲁昂美术馆藏）。布朗什曾经以精湛技艺绘制过多幅谷克多坐像，其中的一幅就和莫迪利亚尼的那幅采用了一模一样的姿态。

我们无从得知莫迪利亚尼是否曾看过雅克-埃米尔·布朗什关于谷克多的作品或1895年那幅奥伯利·比亚兹莱的肖像画，莫迪在年轻时曾从这位才华横溢的插画家那里汲取了不少灵感。但是，将这两位艺术家为谷克多创作的肖像画放在一起，就如同安德烈·马尔罗（André Malraux）把亚历山大·卡巴内尔（Alexandre Cabanel）的《维纳斯的诞生》和马奈的《奥林匹亚》放在一起是同样的初衷：即使创作者竭尽全力去挑战现实，也从未忘记这是一幅画，这是对绘画对象的最理想化的表达。莫迪利亚尼的《谷克多肖像》正是一幅画家直面现实的粗糙并从中演绎的绘画作品，更重要的是，通过作品与过去的艺术进行对话。1917年，莫迪利亚尼在一幅新作上写下了这些文字："亲爱的谷克多，我们只有通过创造才能接近真相。"

比利时诗人兼评论家弗兰茨·海伦斯（Franz Hellens）的肖像创作于1919年，这一年，他刚刚出版了杂集《夜》（*Nocturnal*）。在这幅头像中，下垂的肩膀如同梦境中的竖立纪念碑，轮廓鲜明。红色的嘴唇与猩红色的领带相呼应。

莫迪利亚尼还画了不少女性艺术家，比如苏珊·瓦拉东，就是这幅《年轻的洛洛特》（*Jeune Lolotte*），她是老朋友安德烈·厄特的妻子，战友莫里斯·郁特里罗的母亲。她也曾为图卢兹-劳特雷克或雷诺阿做过模特儿——这种神韵在这幅肖像画中有所体现。高耸的发型在视觉上拉长了她的脸，双眼睁得很大，非常"莫迪利亚尼化"。然而，在她自己的绘画中，尤其是1893年的自画像（美国休斯顿美术馆藏）则完全以暖色调绘制。1916年，莫迪为夏娜·奥洛夫（Chana Orloff，出生于俄罗斯的以色列装饰艺术和具象艺术雕塑家）画了一幅肖像，并用希伯来语写道："夏娜，拉斐尔的女儿。"[60]

上图
弗兰茨·海伦斯（*Franz Hellens*）
1919年
布面油画，46厘米×34厘米
私人藏品
细节图在第144页

右页图
《年轻的洛洛特》（*Jeune Lolotte*）
1918年
布面油画，92厘米×60厘米
私人藏品

modigliani

莫迪利亚尼的笔下，同样画过艺术家们的妻子。其中就包括奥黛特·海登（Odette Hayden）的三幅肖像画。她又被称为德迪（Dédie），是立体派画家亨利·海登（Henri Hayden，1883—1970年）的第一任妻子。第一幅肖像绘于1917年，被保罗·纪尧姆收藏；第二幅绘于1918年；而第三幅名为《坐着的女人》（*Femme assise*，1919年）。[61]1918年的这幅令人印象深刻：画面上的女人侧坐着，头转向我们，她身着一身黑裙，其厚重鲜明的轮廓令整个半身像呈现出一种雕塑般牢固的姿态。遍布整个画面的绿色斑点平衡了颧骨和嘴唇的红色，以及头发、木头椅子的棕红色调。德迪（这个昵称与阿梅代奥的昵称"迪多"形成一种韵律）的姿态放松，仿佛在神游，整体虽然是绘画，却与人以一种雕塑般的感觉。在这个女性系列中，也包括了他朋友基斯林的妻子勒妮（Renée，第190页）。

莫迪利亚尼并不满足于表现他的另我（*alter ego*，另一个自我，通常被认为与一个人正常或原有的性格有鲜明区别），画家或雕塑家，甚至还有诗人、商人乃至随行人员。在他的《雅典学院》中更加入了众多当代艺术的新面孔，包括摄影师迪列夫斯基（Dilewski，第200页）、场景设计师里昂·巴克斯、未来的实验电影新星维京·埃格林（Viking Eggeling）以及著名法国影星加斯东·莫多（Gaston Modot）。[62]他开始对表演艺术和电影产生了热情。这种激情也反映在了一些画作中，例如《两个孤儿》（*Les Deux Orphelines*，1916—1917年）[63]这幅画，就是从阿道夫·德纳里（Adolphe d'Ennery）和欧仁·柯罗蒙（Eugène Cormon）的五幕悲剧中获取了灵感，该剧于1874年首演，在创刊于1903年10月23日的《大小说家，流行画报》（*Les Grands Romanciers, journal populaire illustré*）上进行连载。1915年，赫伯特·布雷农（Herbert Brenon）将该剧改编成电影剧本——早于格里菲斯（Griffith）的版本，后者完成于画家去世之后（1921年）。关于这两个孤儿——其中一个是盲人——的苦难故事发生在法国大革命前夕，艺术家最钟情的18世纪。[64]同样，或许我们应该将利奥波德·兹博罗夫斯基收藏的两幅创作于1918年的宗教主题手稿，与同年恩里科·瓜佐尼（Enrico Guazzoni）根据塔索（Tasse）的同名著作改编的电影《耶路撒冷的解放》（*La Jérusalem délivrée*）进行比较研究。[65]

除了真实存在的人物——他的朋友们——莫迪利亚尼更倾向于类型和人格表达：马克斯·雅各布是特伊西亚斯（Tirésias，古希腊神话人物）或诗人荷马；保罗·纪尧姆是维吉尔，"新的领航员"；比阿特丽斯·黑斯廷斯则是但丁的比阿特丽斯（*Beatrix*）。但看到这些肖像画，我们就明白莫迪利亚尼在"国际联盟"艺术家们脸上所感受到的耀眼与好奇，这里借用了阿道夫·巴斯勒的形容，他们来自欧洲乃至全世界的不同地区不同文化。他在小酒馆桌子旁或在工作室偶遇了他们：巴勃罗·毕加索、迭戈·里维拉、亨利·劳伦斯、苏珊·瓦拉东、沙娜·奥尔洛夫、柴姆·苏丁，还有许多其他值得一提的人物，这还不包括诗人们。如果说莫迪利亚尼是巴黎画派的拉斐尔，那么他的《雅典学院》则比原作更加国际化，并在更短的一个时间里将他们聚集在同一地点，成就了历史上独一无二的时期。不过，直到1925年画家去世之后才被学界命名，也可以说是一个神奇的伏笔。第二次世界大战后，能做到如此程度的有摄影师曼·雷（Man Ray）、马克·沃和布拉塞（Brassaï），但在第二次世界大战前，唯有莫迪利亚尼。

右页图
《德迪肖像》（*Portrait de Dédie*），
原名奥黛特·海登
1918年
布面油画，92厘米×60厘米
巴黎，法国国立现代艺术美术馆藏

modigliani

一个社会的群像

一方面，莫迪利亚尼记录下了巴黎画派中各位大师的形象，另一方面，他也并没有将目光只局限于自己的同温层。可以说，他是某种“视觉调查”的发起者，并且这一调查的对象各式各样。他的作品虽然描绘的都是单个人物，但共同构成了一幅社会的肖像。他独到的眼光知道如何从姿态、服装、特征、外表乃至眼神中跳脱出来，最终挖掘出个体与集体之间的关系。首先，他最浓墨重彩关注的是笔下的女性，通过姿态传递出其所从事的职业。第一次世界大战前，这些“偶遇”通常发生在位于蒙帕纳斯大道和哈斯拜耶大道十字路口著名的“模特儿市场”。此外，还有中产阶级、富太太，也有手工业者、商人、女仆和学徒这样的小人物。安德烈·瓦诺德在1933年回忆道：“只要花上20法郎，他就可以为请他吃晚餐的人画一幅素描肖像；花上75法郎，就可以拥有一幅完美的油画肖像。”[1]他对于人的差异性毫不掩饰，或许艺术家对于人的共同点——也就是我们今天所说的社会性——有某种直觉。他笔下的人物属于彼此，因为他们属于同一个时代、同一个社会。一个社会正是在社会角色的出现、削弱和消失中不断进化演变。莫迪利亚尼的作品与众不同的原因之一是，当他在1920年离世时，巴黎已经不再是十五年前他初到蒙马特时的那个巴黎了。

现代人

对于初次接触其作品的人来说，这一时期的莫迪利亚尼的全身心投入似乎在某种程度上成就了巴黎画派的肖像风格。的确，从《年轻女子》（*La Jolie Ménagère*，1915年）到《喝酒的男人》（*L'Homme au verre de vin*，1918—1919年），都是关于平凡得不能再平凡，甚至有些平庸的日常生活主题！再仔细看，他的这类肖像构成了一种历史视角。《年轻女子》可以与卢浮宫收藏的那幅让-西美翁·夏尔丹（Jean-Siméon Chardin）的《集市归来》（*La Pourvoyeuse*，1739年）形成“对话”。画面背景中的标题铭文处还画了一个梳妆台，这是艺术家罕见的静物画之一。女人手臂上挎着一个装满食物的篮子，一根丝带把头发束起。尽管身着围裙，她的优雅姿态才是这幅画的真正主题：在熟悉的家庭环境中的日常之美。《喝酒的男人》呼应的则是塞尚的《饮酒者》（*LE Buveur*，1891年，费城巴恩斯基金会藏品）。与同时期的胡安·格里斯、弗朗齐歇克·库普卡、索菲西（Soffici）、凡·邓肯恰恰相反，莫迪利亚尼并不给当时的讽刺周刊［如《黄油盘》（*L'Assiette au beurre*）、《大笑》（*Le Rire*）］画插画，他追求的是现实主义或自然主义的脉络。莫迪利亚尼延续了塞尚和马奈的精神——《女服务员》（*La Serveuse de bocks*，马奈作品，1879年，奥赛博物馆藏）描绘的是他留在苏黎世的女仆。[2]他的那种有时并不协调的优雅还让人联想到杜安尼尔·卢梭（Douanier Rousseau）。

他开始绘制他的“人间喜剧”［译者注：这里作者引用了文学界的说法，源自巴尔扎克，巴尔扎克一生创作出91部小说，塑造了2472位人物形象，合称为《人间喜剧》（*la Comédie Humaine*）］，其范围甚至包括“阿帕契人”（Apaches），[3]即那些手持刀具的街头混混。艺术对他来说是一种（理想主义的？）消除社会差异的虚构手段。无论富有或贫穷，画家对所有的“模特儿”一视同仁，哪怕有些人特地花钱买下其他人的肖像画，只为了做一次画家的模特儿。两次世界大战之间的资产阶级喜欢这种类型的肖像，逐渐成为巴黎画派的标志。毫无疑问，在波尔博特（Poulbot）的介于可爱和媚俗之间的流行脉络与莫迪利亚尼的作品存在着天壤之别，莫迪利亚尼赋予他的人物一种前所未有的、介于从容和超然之间的悖论之美。

右图及第154页图
《年轻女子》（*La Jolie Ménagère*）
1915年
布面油画，110.5厘米×49.8厘米，
费城，巴恩斯基金会藏品

第148页图
《玛丽，人民的女儿》
（*Marie, fille du peuple*）
1918年
细节图，全图见第160页

右页图
《喝酒的男人》（*L'Homme au verre de vin*）
1918—1919年
布面油画，92.5厘米×54.5厘米，私人藏品

modigliani

Modigliani

在古代，人物角色（*persona*）特指戏剧面具。今天，角色（*personnage*）代表的是一个人在社会中所扮演的角色。另一方面，一个人的个性（*personnalité*）是他自己的性格，也是内心自我的折射。这两者是紧密相关，无法彻底分开的。在西方艺术中，数百年肖像画历史的驱动力之一正是通过塑造人物形象来带出人物个性。艺术家经过训练的眼睛可以发现并凸显模特儿的生理、心理、情绪以及主观态度。不过，画家也可以塑造一个面具，只向社会展示那些在其中扮演重要角色的人，如凡·高、斯坦伦或劳特雷克这样的大师。通过从卑微的小人物和工人中选择绘画主题，展示出他们在追随库尔贝的方向。但更重要的是，他们创造了一种与学院派彻底决裂的风格，将责任感与创新结合起来。

随后，以塞尚为代表的现代性所造成的断裂，使艺术活动朝向一种与任何社会需求相关的更加自主的方向发展。撇开心理学，肖像画家专注于分析可见行为和现实场景。现象学经验在艺术中的逼真体现，甚至是与他者相遇的本体论证明，譬如贾科梅蒂在20世纪下半叶仍旧在模特儿面前绘画的主要动机出自于此。格奥尔格·齐美尔（Georg Simmel）早在1901年就已经预见到："除了面孔，世界上没有任何形象可以让如此多样化的造型和布局归于一个如此绝对意义的同一性。"[4]

承继了图卢兹-劳特雷克、施泰因伦、马克西米利安·卢斯（Maximilien Luce）或卡米耶·毕沙罗（Camille Pissarro）等人在他之前建立的阅读体系，这个里窝那人已经懂得如何通过塑造不同类型的人物来呈现一幅鲜活的"现代人"画卷。作为一个敏锐的观察者，莫迪利亚尼知道如何捕捉具有标志性的物件，比如十字架、吊坠、发型、服装以及能表明人物社会属性的姿势。从这一点来说，他是在一个不断进步变化的世界中描绘现代性。然而，作为一名现代画家，他更喜欢描绘那些模特儿从设定的精确角色中逃离的时刻与姿态：遐想、郁闷、惊讶、恐惧甚至退却，从而超越了这类绘画的狭隘范畴。对人物进行性格分析与统一表达极为相似的风格探索，都不是他的唯一目的。今天当我们面对这些作品时，正是画中人那种少言寡语、沉静但同时又极具张力的、激动人心的存在使人沉迷其中：这是一种无法想象的敏感与形而上的结合。艾米莉·绍布-科赫在1933年注意到了这一点："莫迪利亚尼努力寻找符合自己要求的对象：工人、乞丐、卑微的年轻女孩，以及被他施以恩惠的孩童们；在讽刺心理学领域取得惊人成就的朋友们；最后是新欧洲的女性，他为她们设定了明确的角色，并以自己设计的美丽皇家印章为标志。"[5]

1915年，莫迪利亚尼开创了一种前所未有的姿势表达模式：双手置于大腿上，头部向一侧倾斜，这取代了之前常用的直立，头部向前或后倾斜的姿势。在《小露易丝》（*La Petite Louise*，1915年，右图）这幅画中，置于浅色围裙上的结实双臂颇有几分毕加索的味道。将劳动妇女的形象英雄化的同时，微斜的脸庞姿态优雅，重现了意大利传统的悲情（*pathos*）。莫迪在小露易丝的肩上搭了一条披肩，让她在整个创作过程中不至于感到寒冷。整个人物给人的印象是，当手头没有了家务琐事，她手足无措的窘态。整体姿态的僵硬和笨重与微斜的脸庞形成鲜明对比，脸上的表情似乎在沉思，抑或是假装漠不关心，而对于画家来说，他标记了一种全新的严肃感。这种严肃感与年轻女工在摆姿势时与艺术家分享的忧郁情绪相关联。

第152页图
《坐在壁炉前的女人》（*Femme assise devant une cheminée*）
1915年
布面油画，80.5厘米 × 64.5厘米，
莫斯科VAC基金会藏品

上图及第155页图
《小露易丝》（*La Petite Louise*）
1915年，
布面油画，74.6厘米 × 51.7厘米，私人藏品
放大图在第155页

La petite

在莫迪利亚尼的画中，有一个真正以她们名字来称呼的法国女工（Grisette，特指17世纪末期的法国工人阶级妇女）绘画系列。《勒妮》（*Renée*，1917年，第158页）有一头金红色的头发，如圆柱般纤细修长的脖子衬托出她所佩戴的十字架。《阿德里安娜》（*Adrienne*，1917年）是一位留着男孩般短发和刘海的年轻女子，一只胳膊放在椅背上，手轻轻扶着脸颊，头转向画家。《洛洛特》（*Lolotte*，1917年）——看起来很像图卢兹-劳特雷克笔下的人物——噘起的小嘴，闪闪发光的眼眸，颧骨上停着一只苍蝇，扣眼上还插有一枝玫瑰；我们甚至可以猜测在她旁边还放了一顶小帽子。即使她是顽皮的，这一头蓬松的红棕色辫子也赋予她一种难以言表的严峻感，一种温柔的严肃。这就是她真实的形象，独一无二。夏洛特，也被称为洛洛特，或洛拉，透过绘画的恩典短暂地逃离现实，现实中的一个瞬间，成为艺术中的永恒。《阿梅德夫人》（*Madame Amédée*，又称《吸烟的女人》，1918年，第159页），如同《穿着晚礼服的年轻红发女人》（*Jeune Femme rousse en robe de soirée*，第167页）一样，是更受欢迎的版本。这幅画更立足于日常，同时又超越了现实，抓住了一个人物放松自在、本性流露的短暂时刻。人物整体的姿态并不像“红发少女”一样，被固化成僵硬、一板一眼的六角形，但是画家的出发点是一样的，阿梅德夫人的左手插在口袋里，拿着香烟的右手与黑色连衣裙相连。V形领口框出了肤色的三角区域，头部的五官略微模糊，但依旧表现力十足。神色自信满满，或者更准确地说她试图不让自己流露出一丝软弱，令人惊讶的温柔全部隐藏在一张惯于招揽生意的酒吧或餐厅老板娘的面具下。画家将人物左边的轮廓描绘得更加分明，利用光线，营造出一种拿着香烟的手在移动的感觉，从而在观者身上产生一种无法抑制的动觉。

《玛丽，人民的女儿》（*Marie, fille du peuple*，1918年）和《人民的年轻女孩》（*Jeune Femme du peuple*，1918年）描绘的是同一位刘海女孩（第160、161页）。第一张肖像中，人物在木镶板背景的映衬下显得格外醒目，第二幅中的女孩则在一张金属弹簧床前，墙上还挂了几幅相框。两幅画中的黑色外套都很漂亮，并且都加入了一些精致的配饰：一个佩戴着珍珠耳环和蕾丝缎带，另一个则在脖子上围了一条黑色丝带。她是女工还是妓女？她是在画家的工作室还是在自己家中摆姿势？没人解得开谜团，但可以肯定的是，莫迪利亚尼对这个人、对女性所表现出的绝对尊重，这种尊重也直接体现在了画作的标题《人民的年轻女孩》中。身无分文的艺术家和人民的女孩似乎在这种令人敬佩的朴素中达到了完美且和谐状态。

在这个由普通人构成的画卷中很少有男人的形象。1916年绘制的这幅裱画商兼经销商康斯坦·勒普特（Constant Lepoutre）肖像是为数不多的一幅。匠人的双手有着纤细修长的手指，身着一件米黄色夹克，扣子扣到领口，勉强露出里面的白色衬衫和领带。[6]头戴一顶帽子，左眼闭着（暗示这是一只内心之眼）：莫迪利亚尼显然也属于那些希望在裱画时获取一些折扣让利的艺术家之列。一年之后，勒普特以150法郎的价格将他的第一幅莫迪利亚尼的画作卖给了收藏家罗杰·杜蒂耶（Roger Dutilleul）。[7]演员加斯东·莫多[8]的肖像画于1918年的尼斯，当时他在那里工作，作品展现了一个“海报式的肖像”：画面中的人物脸很大，有着长长的脖颈，仿佛一个旅行嘉年华（la fête foraine）杀人游

上图
《洛洛特》（*Lolotte*）
1917年
布面油画，55厘米×35.5厘米，
巴黎犹太艺术与历史博物馆展出，蓬皮杜艺术中心藏品

右页图
《阿德里安娜》（*Adrienne*）
1917年
布面油画，55.3厘米×38.1厘米，
华盛顿国家艺廊馆藏

Modigliani

上图
《勒妮》(*Renée*)
1917年
布面油画，61厘米×38厘米，
圣保罗艺术博物馆藏

右页图
《阿梅德夫人》(*Madame Amédée*，又称《吸烟的女人》)
1918年
布面油画，100.3厘米×64.8厘米，
华盛顿国家艺廊馆藏

modigliani

戏（译者注：jeu de massacre，一种嘉年华的老式机械游戏装置）里的人物。

而在社会阶层链的另一端则是优雅的上流社会和资产阶级。现代女性，或者更准确地说，莫迪利亚尼化的现代女性。莫迪利亚尼知道如何赋予女性以少年感，如《戴黑领带的女人》（*La Femme à la cravate noire*，1917年，第162页），这是来自文艺复兴时期画家帕尔米贾尼诺（Parmigianino，也称Parmesan）的《长颈圣母》（*Madone au long cou*，1534—1535年，佛罗伦萨乌菲兹美术馆藏）的灵感。优雅也镌刻在这幅《乔治·范·穆登夫人》（*Madame G. van Muyden*，1916—1917年，第163页）的肖像中：灰绿色低胸连衣裙衬托出弧线优美的肩膀，领口内露出一小截白色内衣，削弱了V领的凌厉感，并与腰部的白色腰带相呼应；右手拎着一个手提包，好像摆完姿势后就要外出参加派对了。在整个人物造型中，画家多次使用小圆弧线，在不同位置加强了女性风韵，优雅地献身于欲望：脖颈下方，胸衣的凹处，左臂上的手镯，手提包把手。从另一个角度来看，连衣裙上的垂直线条如同花茎，而人物脸上少许的腮红和口红仿若花朵的晕红，裸露的肩膀和前胸则可以看作是花冠。这部分身体可以被解读为一个包含了各种装饰属性的物体：折扇、壁灯又或是花瓶。甚至可以说，从乔治·范·穆登夫人敞开的领口

上图
《玛丽，人民的女儿》（*Marie, fille du peuple*）
1918年
布面油画，61.2厘米 × 49.8厘米，
瑞士，巴塞尔美术馆藏

右页图
《人民的年轻女孩》（*Jeune Femme du peuple*）
1918年
布面油画，89.5厘米 × 64.1厘米，
美国，洛杉矶郡立美术馆藏

modigliani

上图
《戴黑领带的女人》（*la Femme à la cravate noire*）
1917年
布面油画，65厘米×50厘米，
私人藏品

右页图
《乔治·范·穆登夫人》（*Madame G. van Muyden*）
1916至1917年
布面油画，92厘米×65厘米，
圣保罗艺术博物馆藏

modigliani

可以看到几分装饰艺术（Art déco）的韵味。

《着蓝色胸衣的女人肖像》（*Portrait de femme au corsage bleu*，约1916年）则是一幅正面肖像画。她的蓝眸在眉毛的衬托下更加明显，与胸衣的色彩相呼应。在这个平静的、以中轴为中心的整体构图中，画家加入了多种细微的变化。背景上的水平线由房间内的镶板或壁柜构成，作为脸部比例的参考——标记了前额到鼻翼之间的距离等于鼻翼到珍珠项链之间的距离——就像是五线谱的横线一样。根据塞尚的原则——且早于贾科梅蒂——人像头部以下的构图结构，虽不明显，但让观看者从视觉和精神层面上可以感知空间的一致性。胸衣上装饰有V形纹样，硬朗的线条标识出手臂和胸部，这一手法在1915至1916年的莫迪利亚尼作品中很常见。在非生命与生命，人与傀儡之间建立起某种辩证关系。

在1917年和1918年，同一个红发女人先后三次作为模特儿出现。第一幅画中，她身着饰有白色纱领的黑色连衣裙。侧身而坐，仿若神游。左臂随意搭在椅背上，左手下垂，纤细的手指仿佛随时准备着拨动竖琴琴弦。整体散发出一种和谐感，由平面、线条和色彩的微妙对比，轻柔的背景和精致的轮廓共同构成，有几分玛丽·罗兰珊（Marie Laurencin）的风格。身体和椅子形成的角度巧妙地将画面分割成不同区域，似乎有透视的深度，但同时也不影响图像和画作表面的平行关系。身体和头部向左前方倾斜，而手臂向后伸展，并且唯一可见的左手

上图
《着蓝色胸衣的女人肖像》（*Portrait de femme au corsage bleu*）
约1916年
布面油画，61厘米 × 45厘米，
私人藏品

右页图
《年轻的红发女人》（*Jeune Femme rousse*）
1917年
布面油画，92.1厘米 × 60.7厘米，
华盛顿国家艺廊馆藏

modigliani

似乎也在向下用力，以此来获取整体平衡。由手臂和微斜的头部形成不连贯对角线——一侧起点略高于画面左上角——与头发竖线和下垂右臂形成的垂直线相交。艺术家无意识的矫饰主义塑造出了一个像蛇形一样扭转的人物（译者注：figure serpentine是绘画和雕塑中的一种风格，旨在使人物看起来更加动感，这是典型的矫饰主义，其特征通常是螺旋形，早期的例子常见于达·芬奇、拉斐尔和米开朗基罗的作品），完全区别于对立平衡（*contrapposto*）。弧线和表示肩膀与膝盖的色块将整个人物拽向画面下方，有着镂空椅背的座椅上方，以明亮的色彩勾勒出有着深邃眼眸的脸庞、浅色的头发和孤零零的一只手。

通过这幅肖像，莫迪利亚尼构成了塞尚修正过的风格主义传统的一部分。以灵活的涂抹法绘制明亮的背景，简单粗暴地衬托出不同色块的体积和层次，在人物和背景之间营造出巨大反差（交叉的双腿呈半球状，身体呈平行六面体，头部和颈部则如同圆锥体和圆柱体的结合，仿佛一个大写的箭头）。

在1918年的另外两幅画中，模特儿身着晚礼服，双肩裸露。在肖像《戴项链的红发女人》（*Femme rousse portant un pendentif*）中，深蓝色杏仁眼中的瞳孔闪烁着光芒。这一抹蓝色与头部在墙上投下的阴影相呼应，同样是蓝色调的还有画家沿着脖颈、肩膀和左前臂勾勒的轮廓。模特儿坐在一把木椅上，椅背的一根木柱从她的右臂后显露出来。在黑色连衣裙上，与双眼相同的蓝色突出了双腿交叉的线条以及衣物的褶皱。在第三幅肖像《穿着晚礼服的年轻红发女人》（*Jeune Femme rousse en robe de soirée*）中，整个构图更宽阔。模特儿坐在一把扶手椅上，右臂沿着扶手弯曲。在戴项链的那幅肖像中，画家采用了同样的几何体来塑造脖子和前臂。珠宝首饰、顺着大腿曲线摆放的纤细双手打破了这个略显僵硬的构图，而一条棕色线条勾勒出两只前臂，然后与椅子的棕色线条汇合。人物周围的棕色和蓝色边框，反复绘制的高光和线条，是赋予人物具体存在感的造型手法。另一方面，《穿着晚礼服的年轻红发女人》的构图完全基于人物的整体轮廓，在三个分布均匀的色块衬托下跃然纸上：黑色长裙，棕红色沙发和以灰蓝色为主的斑驳背景。年轻女人的姿势构成了六边形几何框架的一部分：右前臂、右上臂、肩线，左上臂、左前臂以及右手食指和左手可见部位之间的，隐藏在裙子褶皱之下的间隙。头部的倾斜和整体姿态的细微偏差将观者的视线引入到缓慢的旋转中，画家通过对色块进行圆润处理来构建这一组合：扶手椅和裙子。然而，与非常极简的整体造型结构形成巨大反差的是，如此简单的姿势所展示的非同一般的表现力。

还有一些富有的合作伙伴也给莫迪利亚尼当过模特儿。玛丽-艾米丽·赛诺（Marie-Amélie Senot）报道了前一个绘画时期主要的收藏家之一罗杰·杜蒂耶对莫迪利亚尼的画作的反馈。[9]1917年夏天，当罗杰从前线回来，在保罗·纪尧姆处发现他的作品时感到了“震惊”。而另一个惊喜是两年后，当这位低调的绅士抵达自己位于巴黎8区的家中时，这位艺术家带着一大张油画布，来为他画一幅肖像。杜蒂耶在自己的笔记本上记下了写真的过程：第一次是6月16日，历时一个半小时；第二天历时2小时；6月18日，历时4小时。他觉得莫迪利亚尼“非常敏锐……出类拔萃，有着与生俱来的修养……是个真正的能令人愉快地进行交易的人”。[10]杜蒂耶留着灰白色的小胡子和鬓角，画中的他身着布尔乔亚式的晚礼服、白衬衫，打着领带。站在蓝灰色的背景前，右边挂着一幅绿色窗帘。黑色礼服与浅色背景所形成的强烈反差将人物凸显出来，而面部的苍白色调则和窗帘边缘从上至下的黄色带采用了相同的调色。收藏家握着一支烟斗——这是杜蒂耶非常喜欢立体派绘画的点睛

上图
《戴项链的红发女人》（*Femme rousse portant un pendentif*）
1918年
布面油画，92厘米×60厘米，
科普罗维茨-欧米茄资本集团藏品

右页图
《穿着晚礼服的年轻红发女人》（*Jeune Femme rousse en robe de soirée*）
1918年
布面油画，116.2厘米×73厘米，
美国，费城巴恩斯基金会藏品

modigliani

modigliani

modigliani

之笔——象征烟斗的棕红色块虽然不大，但与绿色窗帘形成了和谐的互补。就好像通过黑与灰白的对比构建了画面的主调，然后在画布上添加了丰富的和声，伴随着精湛的纹理变化：画面左侧的画笔笔触清晰可辨，而整体上则更趋向于中心。其运笔亦可圈可点。轮廓是在着色后用细画笔再描绘加强的：一条浅色线条强调出腿部和躯干，而深色线则让头部从浅色背景中跃然而出。画家打破了黑色礼服的暗色块：从双腿的交叉处、椅背、双手、袖口乃至衬衫，沿着人物轮廓如同由下往上地发着微光，直到脸部。然后微斜的目光引人看向画面右上角的画家签名。杜蒂耶从保罗·纪尧姆手中买下了大量艺术家的作品，特别是在莫迪利亚尼去世以后，他个人的偏爱和品位更倾向于选择画家早期和“立体主义”时期的作品，例如基斯林的一幅肖像画（第11页）。杜蒂耶甚至用一幅珍妮·赫布特尼的肖像去交换了《拿衬衫的裸体坐像》（*Nu à la chemise*，第219页），对他来说前者有点过于模仿佛罗伦萨画派。

《戴绿色项链的女人》（*Femme au collier vert*，1919年）画的是著名的巧克力商人的妻子西蒙娜·梅尼尔（Simone Menier）。这是画家最出色的肖像画：黑色连衣裙在柔和的淡紫色和绿色调的映衬下格外醒目；近乎完美的鹅蛋脸下，一条绿色长项链下方似乎还挂着一个“M”代表人物姓氏的首字母。双手手指奇怪地交叉在一起，似乎是为了呼应画中字母复杂的肌理。出现在1908年的这幅名为《持拐杖的男人》［（*Homme assis (appuyé sur une canne)*）］[11]中的人物可能就是乔治·梅尼尔。在2016年的巴拿马文件一案之后，这幅肖像成为法律诉讼的核心：它可能是第二次世界大战期间被掠夺的犹太人财产。而画作标题没有提到的乔治·梅尼尔的身份也无法得到确认。然而，我们确定的是，艺术家的朋友安德烈·德兰在1917年画了一幅他的《保罗·波烈肖像》（*Portrait de Paul Poiret*）的副本（格勒诺布尔美术馆藏）。[12]德兰画的这幅时装大师的肖像与莫迪利亚尼最早想要通过雕塑建立的拜占庭塑像的严谨风格有不止一个共同点。我们并没看过那幅莫迪利亚尼绘制的原作。尽管如此，保罗·波烈（Paul Poiret）还是保留了不少莫迪利亚尼的作品，大部分是购于由她妹妹日耳曼娜·邦嘉（Germaine Bongard）策划，在1915年12月和1916年3月于邦提耶伍街8号（8，rue de Penthièvre）举行的展览，以及1916年7月，安德烈·萨尔蒙在昂坦大道26号（26，avenue d'Antin，巴黎第八区）的设计师的私人豪宅中举办的《当代艺术在法国》展（*L'Art moderne en France*）。这里也以“昂坦沙龙”（Salon d'Antin）而闻名于当时的巴黎。也正是在这里，毕加索的《亚维农的少女》首次面向公众展出。

左页图
《罗杰·杜蒂耶肖像》（*Portrait de Roger Dutilleul*）
1919年
布面油画，100.4厘米 × 64.7厘米，私人藏品

上图
《戴绿色项链的女人》（*Femme au collier vert*）
1919年
布面油画，92厘米 × 54厘米，私人藏品

变化的世界

第一次世界大战深刻地改变了社会生活。这场“全面战争”所带来的史无前例的暴力创伤，被“野蛮对待”的人际关系，都给人们留下了不可磨灭的印记。然而，在莫迪利亚尼的作品中，或许是由于他远离战斗和前线，很少直接见到战争的影子。最多是在几幅肖像中有所显露：几名身穿制服的士兵、一名戴军帽的年轻军人、1917年的《帅气的军医》(*Beau Major*，又名为德夫海涅医生)、[13] 1918年的《祖阿伍》(*Zouave*)[14]。最后这一幅更多地受到艺术史的启发，而不是当代艺术，它令人联想起凡·高的同名画作。要如何解释莫迪利亚尼的作品对当时（战争）历史背景的忽略？一个极有可能的假设是他通过创作来忘却或反对战争。他的艺术也没有受到费尔南·莱热的“机械形态主义”（译者注：mécanomorphisme，将机器的特征应用于生物和人类身上）或在乔治·德·基里科那里可以看到的“人体模特儿化”（译者注：mannequinisation，绘画的一种技法，将人物动态进行人体模特儿式的分解以造型）的影响。与此同时，我们也可以看到战争在对后方社会所产生的显而易见的变化：军队将来自农村和城市的人口混合在一起，从殖民地招募的军团看到了大城市，女性获得了新的角色，并要求承认她们的社会地位。这些具有持续性的社会变化源自战争本身，而莫迪利亚尼如果不是因为健康问题未能参与战争，他就会觉察到这些变化。不过，他参与的方式更有意义，由于他的边缘社会性和作为一个艺术家高于普通人的精神力量，引导他从更加宏观的角度来思考，甚至可以说，这是他以往的意愿中就呼吁过的彻底改变。由此看来，他的作品既是记录社会动荡的地震仪，又是一个放大器。体现出一种新精神——一种基于未来“纯粹主义者”柯布西耶和阿梅德·欧森冯（Amédée Ozenfant）的、有分寸的现代形式，有时让人联想到工业设计。[15] 与此同步的是莫迪对现代社会变化的关注：妇女解放运动，夫妻关系高于家族关系，对青春期和童年的重视，社会阶层的重新分配……

青少年形象开始频繁出现在莫迪利亚尼的画中。那些因为年幼而未上前线的男孩们，在苦难和贫困中成长，他们的童年被战争用另一种方式夺走。他们的父亲在前线死去，为了弥补男人们的空缺，他们的母亲前往工厂、田地和车间工作。他们的家和自我意识也因此被颠覆。男孩们很快就不得不面对更加残酷的事实：他们将成为学徒、工人或雇员。比如这幅保罗·纪尧姆收藏的《年轻学徒》(*Le Jeune Apprenti*，1918—1919年)：一个年轻人靠着一张花式桌腿的桌子陷入沉思中，令人联想到巴尔蒂斯（Balthus）的人物画。画面氛围并非年轻人的白日遐想，而是更多因为现实处境而陷入无可抑制的忧郁。一个全新的重心出现了，事物本身重新回到其应有的位置。画家用圆拱形的米色色块来概括年轻人的腿和裤子，没有明显的转折点，略带粗糙的质感和优雅与精确的画风形成反差，桌子腿和左腿膝盖靠在一起，应当是有意而为。艺术家颠倒了生命体和静物的极性（译者注：polarité，指具有两个相反极的系统或物体的属性，但这是一个化学词汇，这里用法存疑）。因此，可以说这幅画是在矛盾的历史背景下完成的：童年与破碎的梦想，等待完成的沉重工作。人物左侧椅背后的蓝色逐渐向下渗透没入前臂与肘部，而右侧腋下象征人物阴影的深棕色则与左侧的椅背形成呼应，莫迪利亚尼借此来寻求一种巧妙的色彩平衡。蓝色逐渐没于灰色或在边缘转变成水绿色调，棕色则在桌子上方变成了更为明亮的黄色。只有桌角的突出形状在提醒观众这是一件什么物品。

当时，莫迪利亚尼以忧郁的青少年为主题画了多幅作品，包括美国古根海姆博物馆藏的《年轻学徒》和《学生》(*Le Jeune Apprenti, L'étudiant*，1918—1919年，第174页)，法国国立现代艺术美术馆藏的《红发男孩》(*Garçon roux*，1919年，第175页）以及现藏于底特律的《戴帽子的年轻人》(*Jeune Homme à la casquette*，1919年)[16]，在我们看来，这些忧郁的少年和有着贵族血统的巴黎孩子同出一脉，他们是欧仁·德拉克洛瓦的油画《自由引导人民》(*La Liberté guidant le peuple*)中的顽童，他们也是维克多·雨果笔下的加夫罗契（译者注：Gavroche，《悲惨世界》中的人物，一度流落巴黎街头的野孩子）。他们甚至比蒙马特的波尔博特笔下的人物更有代表性，尽管后者的插画曾经登上过1908年《社会主义》(*Socialisme*)和1911年《人性》(*L'Humanité*)的头版。但谁会相信弗朗西斯科·波尔博特画的那些“熊孩子”？在莫迪利亚尼这里，既没有埃米尔·贝亚德（Émile Bayard）式的感伤主义（sentimentalisme），也没有曾经激发过年轻的凡·高的社会福音主义（évangélisme social），更谈不上真正意义的理想和反叛。臣服于命运的人物？不堪重负的青春？都不是，而是一种幻灭感：战争将无忧无虑的青春撕成了碎片。这里所表现的不是在赌气的孩子，也不是渴望延续已烟消云散的美好时代（译者注：Belle Époque，从19世纪末开始，至第一次世界大战爆发而结束）的人们。莫迪利亚尼笔下这些过早长大成人的孩子们带着秘密蜷缩回自己的内心世界，渴望逃离这个对他们弱小的肩膀来说不可承受之重的现实世界，被困在过去与未来之间，不见光明。与此同时，在艺术家眼中，他们被遗弃的境遇令人同情，这种因危机而导致的忧虑开启了一种童年的浪漫主义，这种风格在巴尔蒂斯为艾米莉·勃朗特（Emily Brontë）的小说《呼啸山庄》

右页图
《年轻学徒》(*Le Jeune Apprenti*)
1918—1919年
布面油画，100厘米×65厘米，
巴黎，橘园美术馆藏

modigliani

上图
《学生》(*L'Étudiant*)
1918—1919年
布面油画，60.9厘米×46厘米，
纽约，所罗门·古根海姆博物馆藏

右页图
《红发男孩》(*Garçon roux*)
1919年
布面油画，92厘米×55厘米，
巴黎，蓬皮杜中心-法国国立现代艺术美术馆藏

（*Les Hauts de Hurlevent*，1847年）绘制的插图和画作《布兰查德的孩子》（*Les Enfants Blanchard*，1937年，法国国立现代艺术美术馆藏）中可以找到。最后，这幅作品在1941年被毕加索收藏，当时他已经拥有了莫迪利亚尼在1918年绘制的《黑发女孩》（又名《坐着的棕发少女》，第184页），对世界有着同样的诗意记录。而这对于西班牙人（指毕加索）来说是他已经放弃了的；不，或许，他是并未感到遗憾的。

当一个特定年龄的个体确立其意义时，其他同龄人也被重新定义。在莫迪利亚尼的作品中，自1918年开始，出现了很多年轻男孩的形象：《看门人之子》（*Le Fils du concierge*，第178页）或1919年在卡涅（Cagnes）完成的《男孩》（*Le Garçon*，第273页）。在珍妮为他诞下第一个孩子之后，莫迪利亚尼毫无疑问地更加关注孩子，尤其是他朋友的孩子们。在他的笔下，孩子们属于一个没有暴力、没有忧虑的平行世界。这个世界是封闭的，青少年们必须怀着对过去的憧憬，否则也无法进入。

在《年轻女孩》中，少女的形象更加个性化。她不再是孩子，不再是那个莫迪利亚尼笔下散发着微光的小女孩，比如《蓝衣女孩》（*Fillette en bleu*，1918年）或《爱丽丝》（*Alice*，约1918年）那般笼罩在象征纯真的蓝色调中。在其他时候，小女孩不过是一个木偶或洋娃娃。或许，莫迪利亚尼想把关于童年的一些想象像节日一样保留下来——毕加索和雷诺阿就曾那样做过——交由委托定制这些儿童肖像的父母们使用？少女则完全不同：我们可以感受到蕴含着悲伤与忧郁情

上图
《穿蓝色外套的男孩》（*Le Garçon en veste bleue*）
1918年
布面油画，92.5厘米×61厘米，私人藏品

右页图
《穿短裤的男孩》（*Garçon en short*）
约1918年
布面油画，99.7厘米×64.8厘米，达拉斯艺术博物馆藏

modigliani

上图
《穿海军服的男孩》(*Garçon en marinière*)
1917年
布面油画，92.1厘米 × 60.3厘米，
费城巴恩斯基金会藏品

右页图
《看门人之子》(*Le Fils du concierge*)
1918年
布面油画，92厘米 × 60厘米，
私人藏品

modigliani

绪的距离感。前面提到的黑发女孩——毕加索收藏的那幅——就是一个代表性的作品：她的双手交叉放在大腿上，头发梳得齐整，黑色的眼睛但没有瞳孔，头部微微倾斜（第184页）。

由于第一次世界大战的缘故，女性承担着全新的社会角色，比历史上任何一个时期都更加接近男性，艺术家记录并强化了这一点，通过身体、姿态和服饰传达出来。莫迪利亚尼笔下的女性颇有“假小子”的风格，这甚至早于1922年出版的维克多·玛格丽特（Victor Marguerite）的小说《单身汉女孩》（*La Garçonne*）和路易斯·布鲁克斯（Louise Brooks）通过银幕所带来的时髦风潮之前。女人们把羽毛装饰的大礼帽换成了钟形帽。脱掉紧身胸衣——时装大师保罗·波烈在1906年将妇女从其中解放出来——取而代之的是男性化的服装、衬衫和简单的衬裙，并随意地系着黑色皮质领带。其中一些甚至体现了里程碑式的突破：追随可可·香奈儿在多维尔时期（始于1913年起）的短发造型。著名的短发型出现在多幅肖像画中，远早于著名发型师安东尼（Antonie）于1917年春将短发作为特色向全世界的女性推广。在《穿着蓝色连衣裙的女人坐像》（*Femme assise à la robe bleue*，1917—1919年）这幅画中，人物头发和裙子轮廓勾勒清晰，这与维亚尔（Vuillard，法国画家）式层叠笔法描绘的背景形成了鲜明对比。女性的人物形象中，其中一部分肤色雪白，在口红和腮红的衬托下格外亮眼，而另一部分则呈日晒后的古铜肤色。

左页图
《蓝衣女孩》（*Fillette en bleu*）
1918年
布面油画，116厘米×73厘米，
私人藏品

上图
《爱丽丝》（*Alice*）
约1918年
布面油画，78.5厘米×39厘米，
丹麦国立美术馆藏

modigliani

左页图
《穿圆点胸花衬衣的年轻女孩》(*Jeune Fille au corsage à pois*)
1919年
布面油画，115.6厘米×73厘米，
费城巴恩斯基金会藏品

上图
《蓝眸女孩》(*Jeune Fille aux yeux bleus*)
1918年
布面油画，61厘米×46.4厘米，
圣安东尼奥麦克南艺术博物馆藏

第184页图
《黑发女孩》(*La Chevelure noire*)，又名《坐着的棕发少女》(*Jeune Fille brune assise*)
1918年
布面油画，92厘米×60厘米，
巴黎毕加索美术馆藏

modigliani

莫迪利亚尼双眼从巴黎的艺术氛围中发现那些与众不同之处，比如这些肖像画中的女性。在他的生命中先后出现过两个挚爱的女人，一个是作家（比阿特丽斯），一个是画家（珍妮）。他的威尔士朋友妮娜·哈姆内特留下了大量的回忆录，[17]人们在其中找到了关于莫迪利亚尼生平的宝贵信息，尤其是他生命中的最后几年，体现了作为一个艺术家和知识分子，与资产阶级决裂的表现。画家在1914年与这位“波西米亚女王”相遇，那一年她刚刚迁居巴黎。她是举止古怪的双性恋“男孩”，也是诗人艾兹拉·庞德（Ezra Pound）的情人，当高迪·高迪耶-布热斯卡在1915年6月死于前线之后。莫迪利亚尼的一个狂热崇拜者——罗杰·弗莱（Roger Fry）——曾多次为她作画，特别是裸体以及身着瓦妮萨·贝尔为欧米茄工坊（Omega Workshops）绘制的长裙的画像（1917年，利兹大学艺术收藏）。

假设莫迪利亚尼并没有刻意去找寻那些超越常规男女性别规范的模特儿，他笔下人物所展现的矛盾情绪也并非他（作为一个画家）的战斗精神的表现，那么他不会对于任何差异的迹象都极度敏感，甚至有些过界。莫迪利亚尼着迷于短发的“假小子”们，她们拒绝遵循传统的女性规范，同伴之间的外表造型极为相似。紧随着莫迪利亚尼，柏林画家奥托·迪克斯和克里斯蒂安·沙德（Christian Schad）也同样被德国的“戴

第185页图
《两个女孩》（*Les Deux Filles*）
1918年
布面油画，100厘米 × 65.1厘米，
私人藏品

上图
《女人像》（*Portrait d'une femme*）
约1917年
布面油画，80.6厘米 × 59.7厘米，
伦敦，泰特美术馆藏

右页图
《穿着蓝色连衣裙的女人坐像》（*Femme assise à la robe bleue*）
1917—1919年
布面油画，92厘米 × 60厘米，
斯德哥尔摩当代美术馆

单片眼镜的假小子”（garçonnes à monocle）所吸引。回忆下奥托·迪克斯的《记者希尔维亚·冯·哈登肖像》：端坐的希尔维亚仿佛一个“新女性”（neue Frau）的代表，正在进行一场采访。

在苏菲·李维（Sophie Lévy）的著作《雌雄同体的肖像画家莫迪利亚尼》（*Modigliani, portraitiste de l'androgyne*，英文书名为*Amedeo Modigliani: the inner eye*）中，列出了大约15幅在她看来是雌雄同体的代表肖像画。[18]比如具有女性特质的男性：谷克多、画家曼努埃尔·亨伯特（Manuel Humbert）、弗兰茨·海伦斯又或者被称为“巴拉”（Bara）的皮埃尔-爱德华·巴拉诺夫斯基（Pierre-Édouard Baranowski）。皮埃尔-爱德华出生于波兰，曾先后在巴黎的秋季沙龙（1922—1924年）、杜乐丽花园沙龙（1924年和1929年）以及独立艺术家沙龙（1927年）展出过作品；在贝内兹特（*Bénézit*）艺术家词典中他只留下了一个名字。我们对他的认识都是基于莫迪利亚尼在1918年为他画的肖像。但苏菲·李维更强调了那些以妇女解放为目的而培养男性气质的女性肖像。她的结论是，在维克多·玛格丽特的小说成为一种流行主题之前，这位艺术家就对“雌雄同体有着独特的见解”。但她也注意到这个主题以极为隐晦的方式隐藏在作品中，这与罗曼·布鲁克斯（Romaine Brooks）在作品中直接让女性身着军装的表达方式大为不同。

姿势的矛盾性意味着我们无法在莫迪利亚尼的作品中确定什么是男性或女性应有的态度。在早期作品《女骑士》中，人物的手扶在胯上，这一姿态往往常见于男性人物，[19]用以表达轻蔑（第50页）。男爵夫人的脸颊消瘦，斜视的眼神表现出一种属于骑士的傲慢自大，同时她的服装和姿态也像是在进行运动。而当保罗·亚历山大摆出一模一样的姿势时，却仿佛是漫不经心而为（第48页）。在1913年的这幅肖像中，亚历山大以完全不同的姿势呈现：他的一只手放在心脏的位置，似乎在表达某种神秘信息，这个手势后来也出现在汉卡·兹博罗夫斯卡和珍妮·赫布特尼的肖像中。在塞尚风格的男性肖像画中，人物双手通常都稳稳放在大腿上，线条也与在珍妮肖像中常见的曲线形成鲜明对比。但最引人注目的无疑是，在表达，尤其是欲望的表达上，人物所承担的角色是完全不同的：[20]女性并没有沦为妖艳的妖精，但万种风情隐藏在眼神的交流，这依旧出现在1916年以后的裸体画像中。

与莫迪利亚尼共享一个工作室的莫伊斯·基斯林的妻子——勒妮·基斯林，则是他所绘制的雌雄同体人物中最具特色的肖像。在一本

左页图
《巴拉诺夫斯基肖像》（*Portrait de Baranowski*）
1918年
布面油画，112厘米×56厘米，
私人藏品

上图
《短发女人》（*Femme aux cheveux courts*，或许是勒妮·基斯林？）
约1915年
纸本石墨，43厘米×28厘米，
巴黎，蓬皮杜中心-法国国立现代艺术美术馆藏

modigliani

左页图
《基斯林夫人》(*Madame Kisling*)
约1917年
布面油画，62.8厘米×33.2厘米，
华盛顿国家艺廊馆藏

上图
《埃琳娜·波沃洛斯基》(*Elena Povolozky*)
1917年
布面油画，25.5厘米×19.1厘米，
华盛顿菲利普画廊藏品

1915年左右的笔记本中，一幅素描中刻画了她的鹰钩鼻和细长脸庞，尤其是修剪齐整的Bob短发造型。勒妮一向以着装独特而闻名，在1916年和1917年，画家曾两次为她绘制特写肖像（上半身像）。[21]假小子式的发型和纤细的领带与棱角分明的脸庞和绿色眼影相得益彰，绿色眼影也与红棕色头发形成完美互补。如果除去领带和口红，那么我们会发现她与锡耶纳画派或恩格朗·夸顿（Enguerrand Quarton）的《阿维尼翁圣母怜子》（*la Pietà de Villeneuve-lès-Avignon*，约1455年，卢浮宫藏）的人物脸庞有着亲缘关系。至于《身着条纹紧身胸衣的女孩》（*Jeune Fille au corsage rayé*，1917年）[22]——红棕色的Bob头和短领带——这些相似之处或许可以把这幅画看作是勒妮的大场景版本，即使标题不一样。勒妮·基斯林曾这样描述："1917年，莫迪利亚尼在圆亭咖啡馆用'马蒂斯的方式'给我画了这幅手稿，这是他自己说的。"这幅素描后来用于准备最后一幅肖像。

在这些雌雄同体的女性形象中，我们还发现了女画家埃琳娜·约瑟芬·贝尼尔·波沃洛斯基（Hélène Joséphine Bernier Povolozky，1882—1979年）的肖像《埃琳娜》（*Elena*），她是定居在巴黎的俄罗斯移民雅克·波沃洛斯基的妻子。雅克在市中心的圣日尔曼德佩区（Saint-Germain-des-Prés）拥有一家书店和一间画廊，他在那里举办过很多艺术活动。莫迪利亚尼为这位在经济上资助他和苏丁的女士画了两幅肖像[23]（1917年，第191页），与毕加索的《葛楚·斯坦》（*Gertrude Stein*，1905年，纽约大都会艺术博物馆藏）颇为相似：同样都是月光小丑般的脸庞（译者注：原文所写的"Pierrot Lunaire"，直译月光小丑，出自作曲家勋伯格的音乐，或许这里是指安东尼·华托的名画《皮埃罗》里的人物），坚实的鼻子和极短的发型。白皙的脸庞在海军蓝和深棕色调的背景的衬托下，显得既严肃又忧郁。我们仿佛看到库尔贝笔下的波德莱尔［画作《画室》（*L'Atelier*），1855年］带着他阴郁的坏脾气出现在莫迪利亚尼家。位于第一田园大街（rue Campagne-Première）中心地带——艺术家在这里颇有人气——的旅店老板罗莎莉（Rosalie）曾出现在1916年的肖像画中，如刀削斧凿般的脸和强壮脖子浑然一体，完全没有《埃琳娜》中令人痛苦的波德莱尔式的优雅。纯粹女性气质的模特儿，没有

左上图
《罗莎莉》（*Rosalie*）
1916年
纸本铅笔，22厘米×13.5厘米，
私人藏品

右上图
《汉卡·兹博罗夫斯卡肖像》（*Portrait de Hanka Zborowska*）
1917年
布面油画，55厘米×33厘米，
罗马国立现代艺术美术馆藏

右页图
《汉卡·兹博罗夫斯卡》（*Hanka Zborowska*）
1917年
布面油画，46.5厘米×38.5厘米，
私人藏品

modigliani

一个人能够与汉卡·兹博罗夫斯卡那种稀有且轮廓分明的美丽相提并论：莫迪利亚尼在她身上重新找到了早年为他的雕塑赋予活力的激情。1917年的两幅头像是真正的代表作（第192—193页），画面中鹅蛋脸与修长的天鹅颈相连。这一方面显示出得益于艺术家长期的简化练习，从而对傲然挺立的姿态与纯粹的几何线条的精准掌控已是炉火纯青；另一方面则是画家从眼到手，从无到有的轮廓塑造一气呵成。即使是安德烈·德兰笔下最纤细、最拜占庭式的脸庞也永远无法达到如此全神贯注，巴尔蒂斯笔下最孤立、最专注于自己的人物也无法如此光彩照人。

或许莫迪利亚尼在通过绘画传递出女性平等主义的信号，他很少画夫妻或家庭主题，他似乎并不认同理想的资产阶级家庭的重要性，这种观念在1910年左右的法国城市中非常普遍，且占了绝大多数。用社会学家诺伯特·埃利亚斯（Norbert Elias）的话来说，对于莫迪利亚尼来说，文明的进程已达到个人的个体化。他只画过一幅包含孩子在内的夫妻像：《全家福》（*Portrait de Famille*，1916年），这是一幅油画的准备草图，但据我们所知，这幅油画从未完成。此外，他还画过几次夫妻像：《家仆》（*Le Ménage*，1915年），也是一幅油画的速写稿，[24]还有《夫妇》（*Mari et femme*，1915—1916年）。我们无法确定这三幅作品是否画的是同一个家庭的成员，打草稿时画了全家人，但油画只画了父母而缺少了孩子。《全家福》和《夫妇》的手法风格显示这是在莫迪利亚尼与比阿特丽斯·黑斯廷斯在一起的时期创作的。通过将画中的夫妻与《雅克和波特·利普希茨》（第132页）对比，我们发现人物的姿势相近，并且反映了相当传统的关系：站立的男人，面对自己的妻子是保护者的姿态。

上图
《全家福》（*Portrait de Famille*）
1916年
纸本铅笔，43.3厘米×26.9厘米，
纽约，现代艺术博物馆藏

右页图
《夫妇》（*Mari et femme*）
1915—1916年
布面油画，55.2厘米×46.4厘米，
纽约，现代艺术博物馆藏

MODIGLIANI

大都会

巴黎，超级大都市，来自全世界的不同人种聚集于此，莫迪利亚尼正是这样一位用画笔记录下人类多元性的画家。即便他并没有游历全球，但就在家门口，也能见识到来自世界的各个族群。艾米莉·布劳恩（Emily Braun，艺术史学家）曾指出，抛开莫迪利亚尼所有模特儿的国籍来看，在他的作品中存在着一个真正的“民族志计划”，尤其是与欧洲“Grisette”（特指17世纪末期的法国工人阶级妇女）这一定义相反，[25]模特儿按照地域划分的意大利、地中海地区和上撒哈拉地区（阿尔及利亚）的女性。艾米莉·布劳恩强调，我们可以把莫迪利亚尼看作是一位多元文化甚至是“后殖民时代”的艺术家，并且没有在他的作品中发现在毕加索作品中常见的对模特儿或非洲艺术的简单粗暴的借鉴特征。她注意到这与应用于男性人物造型的女性化蔓藤花纹紧密相关。莫迪利亚尼独有的一系列非常具体的特征使其区别于各种大男子主义和殖民主义势力，首当其冲的就是法西斯主义。

画家并没有将他的模特儿固化在一个封闭的群体身份中：《犹太女人》（*La Juive*）、《意大利女人》（*L'Italienne*）、《阿尔及利亚女人阿梅莎》（*Almaisa. L'Algérienne*）、《美丽的西班牙女人》（*La Belle Espagnole*）……她们既是个体也代表一种群体。《意大利女人》（1918—1919年）的手势刻画使人想起凡·高在1887年的画作（奥赛博物馆藏），只是前者的色彩更加质朴。与凡·高的这幅作品（浑然一体的背景，乌黑的头发，清晰的细节）抑或是高更的《美丽的天使》（*Belle Angèle*，1889年，奥赛博物馆藏）相同的是，他们所刻画的都是“看不见的角色”（*Arlésiennes*，源自英文unseen character）。总之，这位意大利女人身着简单的黑色连衣裙，仿佛是从凡·高画中走出来一样。现存于都灵的《身穿黄裙子的女人》（*La Femme à la robe jaune*，1918年）也和《美丽的西班牙女人》相呼应。以陶质瓷砖为背景，画中的女人美目盼兮，打破了常规的刻板印象。

至于《阿尔及利亚女人阿梅莎》，她并不像身着女仆服饰的欧洲女人，更接近于雷诺阿笔下那些阿尔及利亚装扮的巴黎东方主义者。然而，画家加布里埃尔·傅尼耶（Gabriel Fournier）向克里斯蒂安·帕里索透露，莫迪利亚尼曾在玛德莲广场的伯恩海姆-朱恩画廊展览上表示对他们的欣赏。[26]根据雷米·拉布鲁斯（Rémi Labrusse）的说法：“如果说有一幅画作或一种精神是马蒂斯在其美学创立初始就反对的，那必然是东方主义。”同样，莫迪利亚尼也并不屈从于东方主义风潮。[27]美国艺术史学家、女权主义研究的发起者格里塞尔达·波洛克（Griselda Pollock），在他身上发现了一种与外国模特儿的默契。她肯定了莫迪利亚尼的作品展示了“模特儿的文化特殊性，以及与意大利犹太画家的异同之处，还有巴黎的边缘种族”。[28]我们还可以补充一点，就是对有色人种女性的兴趣恰恰是蒙帕诺精神（*montparno*，特指当时生活在蒙

上图
《穿黄裙子的女人》（*La Femme à la robe jaune*）
1918年
布面油画，92厘米×60厘米，
里沃利-都灵里沃利城堡当代美术馆弗朗西斯科·费德里柯·切瑞蒂收藏

右页图
《意大利女人》（*L'Italienne*）
1918—1919年
布面油画，102.6厘米×67厘米，
纽约，大都会艺术博物馆藏

modigliani

L'ALGER

帕纳斯地区的居民、艺术家和作家）的特征之一：1929年8月15日，这一期的《巴黎蒙帕纳斯》（*Paris Montparnasse*，1929—1933年期间出版的期刊）选择了《摩洛哥公主艾夏》（*Aïcha*）[29]的特写肖像作为封面，她也是画家朱勒·帕斯金的安的列斯（antillais，法属殖民地）模特儿——这是帕斯金向亨利·布罗卡（Henri Broca）讲述自己的回忆。

在1916至1917年完成的肖像中，阿梅莎摆出了一个傲然的姿势。[30]她的姿态使人想起古希腊神话中的幸运女神堤喀（Tyché）：扶着椅背的左手仿佛是在握住命运的舵盘，象征着古代神话中城邦的寓意。她佩戴着珠宝：耳环、项链和绞丝手环。德国社会学家格奥尔格·齐美尔在1908年写道："我们为了取悦自己而装扮一新，但这首先只有在为了他人而装扮时才成立。"他还补充说，装扮有助于"突出个性或其他任何方面的闪光点"。[31]所以，这里展示的不是一个轻浮的女人，而是一个拥有自我坚强意志和骄傲的女人，些微的黑色眼影从她妆容精致的眼周晕出。在第二年的另一幅肖像更加特定视角：与肩同高，采用了同样傲然的装束和姿态。在第一幅作品中，人物头部非常端正，正视着观众，而身体则微微呈四分之三侧位；第二幅作品的特写视角，画家在面部刻画上进行一些艺术变形：鼻梁的弯曲与耳环和头发分路的曲线相呼应。脖子上佩戴着一条透明宝石和亚光宝石交替串成的项链，领口下方以纽扣或浮雕玉石扣住的胸花为尖端，共同构成了一个三角形肤色区域。画面底部较为明亮的色调与阿尔及利亚女人深色的皮肤和黝黑的眼妆形成反差，并和右侧的垂直线相呼应，那应该是背景镜子的边框——这是莫迪利亚尼惯用的手法，简单但有效地在画面构图中找到平衡。

如果说阿梅莎的容貌是种族特征典型化的产物，但她仍旧是一个独立的、充分展示自我个性的人，而不能简单说是某一族群的芸芸众生之一，或是某一民族的群像代表。她的脸颊骨瘦如柴，笔触深刻，这与《马赛女人》（*La Marseillaise*）或《勃艮第女人》（*La Bourguignonne*，第201页）中的丰满曲线形成鲜明对比。《马赛女人》是完成于1915年的一幅速写，画的是画家奥通·弗里耶兹（Othon Friesz）的妻子。奥通·弗里耶兹是莫迪利亚尼的朋友，也是乔治·布拉克在野兽派时期的同伴。有着德国血统的弗里耶兹曾在诺曼底居住，他和有着马赛血统的妻子的婚姻毫无疑问是朋友间聊天甚至开玩笑的主题，要知道当时法国不同地区人口之间的流动，远远不如第二次世界大战之后常见。1937年在巴黎举办的世界博览会上，当时在国家馆之中还有各种地区馆。速写上方题写着"马赛女人/15/西蒙娜？"（La Marseillaise / 15/ Simone ？）的字样，并用装饰性字体在结尾写下字母S和E，就像是首字大写那样，艺术家毫无疑问感觉到这样显得自己有些太过亲近，所以他又在头部两侧肩线高度的位置写上了"恭敬的敬意"（Hommage respectueux）加以弥补。从某种程度来讲，文字在这幅速写中占据了和绘画相当的地位。具有装饰感的文字一直延续到奥通·弗里耶兹夫人的头发上，构成了这种图卢斯-劳特雷克式的——将文字与图像混杂在一起——在海报艺术早期常用的、极具魅力的书写-绘画手法。莫迪利亚尼在一个颇为圆润的如非洲面具的轮廓上画出头部和脖子，脖子比较粗，然后他以装饰性的笔法用墨汁勾勒出女性化元素的轮廓，覆盖在几乎是抽象的几何线条之上。《勃艮第女人》（1918年）也是一种典型作品，画中的女人有着丰满的双颊，乳白色的脸和红润的颧骨。将地区性

左页图
《阿尔及利亚女人阿梅莎》（*Portrait d'Almaisa l'Algérienne*）
1917年
布面油画，55厘米×30厘米，
私人藏品，借展于科隆路德维希博物馆

上图
《奥通·弗里耶兹夫人肖像》（*Portrait de Madame Othon Friesz*）
又称《马赛女人》（*La Marseillaise*）
1915年
纸本油墨，43.5厘米×26.5厘米，
丹佛美术馆藏

人物肖像画得极具法国本土特色的画家却是一个意大利人，所以更加引人注目。的确，意大利不同地区之间的具象差异本就非常明显，所以像莫迪利亚尼这样的画家才拥有敏锐的观察能力，并擅于发现记录在巴黎遇见的各种各样的人。

如果说在这个里窝那人的作品中，意大利、南部和地中海地区的存在感很强，那么另一个在他的作品中占据“心腹之地”位置的则是东欧。1914年以前的法国，来自波兰、立陶宛、乌克兰和俄罗斯的移民数量相当可观，尤其是来自艺术界的犹太艺术家移民（译者注：当时的背景是19世纪末20世纪初在俄国的反犹运动，大量犹太难民逃离俄国）。除了我们已知的基斯林、扎德金（Zadkine）和苏丁，在他的作品中还有很多鲜有记录的模特儿，例如《巴拉》（*Bara*）的原型（画家巴拉诺夫斯基，第188页），又或是摄影师迪列夫斯基。不过，在莫迪艺术生涯的最后一个时期，兹博罗夫斯基的家人与朋友无疑是画家极为重要的灵感来源。

利奥波德·兹博罗夫斯基是一位诗人，但他对莫迪利亚尼的作品如此之热爱，以至于在1916年，当保罗·纪尧姆逐渐不再拥戴他的作品之后，兹博罗夫斯基继而成为他最重要的代理商。同年，商人的第一幅肖像诞生了。[32]意料之中，他的名字以大写形式出现：“兹博罗”（ZBORO，他常用的缩写名之一，带有Zbo）以黑色字体写在灰色背景上，“夫斯基”（WSKI）则以白色字体写在暗色背景上——这是一种将口语引入拼写的方式——日期写在右上角，画家自己的草书签名则写在左侧。和一年前纪尧姆那幅名为《新的领航员》（第99页）的肖像相比，这个出场亮相并没有保留前者的弥赛亚式特征。还是我们熟悉的构图，诗人—商人留着络腮胡，双臂交叉，左眼呈蓝灰色，右眼紧闭。头发浓密，侧分的发型以及额头上的长刘海，后来都成为所有他的肖像画的共同特征。另外一幅画中的人物手拿一本书（第202页）。还有一幅非常塞尚风格的《拿手杖的利奥波德·兹博罗夫斯基》（*Léopold Zborowski à la canne*，第203页），画家用了大笔触勾勒出人物形态，并且画面中有很多留白，特别是在右下角，人物腋下，画家签名的位置。由此可见，莫迪利亚尼先后赋予了他的三个经纪人各自独特的身份：亚历山大医生是侠义之士，保罗·纪尧姆是一个风流倜傥的商人，而利奥波德·兹博罗夫斯基则是波西米亚式的资产阶级。

正是兹博罗夫斯基说服了贝尔特·魏尔在1917年12月于自己的画廊里举办了莫迪利亚尼的个展。裸体系列成为这一展览中最引人注目的新作，但同时也引发了争议，不过考虑到整个入选的作品清单，[33]我们相信画廊老板和经纪人选择的是一组在某种程度上代表了巴黎的作品：一个国际大都会的巴黎，但也是诗人的巴黎，流氓和无赖的巴黎。这个巴黎是现实，也是传奇：充满着天真无邪的孩童、阿帕契人、摩尔人（Mauresque，阿梅莎）或风尘女子。其中一些在1917年其实已经是过时的存在：例如阿帕契现象不再被社会关注——这些挥舞着弹簧刀的街头浪荡青年曾一度在20世纪初占据着报纸的新闻专栏；甚至有趣的是，作家亨利·巴布斯（Henri Barbusse）在《火》（*Le Feu*，1916年）一书中曾提出，当时在宣传中所吹捧的武器壮举真的不是“阿帕契人的功勋”吗？看着这些作品的名字，对于今天的我们来说却是陌生的，但又是谁选择了他们？是否是两位策展人在推动莫迪利亚尼以戏剧化的方式通过画中人物来演绎社会角色？通过邀请函上的作品清单我们可以这样推测：《阿帕奇人1号》（*Apache n° 1*）、《阿帕奇人2号》（*Apache n° 2*）、《乙醚》（或者是饮酒者的意思？）、《哭泣的女人》（*Femme qui crie*）、《无辜的女人》（*L'Innocente*）、《意大利女人》（*L'Italienne*），又或者是像莫迪利亚尼在1915年为之画过肖像的《皮埃

上图
《摄影师迪列夫斯基肖像》（*Portrait du photographe Dilewski*）
1916年
布面油画，73厘米 × 50.2厘米，私人藏品

右页图
《勃艮第女人》（*La Bourguignonne*）
1918年
布面油画，55厘米 × 38厘米，私人藏品

modigliani

modigliani

尔·勒韦迪》这样的诗人、《诗人L》(*Poète L*，利奥波德·兹博罗夫斯基)、《波兰贵族》[8号作品，W伯爵的肖像(*Portrait du comte W.*)]、《裸体像》、《熟睡的女人》……

莫迪利亚尼的作品构成了一幅现代人百像的画卷。无论是在里窝那还是巴黎，法国还是意大利乃至其他地方，他画尽了普罗大众的特点，芸芸众生的职业：杂货店主、女仆人、装裱匠人、运水工、卖花女[34]……也有一些中产阶级推开了画室的大门，就像保罗·纪尧姆或利奥波德·兹博罗夫斯基一样，陆续成为他的画商。各种各样的人，有时候也有脾气暴躁或者不耐烦摆姿势的，就像《女骑士》一样。还有出没在夜晚大都会的各式人等，作家、音乐家、音乐厅的演奏家甚至妓女。莫迪利亚尼知道如何在不将其漫画化的同时，将这些有着不同面孔和身体的人概括为几类。每一个人，他都能发现他们的独特特征和生命力之间的秘密关联。他目睹了世界的变化——女性角色的自我主张、"假小子"的出现、雌雄同体的类型、时尚的更新——并迎接另一种开放：青春期、他们介于孩童和成人之间、少男少女们将他们的童年遗留在了战前的世界，并被毫无准备地推入战后的时代。画家将他们的忧郁姿态和梦想画了下来。这些莫迪利亚尼曾在雕塑中勾勒并在绘画中最终完成的现代头像的主人来自整个欧洲及其殖民地。其中一些具有明显种族特征的头像，莫迪利亚尼为他们塑造的身体是20世纪艺术中最引人注目的情色表达。

左页图
《利奥波德·兹博罗夫斯基》(*Léopold Zborowski*)
约1916年
布面油画，116.2厘米×73厘米，休斯敦美术馆

上图
《拿手杖的利奥波德·兹 博罗夫斯基》(*Léopold Zborowski à la canne*)
1916年
布面油画，73厘米×50厘米，私人藏品

爱神

（1916—1917年）

在《绝对的货币》（*La Monnaie de l'absolu*）一书中，安德烈·马尔罗写到，戈雅在感染梅毒后其画风转向了末日战争的残酷与疯狂，而华托则以“欢快的音乐”来反击结核病。[1]至于莫迪利亚尼，他用爱神和女性身体之美的升华来回应肺结核与第一次世界大战的残酷。当他的身体苦于病痛之时，当1916至1917年发生在凡尔登及其他地方的战役令数以万计的人们在泥泞中死去，更多的人因战争而肢体残缺不全时，他着迷于绘画女性的胴体。戈雅、华托、莫迪利亚尼：路易十四统治结束以来无休止的大大小小的战争，从拿破仑对西班牙发起的战争到第一次世界大战，艺术家们以各自不同的方式向塔纳托斯（Thanatos，古希腊神话中的死神）献上最崇高的赞美。不过，里窝那人笔下的人体画像也可以看作是对于在1916年7月的昂坦沙龙中展出的《亚维农的少女》的回应。这种回应基于安格尔与高更的回归，用弗朗西斯·卡科的话来说，打开了一个感性与诗意的领域，这种诗意充满情色和“肉欲激情”的张力。凡·邓肯笔下的人体是物质的，服装、珠宝、穿脱之间的游戏、与雪白肉体形成对比的脂粉；毕加索笔下的人体是本能的，欲望控制着身体，使它们变形，撕裂成碎片；而莫迪利亚尼笔下的人体，如果不将其看作为一个“被注视着的女人”，那就是纯粹的诗歌。

“红色的生命”

在1924年出版的《被诅咒的画家》(*Des peintres maudits*)一书中，古斯塔夫·考奎特注意到了莫迪利亚尼的裸体画中的暖色调：“毫无疑问，许多裸体都采用了当时流行的杏色调，这使得这么多年轻女性如水果般鲜嫩的脸庞变得如此温暖和怀旧。但相比于这来自远东的古铜色，难道您不会更喜欢很多画家所使用的粉红色肤色吗？

此外，莫迪利亚尼还画了你们，你们那些因为生理上的不幸或婚礼而变得毫无血色的脸庞。他为你们进行了表达，你们，悲伤的处女，头颅在纤长、如花茎般脆弱的脖子上摇摇欲坠……但是，突然之间，莫迪利亚尼重回到生命之中，这火热的生命，坚强的生命，红色的生命。”[2]

这种“红色的生命”，或者说令考奎特感受到诗意的“杏色调”，不正是爱欲的色彩吗？如果说之前这种色彩仅仅是一种潮流，那么里窝那人则赋予其一种无与伦比的张力。这种色彩与他纸本油画、水粉或水彩画的女像柱同样重要，与他的雕塑实践同样现代（见第60—71页），有一些逐渐成为他个人化的特征。比如，这与他的“劳特雷克”时期（译者注：莫迪利亚尼一度从劳特雷克的风格中汲取灵感）相比已经是一个非常了不起的进步。这些暖色调、橙色和胭脂红，单一地一笔一画、一个色块（没有内部关联）——雕塑家的思路——从绿色背景中脱颖而出，背景有时是整片的绿色植被，有时只是简单的笔触随意涂抹勾勒而成。《花园中的站立裸体像》(*Nu debout dans un jardin*，1913年）以鲜红色绘制在纸板上，长长的棕榈叶伴随着祈祷者双臂伸展的姿态，这是一个以棕榈树为背景的、极具东方幻想色彩的场景。人物头部刻画如面具一般，涂抹均匀的红色调构成了身体皮肤，并掩盖了女性身体起伏的立体感。人物的脚被画面底部截断，右侧栏杆的曲线与腿部形成了一种建筑式的呼应。现藏于斯特哥尔摩的水彩画《构成》(*Composition*)展示了一个扭曲的红色身影，呈蹲伏状，双膝突出。位于肩膀上的盆是建筑物雕像的一个重要特征。我们可以将它与艺术家在1914年左右创作的圆雕女像柱进行比较，其体积更小，更加细长。画家莫迪利亚尼知道如何赋予其安格尔式的韵味，这是雕塑家莫迪利亚尼无法在真实比例的雕塑中完成的。人物双臂环绕略微向左倾斜的头部，鹅卵形的头嵌入一个巨大的冠状结构，与代表膝盖的两个球形相呼应。圆柱形的躯干在中间折叠，由此向右形成的折痕将胸部和腹部分割成两个同等的凸起。而在左侧，几乎笔直的背部线条形成构图的闭合。我们不知道应该赞美什么，是来自米开朗基罗，还是纳德尔曼的记忆。

在刻画裸体像方面，画家莫迪利亚尼接替了雕塑家莫迪利亚尼的角色。油画《裸女》(*Nu féminin*，约1916年）标志着女像柱和斜倚人像之间的过渡期到来了。颈部的修长曲线一直向下延伸，逐渐替换成及胸的长发。在最终版本中，莫迪利亚尼重新保留了右臂和肩膀轮廓，并使右臂向后没于身后。由此所带来的效果完美象征着对情色人像的全新探

第204页图
《拿衬衫的裸体坐像》
(*Nu assis à la chemise*)
1917年
细节图见第219页

上图
《花园中的站立裸体像》(*Nu debout dans un jardin*)
1913年
纸本油画和铅笔，81厘米×50厘米，
私人收藏

右页图
《构成》(红与蓝)[*Composition (en rouge et bleu)*]
年代不详
纸本铅笔和水彩，34.5厘米×20厘米，
斯德哥尔摩当代美术馆藏

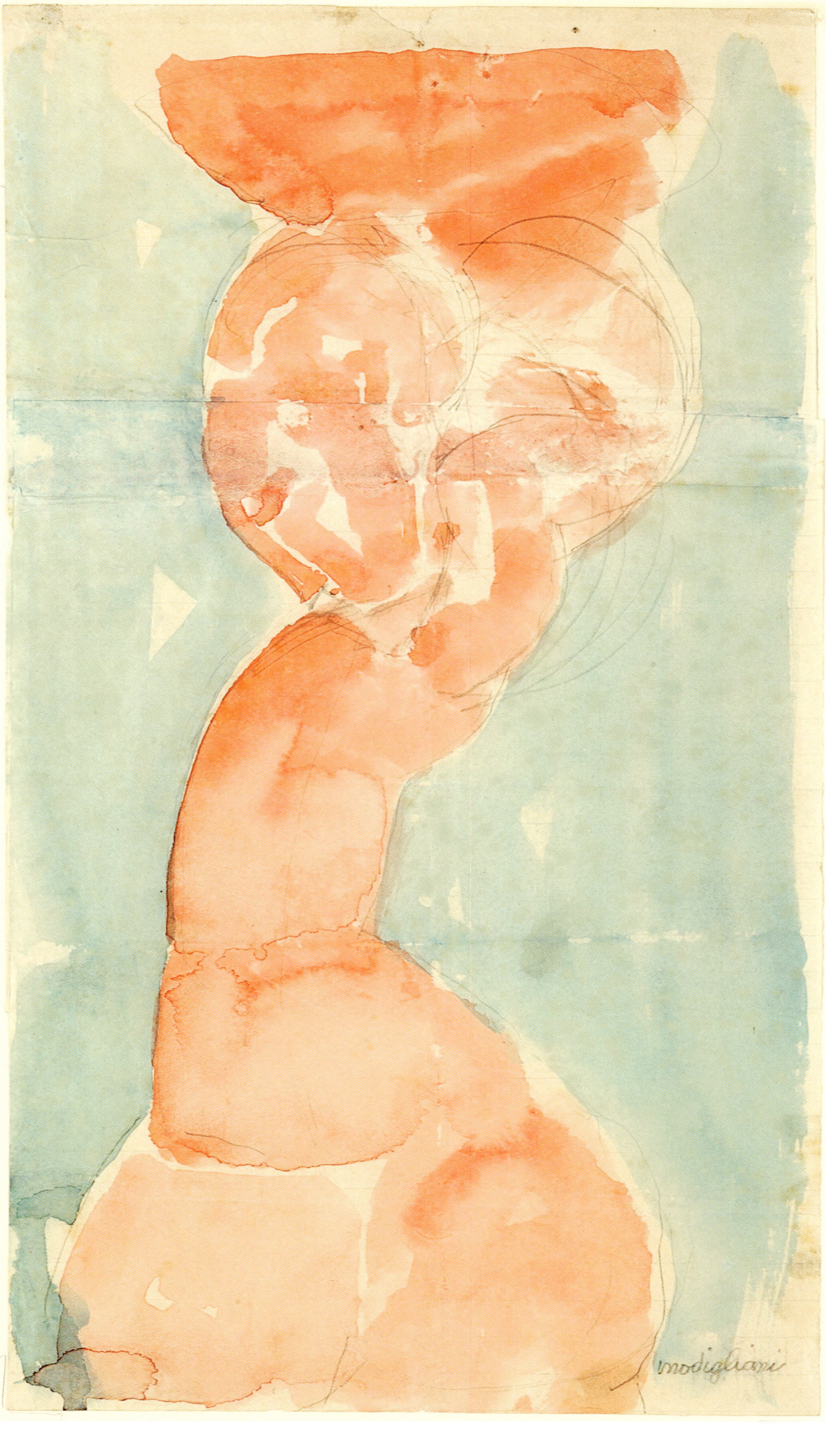
modigliani

索：比如“拉直”，隐藏在身后的右臂线条垂直向下就是女性的性器官，这也是一种隐喻。艺术家更以黑色描画私处的卷曲毛发，与橙色肌肤对比使这一用意更为明显。作者签名点缀在画面左上角，凭空悬浮在背景上，显得空阔敞亮，与之相对应的画面右侧上半部，因为有人物的存在，构图更加紧密。

这幅《裸女》对于启迪了莫迪利亚尼雕塑梦想的布朗库西来说，是真正的“沉睡的缪斯”。莫迪赋予了缪斯以躯体，头部微微倾斜倚靠着肩膀。事实上，如果布朗库西雕刻的男爵夫人蕾妮·弗拉松（Renée Frachon）或玛格丽特·波嘉妮（Margit Pogany）的头像（见第60页和第84页）有躯体的话，那应该就是这副模样。莫迪利亚尼用画笔的圆头笔触绘制了大部分头发，这与雕塑《沉睡的缪斯》（*La Muse endormie*，布朗库西作品，1909—1910年，法国国立现代艺术美术馆藏）的线条颇为相似。

这幅后来被收藏家塞缪尔·考陶尔德（Samuel Courtauld）收藏的作品，身体的肤色以斑驳的色块构成，并留下若干如同静脉的蓝色块遍布整个身躯，这是艺术家独特的、利用色彩的对比和相互渗透的着色手法所形成的效果。人物位于画面的对角线上，将左侧的翠绿色和冷色调与右侧扶手椅的赭红色和暖色调分开。两侧的色彩斗争超越了简单的色彩对比，真正上演的是炼金术中汞和硫黄之间的比对（译者注：在西方炼金术中，硫黄和汞的配对与西方思想中的男女二分法相呼应，硫黄象征男性，与太阳有关，汞象征女性，与月亮有关）：一方面，身体唤醒了生命和欲望；另一方面，是死亡的靠近——侵入红色扶手椅中的深蓝色调暗示了这一点。就好像这个沉睡女人的左侧身体已经陷入睡眠（头部如康斯坦丁·布朗库西的“沉睡的缪斯”一样向右倾斜），无意识的消失（隐藏起来的右臂），而左臂还在勉力支撑，恰如防风灯中摇摇欲坠的光芒。

1932年，图书编辑乔瓦尼·夏维勒（Giovanni Scheiwiller）对艺术家创作的“栩栩如生的裸体像”进行了分类，其中第一类就是“绽放着青春光彩的模特儿们，她们给画家带来的不仅是精神上的情感，还有肉体上的热情”。此外，第二类是“一件平和安宁的音乐作品，绝不会以任何方式打扰一个标准的中产阶级美梦”。[3]

1917年的《沙发上的裸女》［*Nu sur un divan*，又称阿梅莎（Almaisa）］充实了这位阿尔及利亚女模特儿的肖像系列（第198页），画家并没有满足于“殖民主义式的情色想象”——借用阿兰·科宾（Alain Corbin）的表达——即被感性的变化和肉体的异国情调所唤起的情色幻想。她更像是一幅高更或亨利·卢梭的作品，而不是热罗姆（全名让-莱昂·热罗姆 Jean-Leon Gérôme）的作品。被阿道夫·巴斯勒称为“黑色的波提切利”[4]的莫迪利亚尼，从马蒂斯的《蓝色裸体》（*Nu bleu*，又称*Biskra*，1906年，巴尔的摩艺术博物馆藏）中借鉴的原始主义风格臀部，因为模特儿的务实态度所中和，模特儿靠着椅背，正在愉悦地协助画家完成作品。对画作的技术研究表明，底层有卡其色调，更加接近模特儿的真实肤色。

美国艺术史学家格里塞尔达·波洛克在面对此类主题时看到了“一种立场”：对她而言，莫迪利亚尼证明了为南方女性描绘其绝妙肤色（译者注：阿尔及利亚位于法国以南），给他带来强烈乐趣；至于白人女性，比如这幅《站立的金发裸体》（*Nu blond debout*，第238页），则将他带回传统和某种形式的忧郁，但也并非没有魅力。[5]她强调了阿梅莎这幅作品的重要性，得出的结论是，或许因为有着意大利的塞法迪犹太人裔的出身，莫迪更倾向于创作“在厚重的威尼斯天鹅绒背景前，充满种族特色的面庞和有着棕色肌肤的丰满胴体”。[6]回忆起1928年莫迪利亚尼的现代主义裸体画再次引发了“公共争议”，用波洛克的话来说，在纽约莫德和切斯特·戴尔收藏展期间，她驳斥了一种狭隘的观点，这种观点污名化了以男性视角关注女性身体，尤其是这个身体的肤色还不

上图
红色女人胸像（*Buste rouge de femme*）
1915年
纸本蜡笔、石墨和水粉，35.6厘米 × 26.2厘米，
明尼阿波利斯美术馆藏

右页图
《裸女》（*Nu féminin*）
约1916年
布面油画，92.4厘米 × 59.8厘米，
伦敦考德尔艺术学院收藏

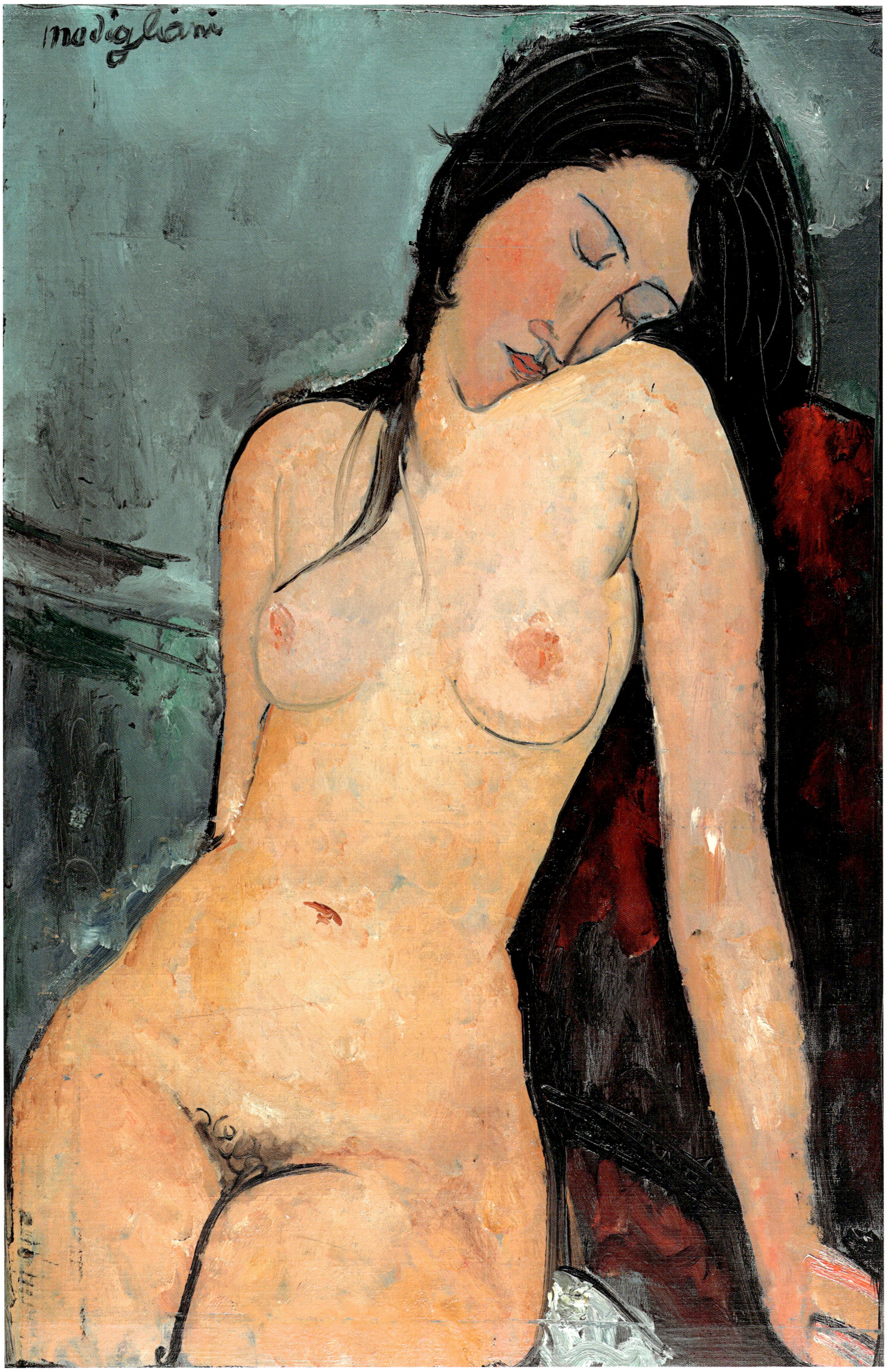
modigliani

同于艺术家本人的肤色。考虑到画家和模特儿之间所发生的交流，波洛克倾向于更具社会学的视角，乍看之下这更具辩证性和细微差异。

里窝那人所捕捉到的模特儿姿态或眼神更加微妙，这让人想起保罗·瓦莱里对德加的评价："德加对于模仿有一种奇怪的敏感度"和一种"对现代主义进行简化的模仿方法"。[7]这幅《蓝色靠垫上的裸体》(*Nu sur un coussin bleu*，1917年，第212—213页)上的人像姿态颇具诱惑性，画家以极其讽刺意味的方式，重现了米开朗基罗为佛罗伦萨美第奇幕雕刻的《晨》(*L'Aurore*，1531年)：手臂弯曲，手掌温柔地轻抚脸颊，让观看者仿佛也感同身受。莫迪利亚尼笔下的人物面孔非常个性化，艺术家与模特儿之间的联系是显而易见的。女人的凝视唤起了艺术家的赞美。这些画作拥有如法西努斯(译者注：fascinum，古罗马宗教及巫术中神圣菲勒斯的化身)的能力，记录下画家创作时在女人的凝视下所产生的欲望。而毕加索常常试图利用这一优势，象征性地将自己描绘成令模特儿感到惊讶的牛头怪(Minotaure)，这在《沃拉尔德版画系列》(*Suite Vollard*，1930—1937年创作)中有所表现，莫迪利亚尼则选择记录下自己的迷恋，并不想完全摒弃。

卢米埃尔兄弟(路易和奥古斯塔)创造了"镜头凝视"(regard caméra)这一定义，也就是记录下一位主角正在观察镜头的瞬间。人们对这台奇怪的机器充满好奇，与操作员默契地共享着同一视角，但对于电影人来说，更重要的是通过场景来打动观众。莫迪利亚尼并非第一个创造了画家与模特儿之间进行眼神交流的艺术家。历史上，大量这一类型的画作都有面对面和动情交流的刻画。但我们可以说他捕捉到了模特儿的"画架凝视"(regard chevalet)——一种让人理解他正在被画家凝视的方式。

上图
保罗·高更(Paul Gauguin)
《永远不在》(*Nevermore*)
1897年
布面油画，60厘米×116厘米，
伦敦，考德尔艺术学院收藏

下图
亨利·卢梭
《梦境》(*Le Rêve*)
1910年
布面油画，204.5厘米×298.5厘米，
纽约，现代艺术美术馆藏

《沙发上的裸女》
1917年
布面油画，81厘米×116厘米，
私人收藏

《红色的生活》，就是画家描绘的爱神（Eros）的热情生活，通过色彩的浓烈来表达出画家对塔纳托斯（Thanatos，古希腊神话中的死神）的反对，对战争疯狂的反对——1917年，伴随着反攻，战况愈发惨烈。摆姿势的贵妃榻或沙发很好地衬托出模特儿身体的肤色。而铺了白床单的床则属于更加常见的绘画传统，我们可以在下面几幅画中找到参考：来自安格尔的两幅名作《大宫女》和《带奴隶的宫女》，以及常见的维纳斯画像——乔尔乔内的《沉睡的维纳斯》和马奈的《奥林匹亚》。五颜六色的毯子和靠垫为背景，到1919年的最后一系列裸体画像的背景则几乎简化成抽象的平面。

2017至2018年进行的莫迪利亚尼绘画技术研究项目的分析揭示了他的色彩艺术的技术基础。[8]裸体画像是画在经过涂层处理的画布上的，其中有五幅是以海景格式（format marine，水平全景，比横向风景画格式更宽）创作的。[9]画家需要用笔预先划定要做画的区域，构成了一个虚构的轮廓，后来贾科梅蒂的油画也常常这样做。于是，做画的步骤首先是建构画面关系，用画笔蘸取色彩在画布上打出背景，有时也会先从肌肤开始。至少在油画上，研究提出了一种假设，画家在颜料完全干透前使用纸张或布头来对画面色彩进行均衡，然后用更细的画笔刻画人物，尤其是脸部，有助于让细节的刻画更加精致。越来越多的证据显示艺术家有时候会在新的油画层上放一张纸，用以混合色彩，甚至获得希望的平滑效果。

莫迪利亚尼有意让底层（准备层）画面在人物周边，甚至人物上若隐若现，并不完全盖住。1916至1917年的灰蓝色准备层与橙色肌肤形成了鲜明的对比，但也有一些例外，比如阿梅莎裸体像的卡其色。这一特点从1918年开始，贯穿整个最后一个时期，非常明显。莫迪利亚尼有意识地建立一个自下而上的、连续的彩色音阶。他与众不同的绘画成长历程促使了他用底层色调来获取最终主色调的技巧。他的古典绘画学习生涯为他打下了坚实的基础，继而进行更多的个性化、特异化的风格探索：一种几乎是从音乐角度来说对和谐的探索。我们在《戴珊瑚项链的裸体像》（*Nu au collier de corail*，1917年）测量到这幅作品的其他技术特征：在画布下方边缘存在着一个并未覆盖底层颜料的区域，这说明这幅画是在底部有边框的画架上创作的。

莫迪利亚尼绘画的人体色彩从何而来？暖色调的肌肤光滑、几乎没有任何纹理，这与爱德华·维亚尔笔下，笔触鲜明的亮白色肌肤大相径庭。可以看出奥古斯特·雷诺阿在一定程度上也影响了他，漫射而下的阳光在珍珠般肤色的身体上映出若干光晕，正如这幅《习作·半身像·阳光的效果》（*Étude. Torse, effet de soleil*，约1876年，奥赛博物馆藏）。不过，我们首先可以把莫迪利亚尼的裸体画像与毕加索的赭红色裸像进行比较。

《蓝色靠垫上的裸体》（*Nu sur un coussin bleu*）
1917年
布面油画，65.4厘米×100.9厘米，
华盛顿国家艺廊馆藏

爱德华·马奈（Édouard Manet）
《奥林匹亚》（*Olympia*）
1863年
布面油画，130厘米 × 190厘米，
巴黎，奥赛美术馆藏

《带珊瑚项链的裸体像》（*Nu au collier de corail*）
1917年
布面油画，66.5厘米 × 101.1厘米，
欧柏林艾伦纪念艺术博物馆藏

回应《亚维农的少女》

1917年，莫迪利亚尼创作了大量单幅或成系列的裸体画像。他听从了赞助人利奥波德·兹博罗夫斯基的安排，当时兹博罗夫斯基正在为他洽谈年底即将在贝尔特·魏尔画廊举办的个展。这将是艺术家一生中唯一的个展。兹博罗夫斯基资助了他足够的金钱，用以采购油画布。他对这场涵盖了四幅裸体画的展览寄予了厚望。抛开这一特殊的机遇，也超越被战争灾难唤醒的生命本能，莫迪利亚尼通过表现女性的身体作为他曾试图在雕塑中寻找理想美的回归。因此，《维纳斯》（*Vénus*，又称《站立裸体像》或《美第奇裸体像》，1917年）是对《羞怯的阿佛洛狄忒》（*Aphrodite pudique*）、佛罗伦萨乌菲兹美术馆收藏的《美第奇维纳斯》（公元前3世纪）或波提切利的《维纳斯的诞生》的解读。但更重要的是，这位画家似乎是在对1916年7月在昂坦沙龙中引发巨大反响的《亚维农的少女》（第218页）进行回应。所有人都知道毕加索的这幅名作创作于1907年，但之前并未向公众展示过，也没有任何迹象表明1916年以前莫迪利亚尼在毕加索位于马拉加的画室中见过这幅画。

莫迪利亚尼是否想要表达类似毕加索对安格尔的《土耳其浴女》（*Bain turc*）和塞尚的《浴女》系列般的致敬并不是唯一的可能。也许，还有另外一种造型样式值得我们探索。考虑到莫迪利亚尼在西班牙前辈这里汲取并融合了大量风格元素，这对莫迪来说并非一种单纯的回归过去。以《拿衬衫的裸体坐像》（*Nu assis à la chemise*，第219页）为例，这个羞涩的模特儿手持一块白色布料挡在胸前。毕加索在《亚维农的少女》中并没有完全放弃这一元素，但是其动作更多是毕加索对裸体画像的惯例进行质疑，而莫迪利亚尼则重新利用了这一动作。两只对称伸直的手臂、鹅蛋脸、眼睛和高挑的鼻子都证实了毕加索的大胆实践最终促使莫迪利亚尼摆脱了解剖学对他的束缚。毫无疑问，莫迪利亚尼已经观察了很长时间裸体像：在1900至1910年的作品，比如1906年的《裸体睡像》（*Nu couché*，又名费尔南迪，克利夫兰艺术博物馆藏），我们在里窝那人那里找到了相似的笔触。赭石色的肌肤从色调相近的背景上凸显出来。莫迪利亚尼意识到毕加索的这幅《亚维农的少女》确立了图形符号的随意性。所有的线条都是统一的，这使得现代艺术家能够通过简化的线性模式来重构人物形象，重塑艺术。这是评论家梅西斯拉斯·戈尔贝格在其死后出版的《线条的道德》（1908年）一书中所呼吁的。他从中看到了“现代的灵魂，华丽且苍白，灰色调与清晰可见的残酷，精准，直截了当”。[10]

莫迪利亚尼笔下的女性身体直立、激昂、发着光，既不灰暗也不苍白。“清晰可见的残酷”，精准，一目了然！没有任何多余的缀饰：他将女性的身体从雅克·路易·大卫画作承继的“平坦墙面”中分离出来。预示了巴尔蒂斯的构图。莫迪利亚尼利用油画刀刻画的线条之精准令人叹服。技术研究表明，画家首先用黑色和蓝色绘制出轮廓，然而他并没

桑德罗·波提切利（Sandro Botticelli）
《维纳斯的诞生》（细节）[*Naissance de Vénus (détail)*]
约1485年
蛋彩画，172.5厘米×278.5厘米，佛罗伦萨乌菲兹美术馆藏

右页图
《维纳斯》（又称《站立裸体像》或《美第奇裸体像》）[*Vénus (Nu debout ou Nu Médicis)*]
1917年
布面油画，99.5厘米×84.5厘米，私人收藏

上图
巴勃罗·毕加索
《亚维农的少女》
1907年6月—7月
布面油画，243.9厘米 × 233.7厘米，
纽约，现代艺术美术馆藏

右页图
《拿衬衫的裸体坐像》(*Nu assis à la chemise*)
1917年
布面油画，92厘米 × 67.5厘米，
里尔现代艺术博物馆藏

modigliani

用颜料填满人物，在抹去线条的同时凸显轮廓，反而是让着色区域与轮廓保持一定距离。对莫迪利亚尼来说，一幅画中明确清晰的轮廓是至关重要的。在创作过程中，人物轮廓线条经常会被盖住，艺术家就重新用蓝色、黑色或红色线条来加强，甚至会用圆形画笔的笔尖来把覆盖其上的颜料刮掉。这样做是为了提亮某些区域或赋予其特殊的纹理：比如用画笔杆在乳房上刮出痕迹。

莫迪利亚尼画中模特儿的脚往往受画面局限而没有画出——以至于我们质疑他是否有借助摄影照片来作画。[11]不过，人物身体是完整的，不像毕加索笔下那样支离破碎。观者面对着的既是一个女人也是一幅画。莫迪利亚尼坚信在写实与创造之间的平衡是必要的。从这个角度来看，他承袭了保罗·高更的创作观。高更画作中的一些模特儿呈跪坐姿比如《她们的金色身体》（*Et l'or de leur corps*，1901年），而收藏在安特卫普的莫迪利亚尼这幅《裸体坐像》（*Nu assis*，1917年）几乎就是翻版：地毯取代了地板。同样，《裸女》（*Nu féminin*，第209页）中人物以手支撑身体的姿态也是起源于高更。至于卧姿画像，画家曾在1906年的特展中观赏过《永远不在》（*Nevermore*，第210页）。自那时起，对他来说已是一种灵感，亚历山大收藏的几幅1909至1911年的画作印证了这一点。简化和统一四肢线条，突出轮廓的方式，乃至肌肤的赭石色调都解释了大溪地女人（的画像）对莫迪利亚尼的影响。

《躺在左侧的裸体像》（*Nu couché sur le côté gauche*）这幅画我们可以看到画家从多位大师处得到的启发与升华，用作品与安格尔的《大浴女》（*Grande Odalisque*，第222页）交流，以及先后在1907年和1911年被卢浮宫收藏的爱德华·马奈的《奥林匹亚》（第215页）与雷诺阿的作品。安格尔将裸体女性置于艺术的中心，并带入一种在观察与幻想之间，在真实人体与理想化的"自然美景"之间真实存在的紧张状态。亨利·泽纳（Henri Zerner，法国艺术史家）注意到安格尔的绘画中对人体的理想化处理得到的是既抽象又感性的结果：通过人物的变形和扁平化，主观摈弃了将左右腿进行区分刻画，而是融为一体。[12]我们可以借用艺术史家曾用来描述威廉·布莱克的"精神感官主义"的表达，形容安格尔的作品在某种意义上可以媲美基督教中的"荣耀的身体"。然而，安格尔表示："我并未将人体理想化。"莫迪利亚尼还透露安格尔总是需要依托于模特儿，一个真实的、具有重量感、稳定且脆弱、充满情感的人体。这就是为什么安德烈·萨蒙在1920年写到，就本质来说，安格尔是唯一的"女性的画家"。[13]

里窝那人的灵感，似乎可以追溯到安格尔的《宫女和奴仆》（*Odalisque à l'esclave*，1839年，福格艺术博物馆藏），《朱庇特与安提俄佩》（*Jupiter et Antiope*，1851年，奥赛博物馆藏），以及那幅已失传、只能通过几幅素描来窥之一二的《那不勒斯的睡女》（*Dormeuse de Naples: Donna nuda che dorme*，意为"睡梦中的裸女"，1807—1809年）。都灵阿涅利家族收藏的《侧卧的裸女》（*Nu couché*，第226—227页）的创作灵感就是来自《宫女和奴仆》，但就像莫迪利亚尼所有的裸体画一样（只有一幅例外），画中人物的头位于右侧。这在西方绘画中似乎是约定俗成的惯例，只有极少数例外。比如提香的那幅著名的《维纳斯、丘比特和一个风琴手》（*Vénus avec Cupidon et un organiste*，约1548年，普拉多博物馆藏）。线条可以说是贯穿两位艺术家的灵魂。安格尔式的裸体画像的线条拉长，呈现经过修饰且完美的韵律，在肌体与布料之间相呼应。而一些双臂在头顶交叠的女性则让人联想到《维纳斯的诞生》[*Vénus anadyomène*，1808—1848年，法国尚蒂伊孔代博物馆藏（musée Condé）]和《泉》（*La Source*），1856年，奥赛博物馆藏。

《亚维农的少女》是站立的、蜂拥而至的裸体，毕加索以此打破了裸体人像横构图的传统。而在《斜卧在白枕上的裸女》（*Nu féminin sur un oreiller blanc*，约1917年，第224—225页）这幅画中，莫迪利亚尼延续了雷诺阿的《泉：侧卧的裸女》（*La Source-Nu allongé*，1902年，私人藏品）的路线。这位卡涅的大师（译者：这里隐喻因创作《滨海卡涅》《卡涅的浣衣女》等作品的雷诺阿）对安格尔式的《泉》（*La Source*）的姿态——站立，从肩上扛着的双耳瓶向足下倒水——进行了创新，用侧卧的女性形象取代了古代的男性河神形象。双足因为位于画框外而不可见的身体组成了河流，或者说女性的身体如河流一般"流入"了画家的视野，延续不断，仿佛他正在吸收着流动的波浪。

左页图
《裸体坐像》（*Nu assis*）
1917年
布面油画，114厘米×74厘米，
皇家安特卫普美术馆藏

上图
保罗·高更（Paul Gauguin）
《她们的金色身体》（*Et l'or de leur corps*）
1901年
布面油画，67厘米×76.5厘米，
巴黎，奥赛美术馆藏

还是1917年,《坐在沙发上的裸女》(*Nu assis sur un divan*，又名《罗马美人》，第229页）则显示出画家突破了毕加索在《亚维农的少女》中的抽象变形模式，画中蹲在右侧的少女，被斜直线四等分。莫迪利亚尼通过寻找空间的深度或沿着蛇形曲线来探索对立平衡的人像。远离了马拉加人，他开始接近苏珊·瓦拉东，并为她绘制了一幅以她所喜爱的红色调为主的精美肖像（第143页）。莫迪利亚尼有可能是在挚友莫里斯·郁特里罗的母亲的工作室中见到了苏珊·瓦拉东的多幅华丽的裸体画像，并且与这位当时蒙马特情色新纪元（*ars erotica*）的先锋——她创作了《用纸牌算命的女人》(*La Tireuse de cartes*，1912年，日内瓦小皇宫美术馆藏）——进行了交谈。莫迪利亚尼也曾尝试过像她一样表现光线映照下的肌肤质感的复杂变化。但他最终选择了安格尔式的诗意，并减弱色调，而苏珊·瓦拉东（Suzanne Valadon）在色彩方面相对更加丰富充盈。让我们来对比一下后者在1916年完成的《坐在沙发上的裸女》(*Nu assis sur un canapé*，第228页）和《坐在长沙发上的裸女》(又称《罗马美人》，第229页）。画中人物的姿势大致相同，苏珊·瓦拉东笔下的模特儿头向前倾，而在更年轻的莫迪利亚尼笔下，裸体画的视角构图更加狭窄，双腿被画框截断，右手隐藏在身后。为了和身体的暖色调形成反差，里窝那人让模特儿手持一块白布，直落到胯部。但两幅画的共同点还是一目了然：左臂遮胸，尤其是左大腿和腰背下部都呈现出相同的姿态。头向前探，牵动着肩胛骨的突出，脖子的轮廓也十分鲜明。瓦拉东十分依赖大场景，为了将女性置于室内空间，她会通过调整画室陈列以获得具有装饰性的构图。而莫迪利亚尼则完全将陈设抽象化，通过复杂的三角测量，将造型沿着基准线拉伸，赋予身体以一种层次感。因此，他的人物并没有过度的僵硬感，没有让肌体泯灭，也没有抹杀感性。他对这位罗马美人进行了升华，从精神层面上与格列柯笔下的抹大拉的玛丽亚（Marie-Madeleine）相通。瓦拉东描绘的两只手伸入躯体的场景引发了观者的触觉共鸣，莫迪利亚尼画出的唯一一只手延长了人像的斜向轴线，至于右前臂，简而言之，即调动了引导胸部和面部的轴线，完美构成人物的大三角区域。

左上图
安格尔
《大浴女》(*La Grande Odalisque*)
1814年
布面油画，91厘米×162厘米，卢浮宫馆藏

上图
《躺在左侧的裸体像》(*Nu couché sur le côté gauche*)
1917年
布面油画，89.5厘米×146.7厘米，私人收藏

第224—225页图
《斜卧在白枕上的裸女》(*Nu féminin sur un oreiller blanc*)
约1917年
布面油画，60厘米×92厘米，
斯图加特国立美术馆藏

第226—227页图
《裸体睡像》（*Nu couché*）
1917年
布面油画，65厘米×100厘米，
都灵乔凡尼和马瑞拉·阿涅利美术馆藏

在1925年10月出的期刊《艺术之爱》（*L'Amour de l'art*）中，沃尔德玛-乔治写道："在对裸体人像的研究中，莫迪利亚尼的天赋得到了肯定。这些裸体画像'一气呵成'，唯有对主题把握自如的艺术家才能完成。在莫迪利亚尼的作品中，形式感永远不会被人体解剖学细节阻碍。模特儿的任何显著特征都无法阻碍或打破他创作诗意美学的节奏。然而，这些可说是自安格尔以来，艺术家所画的最美丽的裸体像，并不是随意的或抽象的；恰恰相反，它们具象且真实。莫迪利亚尼沉迷于研究这些断裂的、混合的、倾斜的线条，而永远不会去考虑装饰或插图。这些大型的侧卧裸体像由如波浪般起伏的曲线组成，凹凸有致，简洁且富有神韵。观者的视线沿着艺术家的指引，从足尖到头顶，穿过丰腴的臀部，婀娜的腰肢，经过圆润的乳房和双臂腋下，最后直达高耸坚挺的鼻子和眉弓在脸上构成的和谐的新月拱形。"[14]

上图
苏珊·瓦拉东（Suzanne Valadon）
《坐在长沙发上的裸女》（*Nu assis sur un canapé*）
1916年
布面油画，81.4厘米×60.4厘米，
私人收藏

右页图
《坐在沙发上的裸女》（*Nu assis sur un divan*，又名《罗马美人》）
1917年
布面油画，100厘米×65厘米，
私人收藏

modigliani

情色与肉体的颂歌

画商贝尔特·威尔幽默地回忆起1917年12月的那场展览上，莫迪利亚尼展示了4幅裸体画像。就在开幕日，警察局长命令他立刻把橱窗中的一幅画撤下，因为这幅画细致地刻画了女性隐秘处的毛发：这位政府官员吞吞吐吐地说出这个词，这显然超出了他的底线。[15]还有很多例子表明，画家毫无忌讳地尝试情色艺术（*ars erotica*），比如他为一幅图画（约创作于1910年）直截了当地题词："他说他对女人的性征永不会感到厌倦"（Os vulvae insaturabilis vero nunquam dixit sufficit，原文为拉丁文，以法语注释）。[16]因此，20世纪初期作品中的布尔乔亚式人物都过于腼腆，由于他对女性性征的明显刻画而受到了质疑。但这还不是最重要的，从礼仪道德的方面考虑，这些作品的受众更加限制级。1917年12月的这一闹剧表明了，传统画派的艺术化裸体，突然间被这样粗暴、毫不掩饰地刻画女性性征的作品冲击，甚至不得不避其锋芒。这是一个全新的"奥林匹亚案例"！（译者注：当初马奈展出《奥林匹亚》这幅画后也受到了大众的批判，因为大众认为画家将维纳斯画成了娼妓，作者这里将两者相提并论。）

在1913年的秋季沙龙上，基斯·凡·邓肯的《西班牙围巾》（*Le Châle espagnol*）被评审团判定不雅而从展览上撤下。在女导演罗伊斯·韦伯（Lois Weber）——默片时代的先驱之一——的电影《伪君子》（*Hypocrites*，1915年）中，她塑造了一个痛斥信徒的伪善行为的牧师形象。牧师为信徒们雕刻了一座赤裸的真理雕像，他的灵感来自从天堂降临的真理女神，她以最简单最赤诚的姿态面对世人。但雕塑被人恶意解读。借由巧妙的叠加蒙太奇手法，这座赤裸的真理女神像贯穿了整部影片，并让最模范的家庭的伪善暴露无遗。正因如此，在传统的绘画中，世俗的爱，表现为身着各种服饰的人物形象，而唯有神圣的爱是赤裸的。

一个世纪前在贝尔特·魏尔大展神威的那位警察局长，似乎在2015年11月被美国媒体遗忘了：当时1917年《侧卧的裸体》刚刚在纽约佳士得拍卖会上创下纪录，但这幅画的图片却遭遇了媒体审查。《金融时报》用黑色遮盖了画中的乳房和女性性征；而彭博频道则用肉色掩盖了乳房和下体的毛发，使它们与肌肤融为一体！同年五月，巴勃罗·毕加索的作品《阿尔及尔的女人》（*Les Femmes d'Alger*，零号版本）也遭受了同样的待遇，福克斯新闻竟然给人物的乳房打了马赛克！

然而，莫迪利亚尼的裸体画的情色倾向，表面上看起来是对隐秘部位的展示，实际上是艺术家在探索"绘画人体"时所表现出来的乐趣，这丰富了他对真实身体的看法。亨利·德·瓦尔基耶（Henry de Waroquier）在安格尔的《罗杰解救安吉里卡》（*Roger délivrant Angélique*，1819年，卢浮宫馆藏）中看到了"有三个乳房的安吉里卡"，这第三个就是女主角不断肿胀扭曲的脖子。莫迪利亚尼是否也曾在《蓝色靠垫上的裸体》（*Nu sur un coussin bleu*，第212—213页）中这样做？弯曲的肘部作为胸部的额外装饰。在这幅画中，下体耻骨三角区的不对称与躯干和肚脐的褶皱相呼应，我们也可以在《斜卧在白枕上的裸女》发现这一点。画家对跪姿的迷恋始于女像柱时期，可参看《拿衬衫的裸体坐像》（第219页）。《沙发上的裸女》（第211页）的肚脐眼张开，就像第三只眼睛。在一些画，特别是在《斜倚的裸体》（*Grand Nu*，第244—245页）中，红色床单上有着与身体曲线一致的涡形图案。

在这幅被美国媒体审查的、极具争议的裸体画中，人物放纵的姿态、向后摆放的双臂、近景特写，腮红和浓烈的眼妆显然比展露在外的乳房和下体更加令人不安，而更重要的是模特儿对艺术家的凝视、艺术家的凝视和我们的凝视之间所建立起的三角关联。在摄影流行起来之前，莫迪利亚尼就打破了通过身体与场景的设计所带来的戏剧幻觉。摈弃了帷幔的装饰和对东方主义的召唤，女性试图"以突出乳房和大腿线条的姿势，双目微阖或媚眼如丝，假装被遗弃或睡梦中"[17]的诱惑幻象已经一去不复返了。画家还背弃了光影写实主义（réalisme optique），亚历山大·卡巴内尔曾以这种风格创作了一幅与安格尔完全不同，属于他自己的《维纳斯的诞生》（1863年，奥赛博物馆藏）：借用了"记录式"的手法，将身体神化的同时依旧让观者感到"真实"。女像柱时代的舞者所承载的情色和有韵律的冲动被模特儿的主动凝视所转化：她们凝视着画家，同时也在凝视着观者。

莫迪展示出的坦率正是被弗朗西斯·卡尔科所强调的："他在画布上直截了当地进行着令人震惊的裸体研究，似乎腹部、乳房或唇边微笑能够传递出比直接描绘性器官更加暧昧的效果。如动物般的灵活，时而又停滞不动，她的从容、令人愉悦的脆弱，（在他之前）还没有其他画家如此在意地去解读……"[18]

这些描述唤起了莫迪利亚尼所说的"两种相反的解读"："魅力之邀约"（尤其是年轻女孩的肖像）和"欲望之权威"（成熟女人的裸体）。他谈到"肉体的抒情诗"，映射了年轻少女把衬衫褪到大腿的场景（第238页），至于有着灰暗肤色身体的女人，比如《罗马美人》（第229页）——"身体不是色彩斑斓的"——则是"直接的评论"。[19]这种依

右页图
《裸体睡像》（*Nu couché*）
1917—1918年
布面油画，59.9厘米×92厘米，
私人收藏

modigliani

照模特儿年龄而绘画的模式并没有考虑到研究身体的历史学家后来发现的一个现象：20世纪初期年轻女孩身体情色化的趋势，以至于阿兰·科宾开玩笑地质疑，“年轻的美国女性、来自大西洋对岸的游客和稍纵即逝的情话所带来的宽松影响”。[20]

相对于“直接评论”，而更加反对“肉体的抒情诗”，卡尔科将莫迪利亚尼的裸体画放在了与诗歌同等的位置。莫迪利亚尼所描绘的象征着诱惑的传统元素，杂乱无章的橙红色头发、化妆、首饰，都与情感和凝视的历史密不可分，尤其是一系列“戴项链的裸体像”。[21]借用自艺术史，甚至某种珍贵形态的元素使人联想起两种诗歌传统向绘画的转化，比如女性身体的纹章（Blason）和波德莱尔的爱情十四行诗。德拉克洛瓦不是已经在1855年10月5日的日记中将身体称为“令人称颂的诗”吗？《戴项链的裸体坐像》（*Nu assis au collier*，1917年）就是一个很好的例子。在橙色的皮肤上，画家突出了皮埃尔·德·龙沙（Pierre de Ronsard，法国抒情诗人）在这首《爱情》十四行诗中所吟唱的具有崇拜意义的细节：

“这金子般的誓言，这红润的嘴唇，
这许多的百合、玫瑰和康乃馨，
还有这些贞洁红润的奔跑者，
还有这如霞光灿烂的脸颊：

这手，这脖颈，这前额，耳朵，
这乳房上微微泛绿的珠宝，
还有双眸中闪耀的星辰，
令那些精妙的灵魂为之颤抖。”[22]

这幅画也呼应了诗集《恶之花》（*Fleurs du mal*）中《首饰》（*Les bijoux*）一诗的情色意味：

“我的爱人一丝不挂，并对我的心了如指掌，
她佩戴着环佩叮当的首饰，
这些绚丽的装饰使她看起来得意洋洋，
犹如狂欢节上摩尔人的女奴。

当她开始舞动，首饰发出轻灵而嘲弄人的声响，
这个世界闪耀着金属与宝石的光彩，

左上图
《裸体坐像》（*Nu assis*）
年代不详
纸本石墨，46.7厘米×32.2厘米，
荷兰国家博物馆藏

右上图
《裸体坐像》（*Nu assis*）
1918年
纸本石墨，42.7厘米×25.1厘米，
芝加哥艺术博物馆藏

右页图
《戴项链的裸体坐像》（*Nu assis au collier*）
1917年
布面油画，91.5厘米×59.7厘米，
私人收藏

modigliani

使我欣喜若狂，我狂热地迷恋
将声与光集于一身的东西。”[23]

波德莱尔进一步描写了一个女人躺在沙发上的姿态：“在混沌而梦幻的氛围中，她摆出各种姿态/将坦率与情欲结合起来/为她的蜕变赋予了新的魅力”，最后才归于“琥珀色的肌肤”。我们很难不联想到让-吕克·戈达尔（Jean-Luc Godard）的《轻蔑》（1963年）中的经典场景，这部影片改编自阿尔贝托·莫拉维亚（Alberto Moravia）的小说。导演通过碧姬·芭铎（Brigitte Bardot）激活了莫迪利亚尼的裸女，完成了将感性和情色从绘画到电影的过渡。女主角毫无保留地释放着身体的魅力，如同打破传统的*Blason*（一种流行于16世纪的颂诗或讽刺诗），而这一次，女人掌握主动权。

对于一些观众来说，里窝那人作品中女性身体的婀娜曲线如同音乐般曼妙。早在1929年，兰伯托·维塔利（Lamberto Vitali）就指出了莫迪利亚尼的抒情模式：“通常是一种均匀且细腻的笔触，随着力量喷薄而出，如同一根轻盈且纯粹的线条，将形态包裹其中，形成精致优雅的曲线节奏。卷曲的线条以一种音乐般的方式不断交织重叠，时而停顿，时而重启，时而交叉，时而戛然而止；更多是联想，而不是描述和不加分析的总结。正如田园长笛的图案和独特的韵律唤起整个理想化的怀旧世界，莫迪利亚尼笔下的曲线超越了现实中的模特儿，将其升华到一个更加卓越和不同的世界，在那里拥有童贞身体的女人们沉浸在奇怪的倦怠状态中。”[24]

数年后，在1932年，乔瓦尼·夏维勒注意到在仿佛“充满肉欲的”裸体之外，还有第二种类别：“第二种构成了相对平静的乐章，不会扰乱一个品质良好的布尔乔亚的梦想。我们不知道还有哪些裸体画作品，可以像莫迪利亚尼的一样，见证了画家和模特儿之间完美的精神交流。不仅是人体美激发出的几分情欲，艺术家还将自己的审美乐趣传递给对方，正如神秘主义者在神秘本身面前表现出谦卑一样，莫迪利亚尼也在创作中将女性神化。通过珍贵的画作，精致的笔触，他向我们毫无保留地揭示了自身痛苦的脆弱。画家的部分裸体画［比如这幅名为《粉红裸体》（*Nu rose*）的画作］传达出一种比吴哥、锡兰、爪哇的诸多著名佛像更加虔诚、更加狂喜的感觉……”[25]

这些评论特别适用于1918至1919年创作的裸体画，也是莫迪利亚尼裸体画时期的最后阶段。以艾维拉（Elvira）为模特儿创作的一系列油画显示出画家在蒙马特时期已经实践过着衣和不着衣模特儿之间相结合的回归。《靠在桌边的艾维拉》（*Elvira accoudée à une table*，第276页）对应着《站立裸体（艾维拉）》［*Nu debout (Elvira)*］，后者是充满古典美的绝妙半身像。它使人更多联想起古希腊时期的鲁多维奇宝座浮雕（trône Ludovisi，罗马国立美术馆藏）中的阿佛洛蒂特诞生（la naissance d’Aphrodite）场景——尽管艾维拉本人带着面纱以示腼腆。而非安托万·布德尔的雕塑《帕拉斯》（*Pallas*，1905年，布德尔博物馆藏）。同时也与德兰的《绿幕前的裸体像》（*Nu devant un rideauvert*，1923年，法国国立现代艺术美术馆藏）建立起某种关系：画家坚定且有力地勾勒出修长圆润的躯体轮廓，并用黑色细笔一次性地对轮廓进行加强描画，使其从背景中凸显出来，描绘背景色彩的笔触更加灵活，至于人物双手手指则逐渐变白，与堆在臀部附近的白色睡袍融为一体。

同一时期的着睡袍的裸体画呈现出更加放松、具有活力的形态，与雅克·路易·大卫在《雷加米埃夫人》（*de Madame Récamier*，1800年，卢浮宫馆藏）中所使用的手法极为相近，通过片状笔触和红绿互补色调，在以涂抹法绘制的背景与人物之间建立起显著的关联。

还有一些人物画像，通过赋予人物更加多元化、更加轻盈的姿态，来打破传统裸体画像的陈词滥调，比如后来启发了菲利斯·卡索拉蒂（Felice Casorati）的《裸体卧像》（*Nu allongé*，1917年，第242—243页），以及《趴着的裸体像》（*Nu couché de dos*，第240—241页）。伴随着肢体的放松，女人如猫科动物般伸展，显示出纯粹的曲线美，如同朝气蓬勃的爱神的升华。

《斜倚的裸体》（*Nu couché*，约1919年，第244页）中，女人躺在一大块织物上，蓬松并具有维亚尔式的质感。在画面底部绘有两个螺旋图案。莫迪利亚尼笔下的睡姿女性从未在空间中展示出如此地自由自在：平躺姿态的她似乎在画面中不断移动和扭转着身体。在背部呈现侧面或四分之三时，从腰部扭转，令观者可以清楚地看到女性的腰臀和大腿的正面。双臂弯曲，在画面上呈垂直位，如翅膀般起到平衡稳定的作用。裸体以某种方式再现了三重奏——腿、躯干和头部——或者类似远东文明中乐伎的三屈式（译者注：tribangha，梵文，来自印度人体美观念中的S造型）。这种轻微的“立体化”扭曲并没有损害人物的完整性，因为其姿态是和谐的，同时从根本上确立了这个女人像是绘画且无法以写实主义的眼光去解读的。

在《右臂枕在头后的斜倚裸体》（*Nu couché, le bras droit replié sous la tête*，第246页）中，涡卷笔触是超越造型的，底层的画布显露出来，形成一条完美的臀部曲线，如同亚历山大·阿基彭科（Alexandre Archipenko）的雕塑侧面或马蒂斯的《奢华、宁静与享乐》（*Luxe,*

右页图
《站立裸体（艾维拉）》［*Nu debout (Elvira)*］
1918年
布面油画，92厘米×60厘米，
瑞士伯恩美术馆藏

左页图
《站立的金发裸体》（*Nu blond debout*）
1917年
布面油画，92厘米×65厘米，
私人收藏

上图
《粉红裸体》（*Nu rose*）［又称《小挤奶女工》（*La Petite Laitière*）］
1918年
布面油画，100厘米×65厘米，
巴特林纳收藏，现存于维也纳阿尔贝蒂娜博物馆

calme et volupté，1904年，法国国立现代艺术美术馆藏）中的卧像。传统绘画中用于支撑人像的沙发被大面积的水平色块取代，其中三等分的方式有可能启发了马克·罗斯科（Mark Rothko）。我们无法判断，女人是处于抽象的风景背景中还是在一个庞贝式壁画的环境中。然而，这个有着粉红肌肤的裸体女人也并非凭空而来。双眼紧闭，双腿交叠，呈现如同美人鱼的姿态。莫迪利亚尼并没有像皮埃尔·德·夏凡纳（Puvis de Chavannes）的反自然主义一样，将身与灵剥离，而是在继续强调感受的同时，突出纯粹的绘画手法。线条与色彩相互碰撞、呼应，并直接作用于观者，并超越了画面中的人体本身。

当情欲消散，人物与背景紧密结合，浑然一体，人们开始思考裸体画是否具有装饰性风格，从而引出了莫迪利亚尼作品与马蒂斯作品之间关系的问题。尽管没有证据表明他们两人之间有过私人接触，但极有可能他们在无意中产生了交集，这很可能就是在大约1916至1917年竖琴和调色板协会在惠更斯厅组织的一系列展览中。两人都经历过雕塑阶段，并由此简化了线条，通过寥寥几笔来塑造立体感。两人也都着迷于米开朗基罗装饰在佛罗伦萨美第奇家族陵墓上的《夜》（*Nuit*），马蒂斯曾速写过好几次，里窝那人也都记得。通过临摹《奢侈2》，莫迪利亚尼选择追随擅于线条的现代大师，成为一位当代的安格尔（第45页）。

在他1916至1917年的裸体作品中，他和前辈在线条与纯色主张上表现出完美的和谐。以至于我们在溯源莫迪利亚尼作品时，可以参考下马蒂斯的《红鱼与雕塑》（*Poissons rouges et sculpture*，1911年，纽约现代艺术博物馆藏）中的橘色人物，或《大裸体》（1911年）——现已失传，仅通过伯恩海姆-朱恩画廊保存的一张照片和在《红色画室》（*L'Atelier rouge*，1911年，纽约现代艺术博物馆藏）中的存在而为人所知。然而，莫迪所遵循的风格演变与马蒂斯大相径庭。当我们从皮埃尔·施耐德（Pierre Schneider）的角度来看，马蒂斯首先触及了几乎抽象的范畴——直到那幅巨大的、象征艺术家创作黄金时代杰作的《河边沐浴者》（*Demoiselles à la rivière*，1916年，芝加哥艺术博物馆藏）——之后回归到某种自然主义的形式。他用一种基于纯色和线条的抽象语言来表述，努力使黄金时代的神话，即他的信仰更加自然化。[26]莫迪利亚尼成功创作出不少如同动物般匍匐、扭转的令人惊异的人物形象，例如《趴着的裸体像》（第240—241页）或《裸体睡像》（*Nu couché*，第247页），并借用了马蒂斯在《乌龟浴女》（*Baigneuses à la tortue*，1908年，圣路易斯艺术博物馆藏）中创作的

《趴着的裸体像》（*Nu couché de dos*）
1917年
布面油画，64.8厘米×99.7厘米，
费城巴恩斯基金会藏

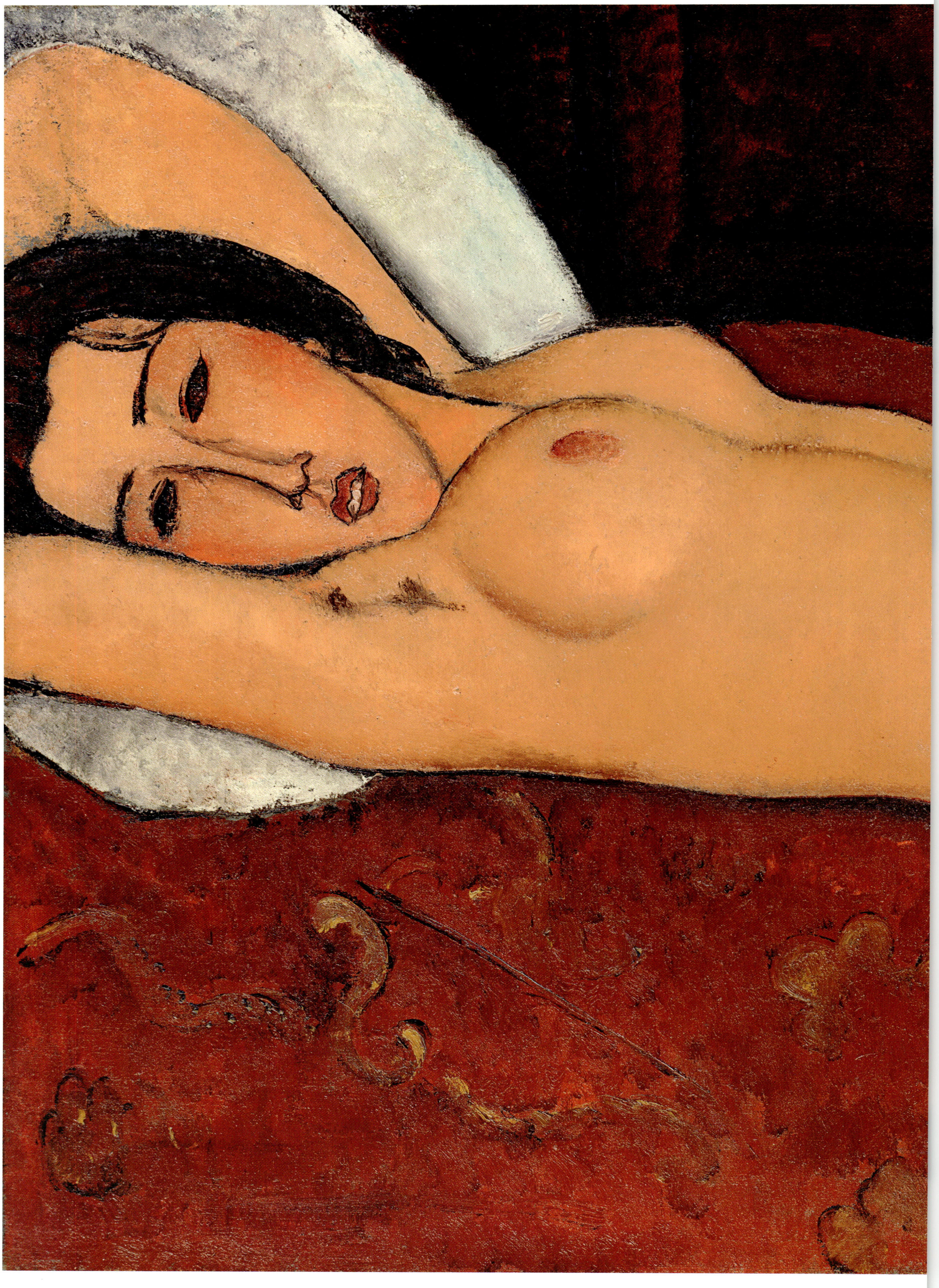

modigliani

第242—243页图
《裸体卧像》(*Nu allongé*)
1917年
布面油画，60.6厘米 × 92.7厘米，
纽约，现代艺术美术馆藏

左上图
《裸体坐像》(*Nu assis*)
约1918年
纸本石墨，44.1厘米 × 27.9厘米，
纽约，现代艺术美术馆藏

右上图
《斜倚的裸体》(*Nu couché*)，又称大裸体(*Le Grand Nu*)
约1919年
布面油画，72.4厘米 × 116.5厘米，
纽约，现代艺术美术馆藏

上图
《右臂枕在头后的斜倚裸体》（*Nu couché, le bras droit replié sous la tête*）
1919年
布面油画，76厘米 × 116厘米，
罗马国立现代艺术美术馆藏

下图
亨利·马蒂斯（Henri Matisse）
《裸体卧像》（*Nu allongé*）
1917年
布面油画，95厘米 × 196厘米，
私人收藏

右页图
《裸体睡像》（*Nu couché*）
1919年
布面油画，73厘米 × 116厘米，
私人收藏

水平三重分层背景，使其呈现出近乎抽象的人体。20世纪20年代起定居在尼斯西米耶区（Cimiez）的大师在莫迪利亚尼去世之后反而画风一转，开始绘制极为符合人体解剖学的写实人体。一系列的《宫女》（*Odalisques*）系列和《十字架上的波斯人》（*Persanes à la croix*，1929年），象征着马蒂斯也找到了自己的“阿梅莎”。在马蒂斯20世纪30年代创作出的许多斜卧裸体画像中，我们可以找到莫迪利亚尼作品中标志性的轻盈与富有节奏感的曲线美。

早在1924年，作家弗朗西斯·卡科就将莫迪利亚尼称为“现代裸体画家”。[27]的确，在20世纪20年代“回归秩序”美学流行之前，他都将其作为前卫的主题，这与回归传统不无关系。出人意料的，不少现代艺术家毫不含糊地公开谴责莫迪利亚尼，例如著名的莫里斯·丹尼（Maurice Denis）理论：“请记住一幅画，在成为一匹战马，一个裸女又或是一系列轶事之前，首先是一个按照顺序覆盖了色彩的平面。”[28]得益于莫迪利亚尼，裸体画不再仅仅是一幅精致的“美丽的风景”。

神圣

(1918—1920年)

1917年3月，夏娜·奥洛夫将自己在科拉罗西学院（Académie Colarossi）的一位同学珍妮·赫布特尼（1898—1920年）介绍给了莫迪利亚尼。珍妮的父亲阿什利·阿基米斯·赫布特尼（Achille Casimir Hébuterne）是百货商店的会计师，母亲欧多西·阿内斯·泰利尔（Eudoxie Anaïs Tellier）是家庭主妇，从这样家庭成长起来的珍妮为她的挚爱提供了源源不断的创作动力。尽管父母极力反对，她还是将自己与莫迪利亚尼的命运连接在了一起。对于这位全新的“圣母”（译者注：Vierge de l'Annonciation，出处来自文艺复兴时期的一幅画，此处暗喻珍妮·赫布特尼），新任的“天使长”（译者注：Archange，天使的首领，此处暗喻莫迪利亚尼）将为她贡献出最伟大的几幅杰作。1946年1月16日，《ELLE》杂志刊发了一篇名为《莫迪》（*Modi*）的文章，当时法国画廊（Galerie de France，20世纪五六十年代巴黎重要的画廊之一）正在举办他的个展。展览中对珍妮的描述如下：“她才满十七岁，梳着粗大的栗色辫子，如圣母似的脸庞，绿色的眼睛，眼角上挑，皮肤呈现浅浅的橄榄色。这个少女害羞且温柔，每晚都要回到家人身旁，立刻吸引了莫迪利亚尼的注意。珍妮那修长的脖颈、纤细的双眸，正是他笔下人物最纯粹和令人不安的特征。是珍妮让莫迪利亚尼不知疲倦地作画。”[1]画家用矫揉造作的细节来修饰年轻女人的容貌，并用丰富的装饰营造出“光环”。神圣（Hieros，希腊语，意为神圣），取代了爱欲（Éros）。

珍妮从此成为莫迪利亚尼的作品和生活的核心。她在一系列女性，包括利奥波德·兹博罗夫斯基的太太汉卡，还有兹博罗夫斯基夫妇极为亲密的好友、原姓马科夫斯卡（Makowska）的露妮娅·捷克诺夫斯卡——曾在他们位于约瑟夫-巴拉街3号（3, rue Joseph-Bara）的家中暂住，以及儿童的形象中熠熠生辉。自从珍妮诞下一女，改变了画家看待孩子的方式。在莫迪利亚尼的作品中开始出现了家庭的氛围，这一变化很低调但确实存在。1918年，他的经纪人考虑再三，最终让生病的莫迪利亚尼离开遭受轰炸的巴黎，去了蓝色海岸与珍妮生活几个月。当莫迪利亚尼从南部返回之后，健康状况迅速恶化，这在1919年的《自画像》（*Autoportrait*）中有所体现，那是他最后时期的代表作之一。

珍妮、汉卡和露妮娅

在莫迪利亚尼生命最后一个时期的画作中，三位女性占据了主导地位：珍妮·赫布特尼、汉卡·兹博罗夫斯基和露妮娅·捷克诺夫斯卡。汉卡（自1916年起）和露妮娅（自1917年起）的肖像画要早于珍妮，但在1918至1919年，珍妮的画像占据了多数。

珍妮是阳光，象征胜利的光明，象征诞生，并与青春携手同行。而对青春期的莫迪来说，从未停止过对隐藏在明媚的儿童和青少年画作中的神秘与好奇。他笔下的女人形体被刻意地拉长，尤其是那修长的脖颈令人印象深刻。他似乎对珍妮的脖子怀有极大的热情，如同保罗·克利（Paul Klee）对舞蹈家克里欧·德·梅洛德（Cléo de Mérode）一般："一定要看看现实生活中她的脖子。纤薄，修长，像青铜般光滑，不太多变，细小的肌腱，靠近胸骨的两条肌肉，胸骨和锁骨……"，克利曾在日记中这样描述。[2]

莫迪利亚尼偏好使用曲线和具有表现力的线条来描绘珍妮。一种全新的吸引力贯穿他的作品，使莫迪利亚尼更接近埃尔·格列柯（El Greco）的风格。莫里斯·巴雷斯（Maurice Barrès）在《格列柯或托莱多的秘密》（*Greco ou Le Secret de Tolède*，1912年）一书中感叹道："这个格格不入的奇怪的天才，格列柯！"[3]在文艺复兴中存在的奇特和不协调逐渐转向古典样式，格列柯融合了当时在他家乡克里特岛常见的拜占庭式和中世纪风格元素。同样，就像毕加索描画他的第一任妻子奥尔加（Olga），抑或是德兰笔下的《戴大帽子的保罗·纪尧姆夫人》（*Madame Paul Guillaume avec un grand chapeau*，1928—1929年，巴黎橙园美术馆藏）那样，人们也很期待这个意大利人采用同样的方式画珍妮，遵循地中海风格和古典风格，最终满足"恢复秩序"运动所要求的造型。然而，画面中拉长的造型，象征着"哥特式"初现，就像威廉·莱姆布鲁克的作品一样。莫迪利亚尼将朋友们描绘成格列柯的使徒、圣彼得化的苏丁、《手放在胸前的骑士》[4]（第49页）中的保罗·亚历山大，并将他的爱人化身为托莱多圣母（Vierge de Tolède）！

1917年的《蓝眼睛》（*Les Yeuxbleus*，一幅珍妮·赫布特尼的肖像）是画家的一件代表作（第252页）。画面背景被分割成三个垂直平行的长条，早于卢西欧·丰塔纳（Lucio Fontana）创作于20世纪40年代末期的"被割破"的画布系列"Attese"。莫迪利亚尼仿佛沿着鼻子、脖子和上衣领口的曲线轮廓穿透了画布。两条分界线清晰地将背景分成三部分。右边的线条较长，隔开一面比较明亮的墙壁，与左侧的浅色调相呼应，看起来人物仿佛是壁龛中的雕塑般。另一条线比较短，位于珍妮头部上方。但我们并不会把它看作是操控木偶的牵引线。人物的头不是垂而无力的：构成头部特征的线条正是令整幅画生动起来的缘由。在里尔现代艺术博物馆（LaM）对作品的介绍中，珍妮·巴蒂尔德·拉古提到了"工业绘画"这一概念来描述艺术家构建出来的精准、对称的轮廓。[5]我们倾向于相信她的说法。事实上，在某些方面，这幅作品与欧森冯和勒·柯布西耶的作品有共同之处。这两位未来的"纯粹主义"大师希望在建筑和现代物品、工具、机器的设计基础上改造绘画。此外，卡洛·卡拉的简化线条风也不容忽视，莫迪在1916年左右逐渐转向了形而上学艺术的纯

第248页图
《珍妮·赫布特尼》
（*Jeanne Hébuterne*）
1919年
细节图见第285页

上图
珍妮·赫布特尼，由保罗·纪尧姆在巴黎拉维南街的莫迪利亚尼工作室拍摄，约1915年，巴黎阿梅代奥·莫迪利亚尼法定文献库藏

右页图
《蓝眼睛的女人》（*La Femme au×yeu×bleus*）
约1918年
布面油画，81厘米×54厘米
巴黎，现代艺术博物馆藏

modigliani

modigliani

粹精致。然而，无论是“工业绘画”还是原始主义都不足以概括其本质。莫迪利亚尼没有像纯粹主义者那样仅仅在感性世界以外绘画，也没有像卡拉那样仅仅为了探索毫无准备基础而进行简化：他切割，他超越。他如此巧妙地利用了空间，重新调和在立体主义中一度脱节的眼睛和精神之间的关系，对现代艺术起到了极其重要的贡献。《蓝眼睛》中的人像与《亚维农的少女》中的一个颇为相似，如同相隔十年之后的回归，显示出可见的（空间中的脸）对于观察它的眼睛和分析它的头脑一样神秘。一只眼睛轻微错位，一侧眉毛消失不见，透视变形的鼻子朝向面部一侧，而头发形成的阴影打造出脸部的立体感。

1918年创作的珍妮肖像都以长发的正面像或侧面像为主，比如现藏于耶鲁大学的这幅采用了1911至1912年雕塑头像的形态。画中的珍妮·赫布特尼呈现少女感。她消瘦的脸庞呈现出一种风格独特的曲线，就像莫迪喜爱的巴乌莱族的面具一样。但在其他方面，非洲雕塑艺术的影响逐渐应用于艺术家熟悉的面孔：珍妮的目光自下而上，略带质询，另一侧脸不可见，但她知道自己被注视着。

当他开始绘画全身坐像时，重新找回了曾经出现在1913至1915年女像柱作品中的节奏。至此不再只是表达优雅和精致，而是蛇形线条（linea serpentina，指曲线）、多重和谐以及对称动态的复杂作品。这与埃利·纳德尔曼所呈现的艺术截然不同，我们看不到几何造型的曲线。莫迪创作的是精神引领造型、视觉追随其后的结果。就像埃尔·格列柯将威尼斯画派的色彩融入他的禁欲主义作品一样，莫迪利亚尼也展示了他的色彩体系的精华。沃尔德玛-乔治已经注意到，伴随着从漆器色系到泥土色系的过渡，渐变和色调的应用，色彩逐渐成为其作品最终的基础：“在他生命的最后时期，色彩应用逐渐成熟。他放弃了大面积的纯色块方式塑造背景，开始寻求渐变与色调的微妙。不过，这些变化还是基于局部的相近色彩。”[6]

1918年的这幅《珍妮·赫布特尼坐像》（*Jeanne Hébuterne assise*）显得尤为华贵。年轻女子被安置在双色背景的交界处，画面被垂直分割为蓝绿色区域和更加饱满的黄色区域，她的头发是金棕红色，头部仿佛笼罩在金色光环之中，向左侧的蓝绿区域倾斜。珍妮身着色彩细节丰富

左页图
《蓝眼睛》（*Les Yeuxbleus*、珍妮·赫布特尼的肖像）
1917年
布面油画，54.6厘米×42.9厘米
费城艺术博物馆藏

左上图
《珍妮·赫布特尼》（*Jeanne Hébuterne*）
1917—1918年
布面油画，45.7厘米×29.2厘米，
私人收藏

右上图
《年轻女人的肖像》（*Portrait de jeune femme*）
1918年
布面油画，45.7厘米×28厘米，
耶鲁大学美术馆藏

的服装，莫迪利亚尼着意突出了细微的色差变化。面部和上臂构成了具有个性化细节的三角区域。双眼位于一条倾斜的水平线上，并在向左下延展的位置出现了第三个如同眼眶形状的同色区域，红色卷发的造型就像是被画家整理过一样，从前额位置向后梳理，最后落在左肩上。右手的一个手指微微向上弯曲，看起来有些刻意，至于左手则彻底消失在画框外（这在莫迪利亚尼的作品中非常常见）。珍妮身着一件水蓝绿色和石榴色相间的连衣裙——当然也有可能是一条半身裙和上衣的组合。在腰带位置出现了一个浅色梯形区域，与挽起的袖子共同构成了三角区域的三个底部支点，并烘托出覆盖在肩部的薄围巾。最后，垂直于上方的面孔为整体构图划下完美统一的句号。弯曲的右臂平衡了倾斜的头部，使之看起来就像包裹在服装中的一个卵形球体；不同区域的色彩从人物到背景进行了横向水平延伸。这种色块镶拼的手法让人联想到威尼斯画派，但这位画家兼雕塑家似乎希望找到在不放弃纯色平面的情况下塑造立体感的方法。当然，我们不能说珍妮被塑造成了圣母，尽管在腰部浅色区域下方微屈的手指，头发独特的造型，以及人物的鹅蛋脸都在暗示一种将圣母形象与现实中肉体情人联系起来的崇拜。

莫迪利亚尼笔下的珍妮通常有一双没有瞳孔的蓝眼睛。因为蓝色所带来的张力，眼睛形而上的存在变得不那么重要，蓝色隐藏了观众的视线，代表着将内心世界隐藏起来。就像莫迪利亚尼的同胞德·基里科一样，他表现的总是外在，从来不是被画对象的心理——这才是他严肃风格的本质。但是，就像诗人一样，莫迪利亚尼通过大量可被解读的符号来展示超越视觉领域以外的信息。蓝色是否代表天空的折射？尽管现实中模特儿并无法看到天空。半个世纪后，1970年，莫迪利亚尼的另一个同胞朱塞佩·佩诺内（Giuseppe Penone）创作了一件名为《倒转视线》（原名：*Rovesciare i propri occhi*，法文名：*Retourner ses propres yeux*）的行为艺术，将镜面的隐形眼镜放在自己的眼中：眼镜反射出失明者无法看到的世界。模特儿空洞的双眼是否代表艺术家无助凝视的镜子？画家难道不是更想将这抹去视线中不可思议的绝对蓝色呈现在眼前，以镌刻命运之谜吗？在讲述他的电影中，让·谷克多会刻意描画演员的眼睑，使观者联想到众神、亡者或占卜者（即诗人们）的眼睛。同样是在影片中，让-吕克·戈达尔在《轻蔑》（1963年）中将希腊众神的雕塑涂成红色或蓝色；两年后；在《狂人皮埃罗》（*Pierrot le fou*）中，他将让-保罗·贝尔蒙多（Jean-Paul Belmondo）扮演的英雄的脸完全涂成了蓝色，象征超越人类的存在。

德兰的《戴大帽子的保罗·纪尧姆夫人》（*Portrait de Madame Paul Guillaume au grand chapeau*，1928—1929年，巴黎橙园美术馆藏）显然受到了《戴大帽子的珍妮·赫布特尼》（*Jeanne Hébuterne au grand chapeau*，1918—1919年，第256页）这幅画的启发，当时莫迪利亚尼仔细研究了光线透过帽子的方式。帽子的阴影对脸部色彩产生了微妙影响。橙色调在向背景的粉红色过渡时逐渐减弱，然后与帽子内部的黄色混合，帽子的阴影投在脸上形成一个较暗的区域，更加衬托出蓝色双眸的明亮。鼻子和抵住下颌的双指构成一条垂直向的曲线，就像一个钹。宽阔的帽檐微微倾斜，明快的黄色如音符般响亮，而底部的绿色块则如低沉的回声般呼应。手指沿着鼻梁的延伸线弯曲，形成细长的曲线，几何形取代了新艺术风格（Art nouveau）的"繁花似锦"，同时对画面层次也进行了简化，这标志着装饰艺术风格（Art déco)开始兴起。

在《穿黄毛衣的珍妮·赫布特尼》（*Jeanne Hébuterne au pull jaune*，1918—1919年，第257页）这幅画中，珍妮的姿态如雕塑般挺拔，双手和双臂构成了一个交叉结构，头与颈部相连并向后倾斜，如同高耸的发髻被某种力量牵引一般。使人想起布朗库西创作的公鸡或鸟类，也是由三角体和球体组成。这种对构图的把控令人叹为观止：红棕色的三角形（由左右侧地板、衣橱以及发髻构成），黄色毛衣在泛白蓝背景的衬托下在画面中央形成一个菱形，左侧的灰色墙角则是整个构图的铺垫，而裙子的绿色（蓝绿色？）和木质的红色作为互补。这种对比游戏和三原色的细微变化显然是这位画家兼雕塑家的杰作。

《坐在扶手椅上的珍妮·赫布特尼》（*Portrait de Jeanne Hébuterne assise dans un fauteuil*，1918—1919年，第259页）上的珍妮安坐在装饰华丽的座椅上，让人联想起后来马蒂斯创作的《洛可可风格扶手椅》（*Fauteuil rocaille*，1946年，尼斯马蒂斯博物馆藏）。现实中的左扶手以一种简略的方式出现在右侧的构图中。镀金装饰的三角结构进一步提亮了绿色框架和蓝色织物的色彩。珍妮呈S形倚靠的姿态，既冷漠又优雅，形成一种美丽的韵律感：螺旋形的生命体盘绕在由木头和织物构成的宽大贝壳中。珍妮靠在右扶手上，身体前倾，与头顶上高耸的发髻恰好形成一个斜线。她蓝色的双眸呈杏仁状，座椅织物、扶手甚至沿着脖颈延伸的阴影线的蓝色调都来自于此。这幅作品以前所未有的方式表现了身体和扶手椅、生命体和非生命体、女人和事物的关系。通过将肢体与座椅立柱相连来加强对立平衡状态：一只手臂成为扶手的延续，红色袖子与绿色立柱上下相连。颜色相互依存，形成反差或相互呼应，就像野兽派的柔和记忆。女人的黑色上衣位于两个主要色块之间：红色（裙子和袖子，以及背后的深色木柜）和蓝色（凸面靠背）。与墙壁的黄色一起，呈现平衡的三原色。绿色圆弧从一个区域跨越到另一个，将整个画面连接在一起，而画面下方点缀着接近于橙色的金色（扶手头）。

手的姿势也显得愈加重要。通常来说，模特儿的手都是闭合（手背朝上）或者靠在物体上的。唯有珍妮的手呈半开放状态。因此在1919年的这幅《戴帽子的珍妮·赫布特尼》（*Jeanne Hébuterne au chapeau*）中，年轻女子的谦逊姿态令人联想到安息日的圣母或抹大拉的玛丽亚。收藏在纽约大都会艺术博物馆的同年的另一幅画作（第285页）显示珍妮用一只修长而微弯的手指抵着左脸颊，其余手指自然下垂，露出掌心，仿佛在神秘地描述虚空。手拥有了抓握的能力。勾勒或暗示出潜在的拥抱：她在保护一个可能诞生的未来。因此，我们必须把手与母性关联起来。贾科梅蒂会说，双手捧住虚空，不如说处于等待。在刚刚看过的这幅《坐在扶手椅上的珍妮·赫布特尼》肖像中，手势似乎还传递了情色语言：食指指向摊开的手。1946年《ELLE》杂志重新发表了珍妮的这幅肖像画，并在封面上隐晦地提到这是一个谨慎的邀请：年轻女子的一只手将肩头裸露，另一只手则放在下身。[7]在其他一些作品中，我们发现双手呈交叠状态，一只手指放在另一只手的掌心，手与手相连，一只手指伸直（第17、255页）。珍妮所表现出来的贞洁——据我们所知，只有一幅胸部裸露的画像，而且是因为上衣滑落的缘故[8]——或许因为这种非常意大利式的手势而表现出反差。

如果说珍妮代表了里窝那人画作的白天的一面，那么露妮娅则象征

上图
《珍妮·赫布特尼坐像》(*Jeanne Hébuterne assise*)
1918年
布面油画，92厘米×60厘米，
私人收藏

上图
《戴大帽子的珍妮·赫布特尼》(*Jeanne Hébuterne au grand chapeau*)
1918—1919年
布面油画，55厘米 × 38厘米，
私人收藏

右页图
《着黄毛衣的珍妮·赫布特尼》(*Jeanne Hébuterne au pull jaune*)
1918—1919年
布面油画，100厘米 × 64.7厘米，
纽约，所罗门·古根海姆美术馆藏

modigliani

了夜晚的那一面，正如她的名字预示的一样。画中的她经常呈现出不健康的病态。在1917至1918年的一幅画，她的脸就像皮包骨一般：牙齿清晰可见，蓝色眼睛半睁半闭，满面倦容。一种难以言喻的虚空感传达出月亮般的忧郁，唯有奥迪隆·雷东（Odilon Redon）的作品可以与之相较一二。皮埃罗（Pierrot）找到了哥伦比娜（Colombine，喜剧演员中的人物，皮埃罗的妻子）。然而，死神是否正在侵蚀着爱神？（译者：这两句是直译，作者以此比喻自己找到了爱人，但同时自己的健康也正在走向消亡）1938年，勒妮·巴霍特（René Barotte，艺术评论家）这样讲述了在蒙帕纳斯举办的“莫迪利亚尼特展”：“在今天我们看来如此有分寸的作品中，艺术家完全自暴自弃。他将一个被诅咒的画家的辛酸与讽刺通过女人们病态的面容表达了出来。”[9]然而，对于热衷于将她描绘成一种极致美或另一种自我（*alter ego*）的艺术家来说，露妮娅就是映射出致命魅力的一面镜子。这是一个令人震惊的心理投射案例，画家在她身上看到了自己：从生活中抽离的面孔，舒展的面孔，精致的面孔，就像1919年的最后一幅自画像那般（第293页）。

《露妮娅，手轻抚面颊》（*Lunia, main sur la joue*，1918—1919年）令人联想起毕加索在粉红时期笔下的、那些坐在小酒馆桌旁陷入沉思的女人们（不过，加泰罗尼亚人也是从图卢兹-劳特雷克那里得到的

上图
《戴帽子的珍妮·赫布特尼》（*Jeanne Hébuterne au chapeau*）
1919年
布面油画，61厘米×58厘米，
私人收藏

右页图
《坐在扶手椅上的珍妮·赫布特尼》（*Jeanne Hébuterne assise dans un fauteuil*）
1918—1919年
布面油画，92厘米×60厘米，
私人收藏

modigliani

启发）。露妮娅有时被看作是哀悼基督的圣母，有时又被视为文艺复兴时期的佛罗伦萨女人，有着高贵的侧脸，既令人着迷又使人畏惧。1919年的另一幅油画展示了她的侧面线条，鼻子隆起，头发梳成发髻；引人注目的是这个皮耶罗·德拉·弗朗切斯卡（Piero della Francesca）手法塑造的如同硬币浮雕般的侧面头像，目光游离在别处，敞开的胸衣，暗示着在画面以外的胸部触手可及。[10]描绘露妮娅的其他作品令人联想起非洲面具，或是某种程度的日本风。细缝般的双眼和过白的肤色，并且配饰也不那么清晰，比如这幅《持扇的女人》（*Femme à l'éventail*，1919年）。在《露妮娅·捷克诺夫斯卡》（*Lunia Czechowska*，约1918年）中，模特儿的黑色外套下搭配了一件非常低胸的上衣，显得脖子更加修长。马奈式的朴素色调令整个构图变得暗淡，甚至盖过了其脸上难以言喻的忧郁：露妮娅处于某种性虐主义和拜物主义之间的混沌状态。

克里斯蒂安·泽沃斯（Christian Zervos）在1929年写道："在莫迪利亚尼笔下，人物脸上的这种悲伤，赋予了其一种难以言喻的悲剧感。"[11]古斯塔夫·考奎特将其称为"令人钦佩的描绘痛苦的画家"。[12]他的画的确呈现了众多因沉迷于摆脱人类的命运痛苦且意乱神迷的人物。这种特质在莫迪利亚尼的早期作品中就有体现，那是1906至1907年。他与德国犹太表现主义画家兼雕塑家路德维希·迈德纳（Ludwig

左页图
《露妮娅·捷克诺夫斯卡》(*Lunia Czechowska*)
1917—1918年
布面油画，46厘米 × 38厘米，
私人收藏

上图
《露妮娅，手抚面颊》(*Lunia, main sur la joue*)
1918—1919年
纸本油画，55厘米 × 45.7厘米，
私人收藏

Meidner，1884—1966年）在朱利安学院（Académie Julian）相识并建立了友谊，当时迈德纳还没有创立柏林表现主义团体“*Pathetiken*”。然而，这种显现痛苦的人像在莫迪利亚尼创作晚期出现得越来越频繁。他将忧郁带入了原本不该存在这种情绪的年龄。这些人物可以是一个学徒、一个小男孩或一个小女孩，人物倾斜的姿态呼应了丢勒的《忧郁》（*Mélancolie*）中的著名场景。来自日常生活的精神渗透成为他最喜爱的创作模式，同时也反映出意大利风格主义样式的复兴，甚至拜占庭式的宗教绘画。他意图让人物削弱但又未完全摆脱解剖学的写实感，四肢相对于躯干更加独立，在画面构图中成为重要的组成部分。在珍妮·赫布特尼的肖像，或者最后一幅音乐家马里奥斯·瓦戈利斯（Marios Varvoglis，第303页）（译者注：原书应该是写错了，应是Varvoglis，不是Vargolis）的肖像中，呈现出这种对立平衡的构图。色彩的分布也更加随意。有着修长脖颈的女人们，我们可以在很久之后、毕加索晚期的杰奎琳（*Jacqueline*）肖像中再次看到女人们修长脖颈和拉长头颅造型，这是源自莫迪利亚尼的典型特征。

当利奥波德·兹博罗夫斯基的妻子汉卡也以和露妮娅一样苗条，甚至以有些形销骨立的女性形象出现时，人们可能会问，艺术家是否在进行新的样式研究，通过加强斯拉夫式的侧面轮廓来隐喻她们的祖国——波兰的苦难。自1916年以来，汉卡的形象演变毫无疑问可以通过画家在她及其同伴之间建立的风格对比来解释：面对洋溢着青春性感的珍妮，汉卡以像露妮娅一样的高贵且空灵的女性形象出现，并且画家并没因此衍生出如爱神与死神结合一样惊世骇俗的欲望。1917年，汉

上图
《持扇的女人》（*Femme à l'éventail*）
1919年
布面油画，100厘米×69厘米
原巴黎现代艺术博物馆藏（作品于2010年被盗）

右页图
《露妮娅·捷克诺夫斯卡》（*Lunia Czechowska*）
约1918年
布面油画，81厘米×53.5厘米，
圣保罗艺术博物馆藏

modigliani

卡被描绘成身着黑色长裙坐在沙发上的女神，身后的背景为鲜艳的红色，衬托出优雅且高贵的轮廓。[13]同年另一幅肖像则显示她的双手交叉放在膝盖上，[14]人物身后的背景是平刷的浅色调，就如同传统宗教绘画中的神圣光轮（mandorla），将整个面孔衬托出来。在其他画作中（第192、193、284页），莫迪将汉卡描画成一个现代女性，精致的面孔搭配别致的短发。但《烛台旁的汉卡·兹博罗夫斯卡》（*Hanka Zborowska au bougeoir*，1919年）中的忧郁感，使人想到了另一位法国画家乔治·德·拉·图尔（Georges de La Tour），基于面容和背景烛台之间的类比，烛台上的蜡烛已燃烧少许但又熄灭了。双眼代表灰烬。烛台的基座如同迷你胸像：肩膀、脖颈和拉长的头颅。

莫迪利亚尼笔下的女性有着多重的外貌。德国艺术史学家阿比·瓦尔堡（Aby Warburg）在演讲《丢勒与古意大利》（*Dürer et l'Antiquité italienne*，1906年）时质疑，古罗马石棺上装饰的酒神祭祀场景中的女祭司后来如何变成了欣喜若狂的基督徒。他总结出，相似的表达形式（*pathosformeln*）可以将最伟大的感性转化成最极端的灵性。以同样的方式理解，莫迪利亚尼笔下的人物似乎在表达一种无声的痛苦或持续的苦难，尽管现实中模特儿的噘嘴很可能只是在感叹幸福和青春的美好。就像光线可以导致变形，因此似乎任何新的视角都足以在画家心中激发出一种特殊的情绪，不同于过往同一张脸所带来的印象，也不同于以后启发他的形象：一个前所未有的敏感区域在他心中被唤醒。

上图
《露妮娅·捷克诺夫斯卡肖像》
1919年
纸本石墨，31厘米×23厘米
巴黎蓬皮杜艺术中心-国立现代艺术美术馆藏

右页图
《烛台旁的汉卡·兹博罗夫斯卡》（*Hanka Zborowska au bougeoir*）
1919年
布面油画，46.3厘米×29.5厘米，
私人收藏

modigliani

地中海：遗失的自然
（1918年4月—1919年5月）

1918年4月，巴黎遭到轰炸后，兹博罗夫斯基开始担忧莫迪利亚尼的健康，并安排他前往在蔚蓝海岸（Côte d'Azur）的住处。陪他一同前往的是珍妮和她的母亲尤多西，1918年11月29日，他们的女儿珍妮在尼斯的妇产医院诞生了。后来兹博罗夫斯基带着妻子汉卡也来与他们会合。而随着苏丁、藤田嗣治及妻子费尔南德·巴雷（Fernande Barrey）的到来，巴黎的"艺术圈"在这里重生了。在卡涅（Cagnes-sur-Mer）和尼斯之间，莫迪利亚尼经常和利奥波德、热尔曼·苏瓦吉夫妇、演员加斯顿·莫多往来，以及来地中海避难的布莱斯·桑德拉尔见面。画家在1919年5月31日回到了巴黎。在南部的这几个月对他来说是充满光明的创作期。

西莫内塔·弗拉克利（Simonetta Fraquelli，专注于20世纪早期艺术的独立策展人）强调了地中海对于莫迪利亚尼作品的"影响"[15]。他用画笔记录下为了逃离战争而来到此地的朋友们和他们的孩子，并加入一些普通人，比如工匠、年轻工人、公证员、卖花女等，以及值得注意的风景。这是他自里窝那时期以来就没有再尝试过的。莫迪利亚尼技术项目（Modigliani Technical Project）的研究表明，这一时期里，至少三分之二的肖像画是在30号或40号（90厘米×60厘米或100厘米×65厘米）规格的画布上完成的，这是竖幅风景画的最大规格。另一方面，画家在外墙画中使用了用于肖像的竖幅。与西莫内塔·弗拉克利的假设相反，这种有意的倒置无法以画家意图还原尼斯腹地的起伏不平来解释，尽管在视觉上，这似乎是一个奇怪的视角高度，并令人像有拉长的效果。而且均衡化了自然风景与人物形象。在这方面，作者将景观视作"另类样式"。[16]莫迪利亚尼在上卡涅地区（Haut-de-Cagnes）周围完成了4幅画作。苏丁、藤田嗣治和安德斯·奥斯特林德（Anders Osterlind）很可能在这个方向上激励了他。"在风景中没有什么可表达的"，他在1918年对苏瓦吉这样说。那是在他将自然视为待描绘的存在之前的说法。

为了理解莫迪利亚尼作品中的自然观，我们必须将这4幅地中海画作以外的人物放到一起考虑。《戴着丝绒饰带的女人》（*La Femme au ruban de velours*，1915年，第111页）就是这种情况，他本可以遵循风景作为特写肖像背景的传统，就像梅姆林（Memling）的《老妇人》（*Vieille Femme*，15世纪，卢浮宫馆藏）那样。另外，两幅在南方创作的画作也是如此：绘有丹麦画家安东·迪奇（Anton Dich）的女儿莉莉安的《双手放在大腿上的女孩》（*Fille assise au×mains sur les cuisses*，1918年？[17]），以及《漂亮女店主》（*La Belle Épicière*，1918年），其精湛的技法让人联想到了高更。第一幅作品可说是对绘画传统的某种回应，莉莉安被出人意料地置于大自然之中，她的黑色连衣裙与其身后生长的树干相匹配，至于椅子和头发的金棕色则在模糊的绿色草坪衬托下显得格外醒目。《漂亮女店主》也指有花园中的场景，我们可以看到花园的围墙以及远处的两棵树。画面右侧则是一棵巨大的、被密斯脱拉风（mistral，法国南部从北沿着下罗纳河谷吹的干冷强风，

左图
保罗·纪尧姆、阿尔奇彭科夫人和莫迪利亚尼在尼斯的英国大道上散步。
巴黎橘园美术馆藏

右页图
《漂亮女店主》（*La Belle Épicière*）
1918年
布面油画，100厘米×65.1厘米
摩纳哥大卫和埃兹拉·纳哈迈德家族藏品（collection David et Ezra Nahmad）

modigliani

为西北风）扭曲的树干。光秃秃没有一片树叶的树干，平行向左倾斜，形成一个有节奏的重复，与人物向右微倾的头相反。粗犷的树木线条与杂货店简朴的墙壁相呼应。文字虽被树枝遮挡了一半，但在这个看似黯淡的场景中很容易辨识出“Epic”字样。莫迪利亚尼是否在这次蔚蓝海岸之行中找到了他的奥德赛，就像詹姆斯·乔伊斯（James Joyce）笔下的都柏林人物那般？如果女店主是美人鱼，那么花园的墙就是她的礁石！

当我们宏观地来看待这组外墙画时，可以看出画面的主要元素是一棵或多棵树（不同的画面上数量也不同，有1棵、2棵或5棵），这些树位于画面前景，让出道路或墙壁的位置，正对着观众。不过，我们很

上图
《卡涅风景》（*Paysage à Cagnes-sur-Mer*）
1919年
布面油画，60厘米×45厘米，
私人收藏

右页图
《卡涅的柏树与房屋》（*Cyprès et maisons à Cagnes-sur-Mer*）
1919年
布面油画，61厘米×46厘米，
费城巴恩斯基金会藏品

modigliani

少会看到树的枝丫，地面的树根或被切割的树冠——因为艺术家描绘人像时通常也只表现局部。一间或一组房屋构成了与自然同样重要的背景。画面往往只能看到很小一块天空，并不是开放式的。树在房屋和村庄的背景下脱颖而出，就像工作室墙上的人物一样。矛盾的是，莫迪利亚尼笔下的外部世界是私密的，空无一人的。墙上所嵌入的窗户，有时甚至只有一扇，且狭窄的，黑暗的，如一条缝隙显露在树的枝干之间，繁茂的枝丫也由此发散开来。这四幅系列画给人的感觉是画家在讲述四季的主题：五棵树是春天，百花盛开的季节；两棵平行向上的柏树是夏日蓝天的风景；红叶灿烂象征着秋天；而干枯的树枝框住一扇了无生机的窗户，毫无疑问使人联想到冬天。这无疑是关于时光的流逝。《啊，季节！啊，房子！》（*Ô saisons, ô maisons*），莫迪利亚尼以他的方式回复兰波的这首诗："啊，季节！啊，城堡！/怎样的灵魂是完美无瑕的？"这暗示了他的坎坷的命运与即将到来的死亡。但是这组关于时间与生命流逝的四联画，虽然充满无法逆转的忧郁感，却无法概括出莫迪利亚尼在最后艺术阶段创作的作品中所渗透出的自然感觉。

或许是在向苏瓦吉——《彩色韵律》（*Rythmes colorés*，1913年）的作者[18]——阐述了在风景画中没有什么值得表达的观点之后，莫迪利亚尼创作出这四幅极其重要且具有代表性的画作。对于莫迪利亚尼来说，将自然以肖像画的规格表现出来，意味着与场地写实画是完全不同的。他想要做的是将人类与自然组合在一起，但并不完全是苏瓦吉用抽象的色彩韵律去尝试的那样。不过，他为这位朋友留下的画作因其生动的表现和色彩而广为人知（仿佛他是通过向作品致敬，来向其作者致敬）。[19]他也没有采用他曾经画过的维京·埃格林的方式。[20]然而，莫迪利亚尼与他们分享了将人物画与风景画结合起来的基础节奏的计划，这从来自大都会的莫迪利亚尼的角度来说是出人意料的。将人的存在与自然世界的旋律线交织在一起，以一种音乐泛神论的形式，最后一次呼应《潘神的声音》（*la voixde Pan*，艾米勒·奥布里画作），这是他在蔚蓝海岸暂居期间被唤起的愿望。然而，这种尝试最终仍是无望："伟大的潘神已死。"尼采曾在《悲剧的起源》（*L'Origine de la tragédie*，1872年）一书中这样宣称。如果音乐、普世和谐都已远离世间；如果人们徒劳地将窗户面向自然打开，而自然已不再与人类对话，无论是通过象征的声音还是神谕或悲剧，对莫迪利亚尼来说，绘画依旧存在。

让我们以艺术家的"季节"来命名它们。轻盈欢快的五和弦拉开"春"（*Le Printemps*，第268页）的序幕：五棵树，其中一棵微微倾斜；前景（道路？）的红色与斜坡上的红色屋顶都如火般鲜艳。三条斜线分割出红绿相间的道路、树木、山丘与村庄，左低右高，逐渐上升，充满乐观与希望。线性的韵律彼此交错：笔挺的树干与依山而建的梯田。建筑物的水平线与直立的树木成直角。既和谐又不失动感。"夏"（*L'Été*，第269页）是一个持续的双重音符，高大的柏树后方是横向延展的建筑外墙。画面下方则是错落堆叠的石头与墙壁。莫迪利亚尼在"秋"（*L'Automne*，第270页）中最后一次尝试将树干、大自然与人类的建造物结合在一起：画面层次丰富，在下半部，树干后方可以看到一整片四分之三侧向的棕红色屋顶，而在画面上半部，一栋双屋顶的建筑物孑然而立，成为宽阔绿色山坡上的一抹亮色。如音色逐渐减弱，树冠的红叶逐渐与画面顶部的大地泥土融为一体。"冬"（*L'Hiver*，第271

上图
《卡涅风景》（*Paysage à Cagnes-sur-Mer*）
1919年
布面油画，45.7厘米×27.9厘米，
私人收藏

页）的画面上是一座被斜墙围起的高楼和一棵枝杈丛生的树，叶子几乎落尽，露出斑驳的树干。如果说尼采“潘神已死的呐喊”可以来自任何地方，那么在这幅画中，无疑是从厚重屋墙上的这条狭窄的洞口中发出的。就在这里，完结了泛神论梦想的可能性。我们可以把这棵树看作是卡洛·卡拉在数年后绘制的《海边松树》（*Pin au bord de la mer*，1921年，右下图）的先驱，正是这幅画标志着他进入了形而上画派（*pittura metafisica*）。

不过，这一时期的莫迪利亚尼是多产的：他画了将近60到70幅画，其中包括了他一些最优秀的作品。他用经过简单漂白处理的商业帆布来作画。其中很多都是编号40的海景格式，他将画布垂直放置，用来画肖像。在泰特美术馆为他举办的南部作品回顾展中，所展出的15幅画作里，有12幅都是采用这一规格创作的。画家先用铅笔或木头在白色画布上绘制画面的结构线（这源自画室和框架线）和轮廓线，然后才开始着色。他先小心地沿着轮廓边缘内沿着色，然后更为大胆地涂刷，直至填满整个区域。他通过多层上色来完成混色效果，并以细致的笔触来保持透明度和亮度。当色彩干透时，再在其上涂上一层黑色。莫迪利亚尼技术项目的研究证实了他受到保罗·塞尚的影响，细腻的蓝色与橙色令整幅画作的质感更亚光，笔触也更加自由。莫迪利亚尼著名的“简化版”调色板，最终比我们想象得更加丰富，并且正如该研究的其他研究者所说的那样，在没有进一步的细节下，不断扩大和丰富了“地中海调色板”。[21]画中经常出现双色调背景，比如绿色与橘粉色。色彩层比前一时期更加轻薄、通透。研究表明他对颜料的使用更趋多样化，并且至少还有一幅“蛋彩画”案例。

地中海之旅在莫迪利亚尼的画作中引发了两种趋势。第一种就是“零度”（*degré zéro*）的绘画方式，刻意平淡，没有过度敏感的表达，但同时又对日常生活进行了微妙的记录（改变）。第二种则是对风格的追求，尤其是优雅。的确如此，在莫迪利亚尼看来，精致永远不会脱离简洁，而简单始终是净化的代名词。这两种趋势从根本说是两个趋同的方向。其中一个抓住了流行的主题和童年的记忆。另一个则与那些非常亲近的人（珍妮、露妮娅、兹博罗夫斯基、汉卡）有关。艺术家总是将他们当作模特儿，并且更多地致力于对风格的研究和深化，在绘画中重新唤起对纯艺术的追求，这正是他蒙帕纳斯时期的艺术特征。我们发现了在雕塑上占主导地位的特征交替，一方面是头像和直立人像，另一方面是女像柱和曲线人像。现在，这些蛇形女性形象愈加重要，她们盘绕在沙发上，婀娜的线条为整个空间带来活力。

右上图
《卡涅风景》（*Paysage à Cagnes-sur-Mer*）
1919年
布面油画，57厘米 × 45厘米，
私人收藏

右下图
卡洛·卡拉
《海边松树》（*Pin au bord de la mer*）
1921年
布面油画，
罗马卡塞拉家族藏品

在蔚蓝海岸停留期间，莫迪利亚尼也放弃了他在巴黎习以为常的夜生活模式。他开始画他的朋友和他们的妻子，以及很多孩子——这在过去是很少见的。在为朋友的孩子作画时，他在这些没有瞳孔的年轻人像身上发现了自己曾经试图找寻的雌雄同体画像的梦想。在这个尚未成熟的年龄，性别区分尚不明确，爱情的魔力也未降临。不仅是爱，艺术也是一样，艺术家沉醉于其漫溢的、天真的冲动中。今天在我们看来，苏丁就像是透过这些学徒、小丫鬟、穿短裤的孩子、看门人的儿子的形象来贯穿某一地点、某一起源的“莫纳”（亚兰·傅尼叶的名作《美丽的约定》的主人翁）。年轻男孩们——《男孩》（*Le Garçon*，1919年）、《穿蓝色外套的男孩》（*Le Garçon en veste bleue*，第176页）或《穿短裤的男孩》（*Garçon en short*，第177页）代表着奥斯特林（Osterlind）的儿子纳尼克（Nanic）——有着马蒂斯眼中年轻水手的朴素感，这位野兽派画家自1917年以来定居在尼斯高地的西米埃（Cimiez）。莫迪还画了许多“爱丽丝”，如果把他比作绘画界的路易斯·卡罗（Lewis Carroll，《爱丽丝梦游仙境》作者）的话。我们前面曾提到这幅1918年创作的《双手放在大腿上的女孩》（*Fille assise au×mains sur les cuisses*）[22]，女孩在花园里的一棵树前摆着姿势：一位身穿黑色连衣裙，有着小麦金色头发的钟形人像。《未梳头的年轻女孩》（*Jeune Fille auxcheveuxdéfait*，1919年）[23]的雀斑使面部与橙色墙壁融合在一起。她的双眼似乎是画家从蓝色衬衫上截取后直接安放在脸上的，长长的刘海和辫子垂落在前额和双肩。梦幻般的少女一只手天真无邪地做出抚摸辫子的姿势，与之相对应的另一只手微微撩起裙子，以至于我们能看到一小块白色内衣。年轻男孩或女孩的膝盖，往往会吸引住画家的眼睛，他由此出发对整个画面进行构图。

《小农夫》（*Le Petit Paysan*，1918年）与流行主题的复兴有关。就像绘画版的《新爱洛伊斯》（*Nouvelle Héloïse*，卢梭的一部书信体小说），那是珍妮形象的升华，一个全新的朱莉，简单但被所有人爱戴的女王。莫迪利亚尼肯定记得塞尚的《穿红背心的少年》（*Garçon au gilet rouge*，1888—1890年），不少人都证明他对这幅画烂熟于心。头戴一顶窄边帽子，这个来自乡下的孩子略显笨拙地面对着画家，大概是画家让他抬头看自己。他双腿分开，两只手放在两腿之间，靠近隐秘部位。他的三件套西装有点太紧了：外套两侧很紧，袖子太短露出了手臂，马甲勉强扣上，但因为不合身而紧绷在肚子上，肚皮也从衬衫中露出来。这套裤子膝盖有脏污的套装，营造出一种刻意装扮的周日礼服造型，而被它包裹着的强壮的身体，已经逐渐显露出男性正在蓬勃生长的特征。莫迪在这里对大众的活力和年轻的田间劳动者的勇气致以敬意，同时流露出对隐晦的性别美的谨慎暗示。他的《小农夫》没有高光质感：画家希望创造一种具有自己独特光芒的亚光质感。莫迪利亚尼技术项目研究强调：“尽管对人物的造型进行了简化，但艺术家还是用色彩和笔触在人物脸上创造出平面和角度。”黑色的签名以小写的草书和线性形式写在画面右上角。即使是在画作的最终签名方式中我们也能看出画家对简化的追求。画家确实通过越来越复杂和熟练的技术来实现愈加简单且精致的图形。这看似悖论的事实，实际上是一个与当时大潮流相关联的标识——艺术家宣告了他的特征——将在任何地方表达，我们将其（不恰当地）称为“回归秩序”，但更应命名为“纯粹主义”（Purisme）或“新纪元”（novecento，主要指1900年后的世纪）、“新古典”（Valori plastici，是1918—1922年出版的意大利艺术期刊，也代表当时的艺术运动）。

《靠在桌边的艾维拉》（*Elvira accoudée à une table*，1919年，第276页）展示了由几何平衡构成艺术的简约与完美。画中人物位于一个锐角三角形中，三角形的右侧线条就是桌子边缘的轮廓线，并随着视觉延长直达头顶；而左侧线条则由放低的肩膀和微斜的头部构成。额头上的一缕头发将观众视线吸引到头顶，而为数不多的静物则丰富了桌面。人物的手臂形成两条平行轴线，其中一条S线为整体带来活力：自右手起，沿着肩膀向上延伸，并在左臂水平位置弯曲。除了这种精心的构图，画家对面部特征也尤为关注，通过一种难以言喻的简单感、合理的比例以及撅嘴来对人物进行个性化刻画。

《带孩子的吉卜赛女人》（*Gitane avec un enfant*，1919年，第277页）似乎是对圣母子像的凡人演绎版本。艺术家还为“圣母”的服装选择了经典配色：蓝色象征着童贞或纯洁，红色象征着降生或孕育。因此，吉卜赛女人的着装也并不同于其民族传统。传统的吉卜赛服装［马蒂斯在1940年绘制的《罗马尼亚风格的罩衫》（*Blouse roumaine*）中有所表现］虽然颇为花哨，但穿起来十分自然。一条丝带搭在颈后，又如围巾般绕在前胸。母亲双手交叉，将孩子抱坐在膝盖上，孩子被严密包裹在饰有黄色绒球的小外套或小被子里。他长长的护帽如同号角般挂在画面右侧，与系在左侧的母亲的蓝色围巾形成了视觉上的平衡。橙色调的柔软细腻——透过考奎特所热爱的从玫瑰粉到鲜红色等不同层次的“杏色”（abricot）传递出来——以及极富颗粒感的笔触赋予了这对母子以温暖的共鸣，从画面中心直至周围的灰色地带。这样生动明快的画面核心融化了厚重的灰色，逐渐带来一种玻璃似的透明感。

如果莫迪利亚尼用简洁的方式来表达主题，同时对当时绘画流行的传统进行重塑，那么他在传统之外，致力于通过创造这种朴实无华的风格来净化绘画。这种画风与他的绘画方济各主义相对应。为了做到这点，他重拾在蒙帕纳斯时期和雕塑时期所进行的研究，并将其应用于绘画。在绘画人，尤其是女人时，他开始思考如何通过外表的变形而达到质的变形，这样描绘的就不仅是现代人物（*persona moderna*），而是一个现代头像（*tête moderne*）。这或许是对头像的前卫艺术化表达？大约在10年之后，阿尔贝托·贾科梅蒂也提出了相同的问题。

全新的质朴风格限制了优雅为绘画带来的甜蜜感，以及色彩的轻松诱惑。我们可以在南希博物馆藏的《金发女郎》（*La Femme blonde*，即热尔曼·苏瓦吉肖像，1918年）中观察到这点：迷失在虚空中的柔软眼神，圆润的轮廓，仿佛是用圆规画出般。在观众的注视下，完美的肤色衬托出双唇的胭脂红色和金色圆润的肩头。而《带耳环的金发女郎》（*Blonde au×boucles d'oreilles*，1918—1919年）则展示了一位性感、令人躁动的年轻女人的形象，并注入某种可以把控的距离感。

上图
《男孩》(*Le Garçon*)
1919年
布面油画，92厘米×63厘米，
印第安纳波利斯艺术博物馆藏

上图
保罗·塞尚
《穿红背心的男孩》
1888—1890年
布面油画，89.5厘米×72.4厘米，
华盛顿国家艺廊馆藏

右页图
《小农夫》（*Le Petit Paysan*）
1918年
布面油画，100厘米×64.5厘米，
伦敦，泰特美术馆藏

modigliani.
le petit paysan

modigliani

回到巴黎：最终的作品

1919年5月下旬返回巴黎后，莫迪利亚尼走上了之前曾尝试过的两条道路。《宝丽特·茹丹肖像》（*Portrait de Paulette Jourdain*，1919年）对主题进行了简化，并巧妙地运用了流行画形象（image populaire，20世纪以前的印刷画，用于宗教、教育、娱乐、装饰等传播目的），就像现存于印第安纳波利斯艺术博物馆的这幅《男孩》（*Le Garçon*，1919年，第273页），依靠着桌子，属于非常类似塞尚的风格。妮娜·哈姆内特证实了在莫迪利亚尼身上同时存在着匠人和艺术家两种特质。[24]这位威尔士诗人说，就在大草顶屋街8号（8, rue de la Grande-Chaumière）——他与珍妮·赫布尼特共同生活过的最后一间工作室内，墙面被涂成不同的色彩背景。作为正式绘画前的准备工作，莫迪利亚尼让模特儿站在前面，来观察基础的色调组合。这种组合让人想起乔治·莫兰迪后来创作的静物或“小剧场”的构图，这一绘画传统可以追溯到尼古拉斯·普桑（Nicolas Poussin）的“剧院”或古斯塔夫·莫罗（Gustave Moreau）的“玩偶”。描绘安妮·比娅妮（Annie Bjarne）和索拉·克林考斯托姆（Thora Klinckowstrom）的精美画作展现了对人物姿态和整体基调的完美把控。第一幅是最塞尚式的，在精准极简的线条中，感性与光线在画面上躲藏追逐，不时裸露出底层的画布。这件裙子的蓝色与塞尚的《咖啡馆的女人》（*La Femme à la cafetière*，1890—1895年，奥赛博物馆藏）颇为相似。而索拉的肖像更加个人化一些，在主体结构上并没有偏离塞尚的基本原则，尤其是通过人物建立在背景线的支持上。然而，连衣裙与帽子的黑色，与房间中漫溢的与模特儿发色相呼应的温暖橙色灯光形成鲜明对比，这非常符合拉斐尔前派（préraphaélite）的审美。莫迪利亚尼利用覆盖在手臂和领口的透明纱布，创造出了一种充满幻想与感性的交流。帽子和颈后的阴影融合在黑暗之中，而索拉脸庞的肤色则从明亮的边缘逐渐向内过渡。

《母性》（*Maternité*，1919年，第283页）这幅作品重新触及了宗教绘画的宏大主题，但同时仍停留在现实主义的范畴内。这幅画在被捐赠给法国国立现代艺术美术馆之前，曾被让·马苏雷（Jean Masurel）收藏。正是1918年末，他的女儿小珍妮的诞生为这幅作品带来特别的光彩，并且与《带孩子的吉卜赛女人》（*Gitane avec un enfant*，第277页）形成了鲜明对比。后者画中的灰白色墙面衬托出红色衣领，以及新生儿的粉红色长帽，而前者画面中的年轻女子则是在暖色背景的衬托下栩栩如生，画面右侧，隐约可见一张婴儿小床。这一日常生活的场景显然从拜占庭绘画传统中借用了女性的长身形，而穿着深蓝色衣服的孩子是醒着的状态，主观呈现的僵直和简化形态是意大利式原始主义的手法，如同一幅圣母子像。

1919年，在伦敦芒萨德画廊（Mansard Gallery）举办的“法国艺术”（*French Art*，1914—1919年）展上，展出了莫迪利亚尼的九幅油

上图
《宝丽特·茹丹肖像》（*Portrait de Paulette Jourdain*）
1919年
布面油画，100.3厘米×64.5厘米，
私人收藏

右页图
《安妮·比娅妮肖像》（*Portrait d'Annie Bjarne*）
1919年
布面油画，100.5厘米×65厘米，
私人收藏

左页图
《索拉·克林考斯托姆肖像》(*Portrait de Thora Klinckowstrom*)
1919年
布面油画，99.7厘米×64.8厘米，
私人收藏

上图
《母性》(*Maternité*)
1919年
布面油画，129.8厘米×81厘米，
里尔现代艺术博物馆藏

上图
《坐着的汉卡·兹博罗夫斯卡》（*Hanka Zborowska assise*）
1919年
布面油画，92.1厘米 × 54.3厘米，
费城巴恩斯基金会藏品

右页图
《珍妮·赫布特尼》（*Jeanne Hébuterne*）
1919年
布面油画，91.4厘米 × 73厘米
纽约大都会艺术博物馆藏

画和五十幅素描。罗杰·弗莱点评道:“表面变奏和创作手法之美是莫迪利亚尼艺术的一个显著特征。在他的作品中,雕塑家特有的形式统一感与对表面的图像化理解结合到一起。”[25]

在莫迪利亚尼人生最后阶段的作品中,最引人注目的作品都是这样质朴的风格。《坐着的汉卡·兹博罗夫斯卡》(*Hanka Zborowska assise*,1919年)成功地将高昂的头与婀娜的曲线相结合,赋予了人物极佳的空间感。现存于纽约大都会艺术博物馆的珍妮肖像(1919年)上,在人物偏离中心所留下的空间与人物之间建立了一种微妙的关系:一种虚与实的雕塑游戏在宽大的白色衬衫线条、右手臂和扶手椅的曲线轮廓之间的造型中彼此呼应。画中的珍妮身怀六甲[26],但图像层的技术分析显示出画家想通过绘画技法让怀孕显得不那么明显。在颜料层下隐约可见铅笔痕迹。艺术家先用铅笔在未干透的颜料层上作画,然后在颜料干透后进行重复勾画。轻薄且透明的色彩层经过反复叠加。整体相当精湛的线条——莱昂内罗·文杜里(Lionello Venturi)称为“合成线”(ligne synthétique)[27]——使人想起意大利风格主义,尤其是布龙齐诺或蓬托莫(Pontormo)。巴西评论家马里奥·佩德罗萨(Mário Pedrosa)对1958年在卡朋特画廊举办的展览进行了评价,他反对“势利眼”(snobs)和“造型简化的激进性”,并在艺术家身上看到了“承袭自塞

尚和非洲宗教艺术的元素，以及与布朗库西的共同点。”[28]

《穿蓝衣的年轻女人》（*Jeune Femme en bleu*，1919年）的身材呈沙漏型，穿着饰有浅粉红绶带的蓝色褶皱紧身胸衣，女人的头、修长脖颈以及从暗色袖子中垂下的双臂，共同构成了建筑般的结构线条，黑色的轮廓，甚至稍显僵硬。至于《女人肖像》（*Portrait de femme*）又称《粉红衬衣》（*La Blouse rose*，1919年），我们完全可以理解时装设计师雅克·杜塞（Jacques Doucet）在1923年买下这幅画，并将其安置在自1926年起开始居住的巴黎纳伊郊区圣詹姆斯（Saint-James de Neuilly）的公寓中的原因（第296页）。同样，在这幅画中，下垂的双肩和高耸的脖颈构成了坚固的结构，而粉红色衬衫就像第一幅画中蓝色紧身胸衣的褶皱一样解放了观看者的双眼。神像般的姿态、僵硬的脸部线条、催眠般的凝视与房间熟悉的装饰形成鲜明对比，同样的铁床，同样的挂画，在《人民的女孩》（*Jeune Femme du peuple*，第161页）中也出现过。这两幅画，都有着一抹亮色，蓝色或粉色，在灰暗的背景中显得格外醒目。

《马里奥·瓦戈利斯》（*Portrait de Mario Vargolis*，第303页）是他最后阶段的作品之一，甚至很可能就是最后一幅作品。画中的音乐家身着音乐会服装，头戴礼帽，刚刚剃过的下巴微微泛青，巧妙地形成“对立平衡”。这似乎是一个信号，象征着身为音乐爱好者的莫迪利亚尼本人在1918至1919年越来越倾向于表达性联觉。感官之间的呼应的确是当时文艺界特别关注的焦点。正如莫迪利亚尼和利奥波德·苏瓦吉在南部进行的深度对话中，莫迪对苏瓦吉著名的《多彩节奏》（*Rythmes colorés*，译者注：苏瓦吉自1912年开始创作的主题系列，以完全抽象形式的作品强调色彩与动态形象的并置）系列作品的看法。莫迪利亚尼是否经常与摩根·罗素（Morgan Rossell）[29]会面，并为这位“色彩交响主义者”绘制了肖像？科学家苏亚雷斯·德·门多萨（Suárez de Mendoza）在1890年发表的一项研究中，[30]称这位强大的“编曲者”具有“多彩的听觉”。在画家们之前，诗人们也曾尝试过对感官的秩序重建，比如诗人兰波在1871年的那首著名的十四行诗《元音》（*Voyelles*）中曾写下：“黑色的A，白色的E，红色的I……”然而，兰波的“绿色的U”对于《言辞研究》（*Traité du verbe*，1886年）和“科学诗歌”的作者勒内·吉尔（René Ghil）来说，是一个错误。吉尔对乔治·苏拉特（Georges Seurat）的作品和留声机的可能性充满了热情，正是苏拉特创造了一种新的“语言”，将词汇与音乐结合在一起。在他编辑的刊物《为艺术而写》（*Écrits pour l'art*）中，未来主义者马尔内蒂（Marinetti）具有一席之地。1892年，心理学家阿尔弗雷德·比奈（Alfred Binet）对此做了总结：“虽然医生只想将‘多彩的听力’视为感官知觉障碍的一种，但文人墨客们相信他们从中发现了一种全新的艺术形式。”他观察到：“这些不是我们用眼睛看到的色彩，而是精神图像，是想法。”[31]

莫迪利亚尼对色彩的运用不再局限于目力所及，尤其是在1918至1919年。这是打破秩序的结果，解放了所有的感官，并重建了一个波德莱尔在《恶之花》——这也是莫迪利亚尼非常喜欢的作品之一——中所宣告的。两幅苏瓦吉夫人的肖像（第278、289页）通过同心的彩色光晕，展示出多层次的音调与回声——从而与敏感信息相结合。日尔曼·苏瓦吉（Germaine Survage）曾是钢琴家。根据她的回忆，在为画家摆姿势时，首先会以一小段音乐开场，在此期间，莫迪利亚尼观察她演奏莫里斯·拉威尔（Maurice Ravel）的乐曲《鹅妈妈》（*Ma Mère l'Oye*）。[32]

上图
《女人肖像》（*Portrait de femme*）又称《粉红衬衣》（*La Blouse rose*）
1919年
布面油画，98厘米×64厘米
阿维尼翁安哥拉东博物馆-雅克·杜塞收藏系列（collection Jacques Doucet）

右页图
《穿蓝衣的年轻女人》（*Jeune Femme en bleu*）
1919年
布面油画，90.8厘米×60厘米，
费城巴恩斯基金会藏品

modigliani

modigliani

就连莫迪利亚尼在画速写时也似乎着迷于构图或旋律，呈现出一种迫不得已的，如狂风暴雨般的画风。谷克多回忆道：“当他在圆亭咖啡馆的桌旁给我们作画时……，他在评判我们、感受我们、爱我们或反对我们。他的画就是一场无声的对话、一场关于他的线条和我们的线条之间的对话。他就是一棵穿着天鹅绒长裤的大树，一棵长腿的大树，一棵在蒙帕纳斯扎根已久、枝繁叶茂的大树。”[33]奥斯瓦尔多·帕塔尼（Osvaldo Patani）提到，有一天，他和阿尔贝托·贾科梅蒂在塞纳河街（*rue de Seine*）散步时，后者在路边一间画廊门口看到里窝那人的一幅画，并对他说莫迪利亚尼是“独立且无与伦比的艺术家，是有史以来最伟大的肖像画家之一”。[34]在同样勤勉的贾科梅蒂看来，成功的秘诀就是日复一日不间断地画画。

莫迪利亚尼极具创意的线条所暗示的远比我们所见的多。埃利·纳德尔曼的几何简化给了他很多启发，但莫迪利亚尼走得更远。他设法从曲线的不同拐点中找到一条结果线，造型经过优雅地简化成为一个简约的几何方程。但最重要的是，这个人物从富有韵律的线条中汲取了所有的生命能量。收藏于美国纽约现代艺术博物馆的一幅戴帽子的女人速写（1919—1920年）显示出较为明显的风格特征：在脖颈后部和帽子的弯曲边缘明确绘出的阴影区域，笔法甚至有些机械感。一位艺术家很难摆脱长期创作所形成的条件反射。相比之下，人物的双臂和胸部以寥寥数笔写意而成。除了对人物的空间影响的强调，艺术家还塑造了一种爱抚和存在感。在1919年11月11日创作的画家查尔斯·盖伦（Charles Guérin）的肖像画中，叼着烟斗的方式证实了艺术家重回对手的巧妙处理。但如果这些看似散乱的、时而中断时而连贯、对称或强调的线条没有构成一个有机的整体，那么莫迪利亚尼也不足以被称为杰出的艺术家。我们不仅应当赞美艺术家在表达人物的原始存在时所使用的简化手法，还应当对他创造艺术化造型节奏的有效性感到钦佩。

至于《音乐家马里奥》（*Mario le musicien*，1920年），这是马里奥·瓦戈利斯肖像（第303页）的众多速写草稿中的一幅，我们从中发现

左页图
《苏瓦吉夫人肖像》（*Portrait de Madame Survage*）
1918年
转移至画板上的布面油画，44.5厘米×29厘米，
私人收藏

左上图
《女人肖像》（*Portrait de femme*）
1919—1920年
纸本铅笔，49.2厘米×29.8厘米，
纽约现代艺术博物馆藏

右页图
《查尔斯·盖伦》（*Charles Guérin*）
1919年11月11日
纸本铅笔，42.5厘米×26.3厘米，
纽约现代艺术博物馆藏

了画家通过强调人物阴影，使在空间中更加立体，而橡皮擦和细线则令左脸的椭圆形轮廓线细不可辨。因此，其面部分为生动的一半（有着清晰的瞳仁）和相对“消失”的一半（眼神空洞），这之间的对立可以被解读为凝视世界与凝视内我的对立，或者是观察行为的现象化渲染，当眼睛无时无刻固定在一处细节时，细节会愈加清晰，而周围的视觉会愈加模糊。但更重要的是，我们可以将此视为一种明确的对缺失的预感，是对艺术家自身死亡的首次预测。

在这三幅画中保持着密切的语义关系：美国帕萨迪纳诺顿西蒙美术馆（*musée Norton Simon de Pasadena*）收藏的珍妮的肖像（1918年），圣保罗艺术博物馆（*Museu de Arte de São Paulo*）收藏的利奥波德·兹博罗夫斯基的肖像（1916—1919年，第292页）以及圣保罗大学当代艺术博物馆（*Museu de Arte Contemporânea da Universidade*）收藏的画家自画像（1919年，第293页）。[35]相似的尺寸和色调将它们连接在一起。戴围巾的自画像似乎面对着模特儿，仿佛正在为他们作画一样。三幅画中的人物都有着同样的纤细眉毛和杏仁状眼睛，并且，他们的服装都是以红色为主。

莫迪想要表达的不仅仅是“商人”，而是有着敏感灵魂的诗人兹博罗夫斯基。兹博罗夫斯基的头仿佛被笼罩在一种渐变的“光环”下，头发尤为突出，在蓝色背景下显得与众不同。他的影子投射在墙上，而他的红色丝绒夹克背后，是如同蜗壳般紧紧贴住的椅背右侧，呈现与面部色彩十分协调的橘色。他的双手交叉放置在膝盖上。眼眸的蓝色与背景的蓝色统一，看上去就像脸部被穿透一样。而嘴唇的红色明亮通透，这色彩来自人物服装的色调。

在工作室中的珍妮，坐在莫迪利亚尼也用过的椅子上，无论是双手的位置还是倾斜的头部，都与画家的姿势相对称。柔美起伏，充满的表现力，似乎在模仿着艺术家在休息时凝视她的姿态，珍妮的画像结合了速写的动感与颜料的流畅，与画家的自画像形成鲜明对比。后者中，只有拿着调色盘的手和脸部是事先打了预备线稿的。

莱昂内罗·文杜里于1930年在威尼斯双年展上展出过的画家最后一幅自画像，后来已几经易手。画中“艺术家”造型十分经典，他手持着画笔和调色盘，站在画布前，这深深吸引了历任藏家。兹博罗夫斯基将这幅画卖给了乔纳斯·奈特尔（Jonas Netter），后者在文杜里的建议下，将其转给了反法西斯主义的都灵实业家里卡多·古利诺（Riccardo Gualino）。后者的藏品在1929年之后四散流离，成为热那亚商人阿尔贝托·德拉·拉吉奥内（Alberto della Ragione）的财产，后在1937年成为都灵市立现代艺术博物馆的藏品。十年后，圣保罗现代艺术博物馆的创始人弗朗西斯科·马塔拉佐·索布林尼奥（Francisco Matarazzo Sobrinho）最终将其收藏，并视其为欧洲现代艺术大师的杰作之一。

画中的莫迪脸颊修长，双眼几乎阖上，呈现远东风格。画面色调层次丰富，色彩变化万千，引人入胜。他的右手大拇指穿过调色板，拿着画笔的手指弯曲，前额微微后仰，这样脸部与手指的角度恰好连成一条对角线：这是手与脑之间的标志性联系。胸前打结的围巾，夹着调色板或抓着画笔的手指似乎都在描绘艺术家面对灵感与怀疑时的紧张感。如果他是面对着镜子作画，那么实际中的形象应该是相反的。也就是在现实中，右手拿着画笔，而左手拿着调色板。而与之相反的，画像中的人物右手持调色板，左手持画笔：“*sinistra*”（左撇子），这是不祥之兆（译者注：西方文化中，左手代表邪恶和恶魔）。左手的刻画更加囫囵，几乎是潦草的，仿佛画家多少意识到这张画布正在记录他的最后一幅作品，很快他将不再拿起画笔了。因此，这幅洋溢着印度夏季色彩的画作完全充满了不祥的预感。

上图
《音乐家马里奥》（*Mario le musicien*）
1920年
纸本铅笔，48.9厘米×30.5厘米，
纽约现代艺术博物馆藏

右页图
《珍妮·赫布特尼》（*Jeanne Hébuterne*）
1918年
布面油画，101厘米×65.7厘米
帕萨迪纳诺顿西蒙博物馆藏

月光下的皮埃罗已化身为莫迪利亚尼，而利奥波德和珍妮的作品赋予其最后的荣光。

当莫迪利亚尼在1919年5月返回巴黎时，只剩下几个月的生命。他的健康状况日益恶化，并被送往慈善医院（hôpital de la Charité）。1920年1月24日，他死于结核性脑膜炎，终年35岁。怀胎近9个月的珍妮在莫迪利亚尼死后第二天早上从她父母公寓五楼的窗户一跃而下。1月27日，在莫伊斯·基斯林的倡议下，在他无法从意大利赶来的身为社会主义党议员的兄长埃马努埃莱的帮助下，莫迪利亚尼“像王子一样”被安葬在了巴黎拉雪兹公墓（cimetière du Père-Lachaise）。蒙马特和蒙帕纳斯所有的艺术家和诗人都来参加了葬礼。开始的数年，珍妮被她的家人葬在了巴纽公墓（cimetière de Bagneux），最终这两个深爱彼此的人被合葬于拉雪兹公墓的一座坟墓中，团聚。

上图
《利奥波德·兹博罗夫斯基肖像》（*Portrait de Léopold Zborowski*）
1916—1919年
布面油画，100厘米×65厘米，
圣保罗艺术博物馆藏

右页图
《自画像》（*Autoportrait*）
1919年
布面油画，100厘米×64.5厘米
圣保罗大学当代艺术博物馆藏

尾声

阿梅代奥，我们的当代艺术家

1920年，安德烈·萨尔蒙悲叹道："莫迪利亚尼离我们而去。那些青春岁月与才华，就此湮灭于岁月。"唯有"一首诗歌才足以表达对他那些深沉而散漫、理性且感性的艺术的颂扬"，这位作家补充道。[1]

作品的认可

在20世纪初期，那些国家级博物馆花了一两代人的时间才将这位"公认"的艺术家的作品纳入国家收藏系列。英国历史学家艾伦·鲍尼斯（Alan Bowness）将艺术家周围的人群区分为四个群体：由亲至疏分别为同行、评论家、画商和藏家，以及普罗大众。[2]根据社会学家霍华德·贝克尔（Howard Becker）的互动作用说理论（interactionnisme），正是这些不同群体之间的互动解释了莫迪利亚尼被认可的过程。[3]我们首先可以通过一些评论著作来衡量莫迪利亚尼的作品。[4]

他最先得到了同行的认可，然后花了更长的时间来吸引评论家的注意。第一个主要的文字记载刊登在1919年7月出版的《折扇》（*L'Éventail*）上，署名为弗朗西斯·卡科。布莱斯·桑德拉尔——参与了1917年2月在贝尔特·魏尔画廊举办的展览目录编撰工作，发表了一首题为"关于一幅莫迪利亚尼肖像"的诗——在三十年后宣称："今天的每一位大师都与第一次世界大战前的一位诗人遥相呼应：马克斯·雅各布之于毕加索；皮埃尔·勒韦迪之于布拉克（Braque）；乔托·卡努杜之于胡安·格里斯；圣·琼·佩斯（Léger）和布莱斯·桑德拉尔之于夏加尔、罗杰·德拉·弗雷斯纳耶（Roger de La Fresnaye）和莫迪利亚尼；纪尧姆·阿波利奈尔之于整个巴黎画派、立体派和奥菲斯派。"[5]就莫迪利亚尼而言，让·谷克多坚定地说："我被于我而言紧张的生活吸引着，我走近毕加索，我走近莫迪利亚尼，我走近桑蒂，我走近那些后来被称作为'六人团'（les Six，20世纪前期6位法国作曲家）的年轻人们。"[6]事实上，尽管有这些追溯性的文字声明，作为巴黎这个"艺术世界"的标志，擅长写作和创作的知识分子联盟在莫迪利亚尼的图像和公众认知上并未证明自己的有效性，尤其是相对于加缪（Camus）和巴尔蒂斯、庞日（Ponge）和福特里耶（Fautrier）、贝克特（Beckett）和布拉姆·范菲尔德（Bram van Velde）以及让·热内（Jean Genet）或萨特与贾科梅蒂这样的作家-艺术家双人组合而言。[7]

后来，莫迪利亚尼也得到了第三个群体，即画商和藏家的支持，但却是喜忧参半。第一位将他置于保护之下的保罗·亚历山大医生并非艺术专业人士，而是一位艺术爱好者。紧随其后的是画廊老板乔治·谢龙和收藏家乔纳斯·内特。而当保罗·纪尧姆在阿波利奈尔的建议下，于1914年为莫迪利亚尼敞开画廊大门时，莫迪是如此感激万分，我们可以想象他还有很多事想做，尽管很快文化生活的步伐将随着战争的到来而停滞不前。保罗·纪尧姆告诉塞维勒（Scheiwiller），他是当时唯一的资助人，直到1916年诗人利奥波德·兹博罗夫斯基承诺每个月为莫迪利亚尼的创作支付500法郎。[8]当巴黎的艺术市场在1917年复苏时，随着主要是非交战国家的、富有的艺术爱好者们的到来，所有的大画商——保罗·纪尧姆、保罗＆莱昂斯·罗森堡（Paul & Léonce Rosenberg）或伯恩海姆·琼（Bernheim-Jeune）——都纷纷在圣奥诺雷郊区街（Faubourg Saint-Honoré）落脚，并展示着当时价格最高的一批艺术家。莫迪利亚尼并未列席其中。当时是利奥波德·兹博罗夫斯基、阿道夫·巴斯勒和贝尔特·威尔在资助莫迪利亚尼。令巴斯勒感到有趣的是，莫迪利亚尼的几个买家甚至是曾经制裁过他的警察或地方法官，比如他注意到的候补官员格拉尼埃（le substitut Granié）。[9]在其他收藏他作品的人中，例如商人乔纳斯·内特，莫迪利亚尼也对莫里斯·郁特里罗很感兴趣，还有在1914年买入一幅女像柱画像的海伦·德·奥廷根男爵夫人（la baronne Hélène d'Oettingen），还有让自己的妻子做莫迪的人体模特儿的雕塑家塞西尔·霍华德（Cecil Howard），以及切斯特＆莫德·戴尔（Chester & Maud Dale）、保罗·波烈、雅克·杜塞（Jacques Doucet）和罗杰·杜蒂耶。

1926年，利奥波德·兹博罗夫斯基自己的画廊在巴黎塞纳河街开幕，然而仅仅六年之后画商就去世了。又过了两年，保罗·纪尧姆突然失去音讯。古董商兼艺术爱好者乔治·奥布里（Georges Aubry）是直到莫迪去世后才开始购买其作品的人之一。珍妮-路易斯·盖伦（Jeanne-Louise Guérin）及其丈夫加斯东·蒙多（Gaston Monteux）也是如此，他们买下了尤其是画家第一时期的许多画作，包括《小露易丝》（第153页），以及后来他们放在昂蒂布海岬（Cap d'Antibes）的私人公园内的雕塑《站立的裸体》（1912年，第68页）。[10]事实上，随着莫迪利亚尼的过世以及他的朋友们手中作品的销售，比如1925年3月举办的卡科收藏的拍卖，都进一步推动了作品价格的上涨。

而公众的认可首先是通过展览的数量和成功程度来衡量的。在莫迪利亚尼活着的时候，唯一在法国举办的个展就是威尔画廊那次，此外，他还参加过两次在伦敦举办的群展。[11]他的首个回顾展直到他去世后，于1920年12月11日至29日在蒙田画廊举行。卡科在展览图录前言中写道："这次莫迪利亚尼作品回顾展举办之时，这位画家已不幸离世，他的艺术曾经饱受诟病，但如今人们对他的兴趣日益增长。让我们为之欢欣鼓舞吧！就在那载着他棺椁穿越巴黎的灵车上，死者对生者的第一次报复，是我们赋予给他的怀念。"[12]1922年2月，伯恩海姆·琼展示了大约四十余幅莫迪利亚尼的作品。1925年，Bing & Cie画廊又主办了一场成功的回顾展，这次的目录导语由沃尔德玛-乔治撰写。1930年，在乔治·珀蒂画廊（Georges Petit）举行的大型展览《法国百年绘画》中，包括了艺术家的作品："这样的展览"如果没有（他），就无法真正代表法国绘画"，展览目录上这样写道。[13]

左页图
阿梅代奥·莫迪利亚尼，约1915—1916年

而意大利面对莫迪利亚尼则抱持着矛盾立场。一直以来，法西斯势力和民族主义者都指责他背叛了自己的祖国，去融入大都会巴黎，并因为对犹太血统的重视和国际化的立场而失去了意大利人的身份。不过，亲法人士维托里奥·皮卡（Vittorio Pica）在1922年的第十二届威尼斯双年展上展出了12幅莫迪利亚尼的作品，但并未取得多大成功。阿尔卑斯山另一侧的艺术评论家们随后在莫迪利亚尼的作品中发现了伟大的意大利绘画传统的印记，比如莱昂内罗·文杜里把莫迪利亚尼看作是现代的波提切利。1930年，文杜里在第十七届威尼斯双年展上组织了一个莫迪利亚尼专场，非常精彩。这间30号大厅展示了至少38幅画作，40幅素描和2件雕塑。意大利艺术史家在目录中写下了一段令人难忘的文字。[14]莱昂内罗·文杜里，还应该加上乔瓦尼·塞维勒（Giovanni Scheiwiller），他们对这位艺术家在自己家乡的重塑声誉起到了决定性作用，艾米丽·布劳恩分析了其中的政治因素。[15]在长期担任圣保罗艺术博物馆馆长的彼得罗·玛丽亚·巴尔迪（Pietro Maria Bardi）和墨索里尼的情妇（缪斯女神）玛格丽塔·萨尔法蒂（Margherita Sarfatti）的倡议下，近百幅曾经在意大利的画作被运到了巴西等国家。

在美国，1931年11月，纽约的德莫特画廊（galerie Demotte）举办了第一次莫迪利亚尼画作回顾展。最后的几件事将莫迪利亚尼与意大利艺术家或现代艺术运动联系在一起。到了1951年，纽约现代艺术博物馆举办了那次著名的展览，由詹姆斯·特劳尔·索比（James Thrall Soby）编纂目录册，封面选用了1915年的《夫妇》（*Mari et femme*，第195页）。

第一幅被博物馆收藏的作品是《白领女人》（*Femme au col blanc*，1917年），[16]于1923年由伯恩海姆·琼画廊卖给了安德烈-法西（Andry-Farcy），这位令人难忘的格勒诺布尔博物馆（musée de Grenoble）馆长。这家博物馆对现代艺术情有独钟。国立网球场现代美术馆（musée du Jeu de paume）在1932年买下了《洛洛特》（*Lolotte*,1917，第156页）。1958年，一场“莫迪利亚尼百幅作品展”在巴黎夏邦杰画廊（galerie Charpentier）举办，据画廊总监雷蒙德·纳森塔（Raymond Nacenta）称，这些作品“来自全世界，而曾在第一次世界大战期间引起丑闻风波的‘大胆的’裸体系列画像，则是众多伟大作品中的‘镇展之宝’。这场据称是巴黎规模最大的展览，光是为这些作品就购买了数十亿的保险”。[17]1966年7月，由利普希茨（Lipchitz）制作的莫迪利亚尼的死亡面具（第18页），由法国国立现代艺术美术馆之友协会捐助给了博物馆。而罗杰·杜蒂耶收藏的系列则由让·马苏雷和热讷维耶沃·马苏雷夫妇在1979年捐赠给了里尔市。

一位艺术家的受欢迎程度也由他日益增长的“光环”来衡量。从1930年2月开始，由亨利·布洛卡（Henri Broca）主编，安德烈·萨尔蒙主笔的《巴黎蒙帕纳斯》（*Paris Montparnasse*）为莫迪利亚尼制作了一本专刊。这不仅仅是致敬，更是对他的绝对崇拜。封面上是那张著名的半身像照片，他身穿套头衫，露出敞开的衬衫领子，双手叉腰（第194页）。[18]安德烈·萨尔蒙回想起艺术家去世的那个夜晚，以“那一晚他喝醉了……”为题开启了一系列文章。而当醉醺醺的莫迪利亚尼拖着病体，从圆亭咖啡馆慢慢走回插画家贝尼托位于通贝·伊索尔街（Rue de la Tombe-Issoire）的公寓时，他所看到的最后一幅景象，我们可以通过埃米利奥·拉斯卡诺·特吉（Emilio Lascano Tegui）根据莫迪好友郁特里罗和其他一些人的画作而创作的词句来想象一二。传闻轶事也增添了艺术家的传奇色彩。拉蒙·戈麦斯·德·拉·塞尔纳（Rámon Gómez de la Serna）回忆起莫迪利亚尼和迭戈·里维拉之间的关系。阿道夫·巴斯勒德文字则从更宏观的角度来描述了时代背景：“一面是如火如荼的战争，一面是每个人都在疯狂地购买新世代画家的作品。”他记的莫迪利亚尼会阅读龙沙（Ronsard）和波德莱尔。巴斯勒并不那么欣赏他的画作，他认为其画风太过重复，将其看作是“一种甜蜜与陌生的混合，一种被尖锐纠正得多愁善感的表现，一种病态的魅力”。不过，尽管他并不承认莫迪在色彩方面的伟大天赋，却认为他“充满独特的挑逗和病态的美学闪耀着光彩”。其他见证者也表达了自己的看法：模特儿艾查（Aïcha）、基斯林、谷克多、扎德金、曼努埃尔·奥尔蒂斯·德·萨拉特（他声称自己是“莫迪利亚尼最后一幅素描”的主角），以及约瑟夫·布鲁默（Joseph Brummer，他在雷诺阿面前提到莫迪在卡涅向他展示最后一批裸体画像时说的话：“我，不喜欢臀部”）。兹博罗夫斯基为他的艺术家献上了一首诗，他应该为这本专刊提供了部分资金，我们可以在书中找到他位于塞纳河街的画廊广告。一部分文章用莫迪利亚尼的素描作为配图，比如一幅从未发表过的苏丁的铅笔肖像。在这些插图中，我们注意到在参考书目部分的死亡面具插图。这些书目中特别值得关注的是乔瓦尼·夏维勒的著作。

同样是1930年，夏维勒在米兰出版了一部非常有趣的小品集《向莫迪利亚尼致敬》（*Omaggio a Modigliani*，1884—1920年），集合了约35篇文章。里面尤其值得注意的是莫里斯·巴罗的文章，根据他的说

法："莫迪利亚尼的修长的人像，以在这个纷杂混乱的世界中游荡的圣母形象呈现，从中我们可以看到某种中世纪的回归。但这种拜占庭主义，他应该归功于自己的种族，也归功于对这一美丽职业的珍贵感知力。"[19]艺术家贾科莫·普兰波利尼（Giacomo Prampolini）宣称，他热爱《金发裸体》和《粉红裸体》中描绘的永恒和谐的人类身体。[20]我们还注意到来自布拉克（Braque）、卡尔科、德·基里科和卡索拉蒂的观点。而对于沃尔德玛-乔治来说，他的观点与他过去的行为截然不同。这位评论家在1925年的《艺术之爱》中重申了土地的权利："这位画家在法国生活和工作，他也在法国的土地上安息。他的第二故乡为他赢得了声誉，带来了荣耀，并因此对他拥有不可剥夺的权利。这个国家将把他的作品向后世传颂。意大利，一个不称职的祖国，应当为莫迪利亚尼哀悼。"[21]从此以后，他承认："莫迪利亚尼对我来说代表了图拉（Cosme Tura，意大利文艺复兴早期画家）和科萨（Francesco del Cossa，意大利文艺复兴时期画家）所代表的传统，也就是说完美地结合了哥特主义、戏剧性和抒情表达艺术、南方精神、拉丁和谐与古典写作的北方天才。这位对法国无愧于心的画家体现了意大利绘画这种欧洲语言的普世性。其来源既不是黑人文化也不是毕加索，甚至不是波提切利，而是费拉拉画派的大师们，那些被日耳曼主义吸引，将目光投向北方的意大利人……"[22]沃尔德玛-乔治从未提及莫迪利亚尼的犹太文化根源，但提到了"普世"的意大利绘画和"欧洲"[23]文化。在阿尔卑斯山脉的这一边是真理，到了那一边就是错误？毫无疑问，我们从中看到人们对犹太艺术家在巴黎画派留下深远影响的恐惧，以及让法国和意大利更紧密联结在一起的愿望，其中包含了当时法国右派主流的政治意愿。

在莫迪利亚尼去世后，关于继承事项并没有被妥善安排，当画家去世时，小珍妮还很年幼。稍后成立了一个可以对集体工作进行监督的基金会——1983年在罗马建立了阿梅代奥·莫迪利亚尼法定文献库。为了满足市场需求，也为了保护艺术品藏家确认藏品价值的必要性，还出版了一系列体量不一的艺术家作品总录。要知道，至今90%的莫迪利亚尼的作品还掌握在私人手中，因此迄今为止没有任何一本图录是完全令人满意的。通常有三种研究其作品的方法，一种只涉及画家。此外，如果一定要作为参考的话，阿波乔奥·塞洛尼（Ambrogio Ceroni）的研究版本算是相对完整的选择（在1958至1970年更新了三次）。

第一本图录于1929年12月出版。它的作者，德国翻译家阿瑟·普法斯迪尔（Arthur Pfannstiel）当时在巴黎生活已有三年之久。他表面上谦逊地在附录中称为"准图录"（catalogue présumé），但事实上还是囊括了290幅画作，其中90幅为复制品。这部由利奥波德·兹博罗夫斯基委托出版的目录册还请诗人路易·拉图雷特（Louis Latourrette）写了序言。来到1956年，普法斯迪尔觉得是时候提供一个修订版，这一次的规模可以称为"作品总录"，收入了362幅创作于1908至1920年的画作（仅有43幅为复制品）。后来，伴随着大量赝品的出现——其中大部分都是在1955至1970年生产的——多部新图录也随之而来。1958年，安布罗乔·塞罗尼出版了莫迪利亚尼的第一部作品总录，包含了156幅画作。在米兰出版界和商业领域的支持下，他与米兰的Il Milione画廊合作，并拥有良好的声誉。他的作品著作因为露妮娅·捷克诺夫斯卡的回忆而增色不少。塞罗尼在1965年完成了更加完整的第二部图录，加入了悉尼·G. 比德尔（Sydney G. Biddle）和保罗·亚历山大的收藏：不包括素描和雕塑，总共列出了222幅油画。他还出版了160幅以黑白方式复制的画作。在完成了包含337幅画作的第三部图录之后，塞罗尼于1970年去世。

也是这一年（1970年），约瑟夫·兰德曼（Joseph Lanthemann）在莫迪利亚尼女儿珍妮的催促下，快速完成了一部作品总录，其中绘画数量达到419幅，素描602幅，雕塑32件，作品总数达到1053件。随后的20

左页左上图
切斯特·戴尔（Chester Dale）的纽约公寓
华盛顿国家艺廊馆藏

左页右上图
巴黎蒙梭大街46bis的罗杰·杜蒂勒（Roger Dutilleul）公寓视角
1951至1956年拍摄

左上图
1925年，在Bing画廊举办的莫迪利亚尼特展
巴黎阿梅代奥·莫迪利亚尼法定文献库藏品

右上图
第十七届威尼斯双年展的31号展厅
莱昂内罗·文杜里摄影
巴黎阿梅代奥·莫迪利亚尼法定文献库藏品

安德烈·德兰作品
《莫迪利亚尼肖像》
1914年
纸本石墨铅笔，39.5厘米×24厘米
巴黎，蓬皮杜中心国立现代艺术美术馆藏

年，直到1990年，不再有新的图录诞生。克里斯蒂安·帕里索（Christian Parisot）出版了一套五卷装的作品总录，其中包括一本传记，并且编录了许多证言、信件和回忆。兰德曼得益于珍妮的预先委托，在1973年与珍妮相遇之后，成为她的监护人。最后，米兰著名的Finarte拍卖行的前任专家奥斯瓦尔多·帕塔尼（Osvaldo Patani）先后在1991年出版了包含349幅画作的图录，在1992年出版了包含36座雕塑和221幅素描的图录，以及第三部在1994年出版的包含了982幅素描的图录。是什么激励着他完成这些艺术史家的工作？1921年，埃利·富尔（Élie Faure）对艺术家的作品影响力保持着怀疑的态度，但同时又表现出相反的态度："莫迪利亚尼，一位病态而狂热的诗人，他迷恋着女人的手、身体和脸，突然被炽热的光流抓住——扭曲、感性的变形、肉体、幻觉、充满活力、意大利式的优雅、闪米特的根源，这些在经过两个世纪的沉睡之后复苏。他去世得太早了，以至于我们来不及从他的作品中找到一个普遍原则。"[24]数年后，在1929年，莫德·戴尔（Maud Dale）发表了针对莫迪利亚尼的专著。[25]通过收集这些证据，关于莫迪的历史逐渐浮出水面。意大利作家瓜蒂埃里·圣·拉孔罗（Gualtieri di San Lazzaro，1908—1974年）在1924年作为罗马《时代》（*Tempo*）的联络员抵达巴黎，并在1928年拜访了兹博罗夫斯基。[26]瑞士艺术史学家戈特哈德·耶德利卡访问了莫迪的兄长埃马努埃莱（社会党员，1947年去世），并在1954年出版了著作。1955年，皮埃尔·弗兰卡斯特尔（Pierre Francastel）承认历史学家的确在某种程度上忽视了这位艺术家："至于莫迪利亚尼，一个被忽视的人，他介于立体主义，或者更准确地说，介于前拉斐尔派和野兽派之间。他证明了强调视觉想象的感性需要是一种基本能力。在20世纪初期，这种能力更倾向于将色彩作为载体，但它更多地构成了一种敏感性的层次，而不是一种时尚。因此，必然求助于加强的线条或浓烈的色彩。"[27]他还强调了莫迪利亚尼、苏丁和夏加尔对"法国绘画的嫁接"。传记描绘出一幅"悲惨"的艺术家画像，并随着他在1909年与布朗库西的相遇而更加具体："基于非洲艺术风格塑造的头部造型并不会违背他对塞尚的理解，并理解这种风格源自艺术家主观赋予的变形。"[28]莱昂内罗·文杜里通过参与1958年在马赛康提尼博物馆（musée Cantini）主办的"莫迪利亚尼"展览图录的编写将他的认知分享给大众。[29]在他的著作《意大利绘画，从卡拉瓦乔到莫迪利亚尼》中，将线条描述为莫迪利亚尼的艺术中的主角："他的线条在平坦的画布上最大限度地将身体的节奏舒展开来，修长的脖颈，金字塔造型的身体，或是变形的脸蛋所拥有的极具辨识度的椭圆形。这条线它不是装饰，也不是对身体的描述，相反，它揭示了主题的内在和谐。"[30]尽管恩斯特·贡布里希（Ernst Gombrich）在1963年出版的《艺术的故事》中完全没有提到莫迪利亚尼。但阿纳森却认为莫迪利亚尼在1986年出版的《现代艺术史》中开启了两次世界大战期间的巴黎画派的篇章：他是最早的画派领头人，然后是苏丁、朱勒·帕斯金或莫里斯·郁特里罗。[31]

当代研究人员的成果，无论是集体还是个人，以及本书及其参考书目中提到的展览，都证明了人们对莫迪利亚尼作品重新提起的兴趣。这些研究应该消除那些长期伤害他的、错误的、臆想的推断，比如从材料层面对他作品所进行的技术和科学的研究。1981年，巴黎现代艺术博物馆进行的展览之际，馆长贝尔纳黛特·贡当苏（Bernadette Contensou）

对15幅画作进行了分析，并以黑白图版的形式发表[32]。为了准备这本书，一个更大规模的“莫迪利亚尼技术研究项目”（2017—2018年）启动并加入了更多成果。在里尔艺术博物馆的倡议下，与法国国家科学研究中心（CNRS）和法国博物馆国家研究与修复中心（le Centre de recherche et de restauration des musées de France）合作共同启动了一项全新的技术研究计划，即“莫迪利亚尼的秘密”。

这本书也为这项集体工作做出了贡献。说到结论——仍然是“暂时性的”——让我们再冒一次险：来评论我们所谓的“莫迪利亚尼效应”（effet Modigliani）。尽管他既没有创建学校，也没有参加运动，但莫迪以其独特的现代艺术树立了重要标杆，这是许多艺术家所关注的。

莫迪利亚尼效应

乔瓦尼·夏维勒在1930年汇编了一本纪念文集，其中菲利斯·卡索拉蒂表示：“我崇拜莫迪利亚尼……他的画作是如此无与伦比，从而令人着迷。”德·基里科更直接：“莫迪利亚尼的画作非常漂亮。”[33]所以莫迪利亚尼在这方面真的是独一无二的。他的同辈在其中发现了一种重要的自由，一种摆脱平凡的能力，但又不放纵作为造物主的艺术家的浪漫主义：完美的简单主题和在造型工作上的极高要求，将绘画线条和色彩做以不寻常的融合。这正是“莫迪利亚尼效应”的全部意义所在。

1920年1月，画家突然离世，享年35岁。他的名字被铭刻在一大批因为战争而失去生命和创作的人之中，这些人的艺术毫无疑问与20世纪的第一个十年有着不可分割的关系。以莫迪为例，他达成了某种成就。我们仅举两个才华横溢但被战争夺走生命的人物，雷蒙德·杜尚-维永或翁贝托·波丘尼。他们开启了立体未来主义和未来主义的大门，其他人追随着其步伐前行。莫迪利亚尼也在现代敏感性史（L'histoire des sensibilités，文化史的一个分支，也源自心态史）中找到了属于他自己的风格，也刻下独一无二的姓名。

他的与众不同是惊人的。有一个时期，人们在象征着前卫与风尚的艺术之都巴黎按照不同喜好组成各种各样的圈子，莫迪利亚尼则体现出一种无法归结为任何风格的特质。他唯一参与的是与达达主义者特里斯坦·查拉（Tristan Tzara）于1916年出版的《伏尔泰酒馆》（*Cabaret Voltaire*）期刊的一次合作，那也不过是他的朋友让·阿尔普所提供的一幅素描。史学家们将他归于“原始主义者”（primitiviste），因为他从超西方艺术中获取了灵感，同时也指责他在这个领域走得不够远，没有像毕加索或马蒂斯那样，深度探索其解放一切形式与色彩的潜力。也没有像马克斯·恩斯特（Max Ernst）那样颠覆世俗，以性感和魔法般的创作对欧洲人文主义和过度理性的“帝国”提出了质疑。但这就是误解：莫迪利亚尼热爱原始艺术，并以他对裸体画的解读引领了艺术与性的冒险。他不希望自己的艺术过度依赖原始性，但不可否认的是原始性是他艺术的根基。我们已经展示了莫迪利亚尼对卢浮宫或吉美博物馆等地所展示的大量图像和造型藏品的研究，甚至比从哈维兰、布鲁默、德兰或保罗·纪尧姆那里所看到的非洲艺术品还要多。高棉艺术的强烈影响不仅体现在他的作品中，如佛像或飞天等题材和风格的借鉴，还体现在特罗卡德罗（Trocadéro）和吉美的博物馆学中，这在他于1912年秋季沙龙中所展示的《头像，装饰合奏》（*Têtes. Ensemble décoratif*）中可以明显感受到。

莫迪利亚尼是一个肖像画家，或者更准确地说是“唯一”的肖像画家。并从某种意义上来说，他所创作的都是“同样的”人像。他的艺术几乎没有植根于模型心理学，他只确保最低程度的形似，摈弃背景，从而切断所有现实主义的可能。然而，在观看莫迪利亚尼的作品时会产生一种强烈的、可辨识的情感。他不使用立体主义，就像有一天晚上他在吉诺·塞韦里尼（Gino Severini）面前所表达的“毕加索的那套玩意儿”。不过，通过他的创作赋予画像一种人为的真相：粘贴在1915年的比阿特丽斯·黑斯廷斯肖像画（第118页）上的纸片，将图像与现实结合在一起，通过鼻子的弯曲轮廓把正面与侧面统一在一起，分开的人物眼睛也强调了视图的多样性，线条与体积更多是在造型语言的统一中建立起关联，而并非与外部模特儿相关。

但是，如果他的画像有这样触动人心的能力，那是因为莫迪利亚尼点滴透露出一个从未被完全披露的秘密。如果他的作品不是精神性的，那么他创作的方向就是精神性的：沉浸在文学和戏剧之中，热爱18世纪（尤其是安托万·华托）及其在艺术和诗歌中的觉醒，洛特雷阿蒙的崇尚者，也是卡巴拉主义者。与其直白的表达，莫迪利亚尼更倾向于点到为止。他是绘画界的亚兰·傅尼叶，他笔下的苏丁就是《美丽的约定》。在1917至1919年，他的作品发生了重大的变化。在神圣时期（Hieros），一幅幅在爱神（珍妮）和塔纳托斯（露妮娅）的剑拔弩张的关系中发展起来的画作，其紧张关系在经画家创作转变为纯粹的表达和全新简单性的过程中，即使没有完全解决，也在某种程度上得到了缓解。

很难衡量“莫迪利亚尼效应”在艺术家们身上的影响。他曾经向兹博罗夫斯基强烈推荐苏丁。正是在莫迪利亚尼的激励下，苏丁不断探索属于自己的艺术道路：悲哀与扭曲。这或许是莫迪利亚尼最后阶段创作的露妮娅肖像残留给苏丁的影响？1945年在巴黎维达尔画廊（galerie Vidal）举办了一场名为“艺术中的一些犹太艺术家和可悲者”（*Quelques peintres juifs et le pathétique dans l'art*）的展览，副标题为“夏加尔、基斯林、科柯施卡（Kokoschka）、莫迪利亚尼、米勒·帕斯金、毕沙罗、鲁奥（Rouault）、苏丁、郁特里罗”。在第二次世界大战刚刚结束的这一时期，法兰西斯·格鲁伯（Francis Gruber）为致敬雅克·卡洛特（Jacques Callot）画了一幅画，成为悲惨主义画派（misérabilisme，20世纪50年代出现的风潮）的代表人物，紧随其后的是伯纳德·巴菲特（Bernard Buffet）——罗杰·杜蒂耶尔开始购买他的作品，我们很快就在莫迪利亚尼公寓的墙上看到巴菲特的作品紧挨着莫迪利亚尼的作品。毫无疑问，这种在艺术家作品中存在的“悲情”，影响了基斯林、帕斯金和苏丁，但随着莫迪利亚尼逐渐找到自己的道路，“悲情”反而变得越来越不重要。1958年，雅克·拉塞涅（Jacques Lassaigne）写道：“我们不会忘记，他的艺术源于难以言喻的苦难，也从所有苦难中得到滋养，这完全是一首对生命的感恩之歌。”[34]

曾师从马蒂斯的挪威画家佩尔·克罗格（Per Lasson Krohg，1889—1965年）——他的父亲克里斯蒂安·克罗格（Christian Krohg）是斯卡格（Skagen）伟大的自然主义画家之一，也是爱德华·蒙克（Edvard Munch）的伯乐——非常了解莫迪利亚尼，并在自己的作品中保留了一部分莫迪的沉思与幻灭，特别是他描绘女性和少女的方式。据我们所知，安德烈·德兰也曾认真研究过莫迪利亚尼画的头像，例如，

他那幅《星期六》(*Samedi*，1913年，莫斯科普希金博物馆藏)中，我们可以看到凝视的禁欲主义、紧绷的线条和近乎拜占庭风格的回归。在1916至1917年形成的“恢复秩序”运动中，受到激进主义的冲击之后，佩尔·克罗格很大程度上借鉴了德兰的转变和莫迪利亚尼的连续性。从基斯林或藤田嗣治的裸体画像中，我们看到莫迪利亚尼的影响力，尤其是那幅《躺在帆布上的裸体》(*Nu couché à la toile de Jouy*，1922年)，有着绝妙的乳白色肌肤和被刻意突出的女性性征。

有几位雕塑家与莫迪利亚尼的艺术风格非常接近，不仅仅是雕塑层面，也同样在绘画层面：雅克·利普希茨，亨利·劳伦斯，夏娜·奥洛夫和约瑟夫·萨基。利普希茨与严格的立体主义追随者渐行渐远，画商莱昂斯·罗森伯格(Léonce Rosenberg)从他手中买下了《雅克和贝尔特·利普希茨的肖像》(*Portrait de Jacques et Berthe Lipchitz*，第132页)，这幅画契合了他所捍卫的美学——莫迪利亚尼式的曲线变形和垂直倾向初现端倪。这在《站立人物》(*Personnage debout*，1916年，法国国立现代艺术美术馆藏)这幅画中也能得到证实。亨利·劳伦斯也在离开立体主义之后，从莫迪利亚尼的完美清晰的构图与轮廓中找到了新的方向。这位雕塑家在20世纪20、30年代的作品中，有节奏地使用了扁平的几何造型与构图，当时他还没开始尝试圆形凹凸体。从这个角度来看，自1929年开始创作的一系列《镜中女人》(*Femme au miroir*)的轮廓呼应了巴恩斯基金会收藏的《珍妮·赫布特尼肖像》(1919年)。

夏娜·奥洛夫(1888—1968年)在1910年8月抵达巴黎，他并不像莫迪利亚尼一样直接在石头上雕刻，但其作品所表现的古典主义则让人联想到里窝那人的风格：青铜像《怀孕的女人》(*Dame enceinte*，1916年)使人想起《站立的裸体》(*Nu debout*，1912年，第68页)，以及雕刻于公元前7世纪，并于1913年被卢浮宫收藏的《奥赛尔夫人》(*Dame d'Auxerre*，克里特)；他的儿童雕像，如《迪迪》(*Didi*，1919年，巴黎夏娜·奥洛夫之家馆藏)或《我的儿子》(*Mon fils*，1923年)，与莫迪的画作有很多共同点；至于他的《蹲伏的女人》(*Femme accroupie*，1925年，法国国立现代艺术美术馆藏)则和莫迪的女像柱画像颇为相似。约瑟夫·萨基在1908年夏天移居巴黎，后在1909年搬到拉鲁什(la Ruche)居住。他经常练习“直接石刻”。从1911年开始，他在秋季沙龙中展出了《少年头像》(*Tête d'adolescent*)，这是他一直在钻研的系列中的第一件，并以1914年的《立体主义的头像》(*Tête cubiste*)为最后一件。这件作品今天成为法国国立现代艺术美术馆的馆藏系列之一。1912年，约瑟夫·萨基在秋季沙龙的立体主义大厅中展出了《三个女人》(*Groupe de trois femmes*)。随后他在1912至1920年创作的《头像》系列具有惊人的造型力量，并伴随着强有力的精神：他的“纯粹主义”类似于里窝那人对朴素线条的追求，源自具有体积感的张力线条或单纯对节奏的分析，此后他逐渐向着立体主义的构图发展，并终将成为莱昂斯·罗森伯格的门徒之一。

如果谈到“纯粹主义”，那是因为莫迪利亚尼将一幅通过阴影反过来加强人物轮廓的画作，演变成更加线性、简练的画，以构建和总结人物主体的重点线条。得益于这项工作，他的绘画本身进一步地简化和精致化。艺术家描绘了保罗·德米(Paul Dermée)，当时纯粹主义刊物《新精神》(*L'Esprit nouveau*，1920—1925年)的主要撰稿人之一。我们再翻开阿梅德·欧森冯和柯布西耶在1918年出版的《立体主义之后》(*Après le cubisme*)宣言。莫迪利亚尼与理想纯粹主义者共享关于形式先于色彩的理念，即“一张脸是一个可塑造的‘连续’，每个元素都与

其他元素密切相关”，甚至“寻找着元素的不变性，并为每个元素选择独特角度，尽管如此，以连续性为目标，进行综合的表达”。[35]如果我们将莫迪笔下的人物与欧森冯的那些色彩饱和的人物进行比较。那么会发现两者经过几何网格调节的相同排列，精准如工业设计，存在一种综合的连续性，从不排除充满幻想的共同点。然而，莫迪利亚尼更喜欢人物多过纯粹主义者所偏好的静物。也是因他将人像与几何形体相结合的能力，雅克·维隆（Jacques Villon）决定在1926年，从他所复制的众多大师作品的版画中精选出这幅1919年的《抱着孩子的吉卜赛女人》（*Gitane avec un enfant*，第277页），进行再版。

伴随着作品的展出和传播，莫迪利亚尼的艺术在国际舞台上引起巨大反响。首先是在意大利，德·基里科、卡洛·卡拉和期刊《造型艺术准则》（译者注：*Valori plastici*，是一家创立于罗马的艺术批评杂志。它的诞生是为了传播形而上学绘画的美学思想和欧洲前卫潮流，从 1918 年到 1921 年共出版了15期）在意大利的“恢复秩序”运动中扮演了极为重要的角色。吉诺·塞韦里尼在1916年创作的《母性》

左页图
藤田嗣治
《躺在帆布上的裸体》（*Nu couché à la toile de Jouy*），对页
1922年
布面油画、墨水、木炭和铅笔，130厘米 × 195厘米
巴黎现代艺术博物馆藏

左上图
亨利·劳伦斯
《镜中的小女人》（*Petite Femme au miroir*）
1929—1954年
镀金青铜像，高35厘米，私人藏品

左下图
夏娜·奥洛夫
《我的儿子》（*Mon fils*）
1923年
石头和水泥，高123.5厘米，私人藏品

右上图
《珍妮·赫布特尼》（*Jeanne Hébuterne*）
1919年
布面油画，100.3厘米 × 65.4厘米，费城巴恩斯基金会藏品

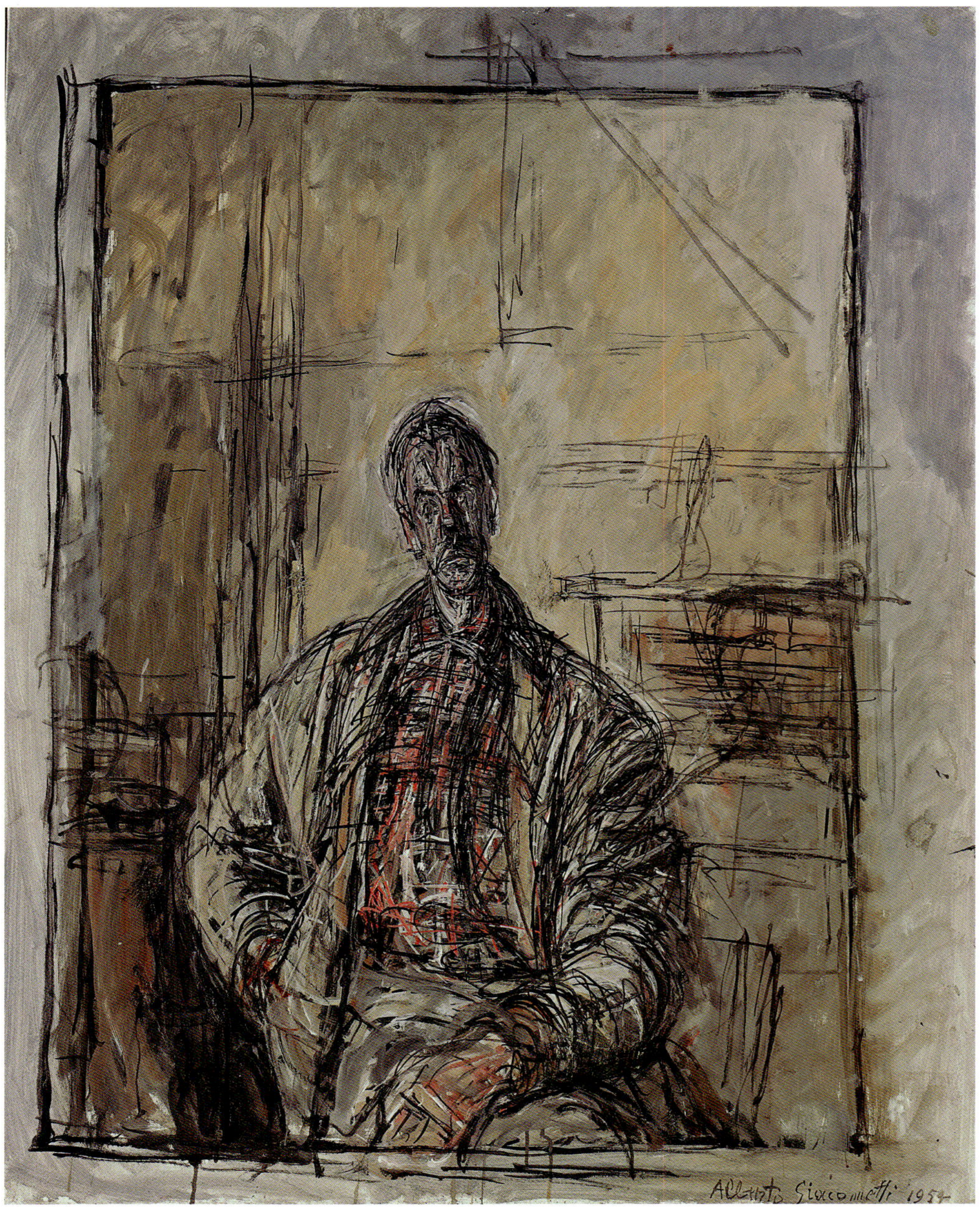

（*Maternité*，意大利柯尔托·纳伊特拉斯坎学院博物馆藏）是这一运动的代表作品。他们自然也了解莫迪利亚尼的创作演变，莫迪也创作过一幅同名作《母性》（1919年，第283页），并且一些鹅卵形的头部和无瞳孔的眼睛特征与卡拉的作品如出一辙。至于菲利斯·卡索拉蒂，他的灵感更多来自形式上被理想化的裸体，并通过里窝那人的框架观点呈现出来，尤其是在《女人和盔甲》（*Femme et armure*，1921年，都灵市立现当代艺术画廊藏品）和《午》（*Midi*，1923年，的里雅斯特雷沃尔泰拉博物馆藏）这两幅作品。据传，美国画家格兰特·伍德曾在莫迪去世后的1920年来到巴黎小住，并在1923年频繁到访朱利安学院，他是否想将他那幅著名的《美国哥特式》（*American Gothic*）与莫迪利亚尼的《夫妇》（1915年，第195页）进行对比？1930年，芝加哥艺术学院展出的《美国哥特式》，画中展示了一对"生活在巴黎的美国夫妇"的形象，很有教养，非常都市化。莫迪利亚尼的《夫妇》很早就在美国展出过，并出现在1951年由詹姆斯·特劳尔·索比在纽约现代艺术博物馆策划的展览图录封面上。来自危地马拉的艺术家卡洛斯·梅里达（Carlos Mérida，1891—1985年）曾于1910至1914年在巴黎居住，在此期间认识了莫迪利亚尼。梅里达使用静态的曲线（la courbe statique）来稳定图形，但又留有余地，允许图形与色彩并置。即便当梅里达在1919年移居墨西哥并参加壁画革命时，他也没有背离这种将他与其他壁画家区分开来的、纯粹平衡的沉思艺术。这一时期，迭戈·里维拉也从巴黎返回。

值得一提的是，贾科梅蒂和巴尔蒂斯分别在1922年和1924年抵达巴黎。虽然并没有机会认识莫迪利亚尼，但仍是通过两次世界大战之间举办的一系列展览看到了莫迪利亚尼的作品。贾科梅蒂肯定和他的朋友利普希茨以及戈特哈德·耶德利卡教授谈到过莫迪，教授在1953年出版了对贾科梅蒂的采访，并在1960年专门为莫迪写了一本书。[36]奥斯瓦尔多·帕塔尼（Osvaldo Patani）引用了贾科梅蒂对莫迪利亚尼的赞美："他是最后的英雄，伟大的普罗米修斯！他拥有真正非凡的智慧和开放的精神。除了在画架上创作，他还在本子上不断练习；这是我一直尝试去做的。画画，不停地画画，这就是秘诀。"[37]除了共同的意大利文化背景，两位艺术家还对埃及和基克拉迪艺术有着同样的热情，也都曾与非洲艺术擦肩而过：于是就有了《行走的女人》（*Femme qui marche*，1932年，威尼斯佩吉·古根海姆博物馆藏）和《伊莎贝尔》（*Isabel*，又称埃及女人，1936年，私人收藏）。如果是莫迪利亚尼，应该也会做出这样的雕塑吧！贾科梅蒂和莫迪利亚尼都需要真人模特儿站在面前，通过创作大量的半身像进行创作，修长的脖颈将头和身体连接在一起［《迪亚戈的胸像》（*Buste de Diego*），1951年，梅格基金会藏品］，艺术家也将现实与艺术结合在一起。绘画正是他们两人创作背后的"秘密"：他们都采用相同的方式，从人物头部开始画线，用点来做标记，目测间隙和距离，用线条来调整脸部，并且都对视觉信息生成的线条有敏锐的感觉。让我们把《马里奥·瓦戈利斯》（1919年）和《穿格子衬衫的迪亚戈》（*Diego à la chemise écossaise*，1954年）摆放在一起：

上图
阿尔贝托·贾科梅蒂（Alberto Giacometti）作品
《穿格子衬衫的迪亚戈》（*Diego à la chemise écossaise*）
1954年
布面油画，81厘米×65.5厘米，私人藏品

右页图
《马里奥斯·瓦戈利斯》（*Portrait de Mario Vargolis*）
1919年
布面油画，116.2厘米×73.3厘米，私人藏品

可以观察到由辅助线条和平衡所构成的相似的整体轮廓，同样的塞尚式手法，同样地通过个体来体现人类群体的高度普遍性。

我们已经注意到巴尔蒂斯如何在莫迪利亚尼的完美连续性中确立自己的地位。在巴尔蒂斯之前，莫迪利亚尼用绘画揭示了完全沉浸在内心世界和神秘的特殊性的青春期，就像文学里的科莱特（Colette）和亚兰·傅尼叶那样。他的人物仿佛被催眠，空虚不真实的双眼是为了更好地看向梦想和预感，仿佛凝固在永恒里的姿势，就像他的前辈一样摆脱意识的控制，回归到一种本能的原始状态。然而，这种超前的超现实主义（pré-sur-réalisme）——伴随着如同牵线木偶般的人物[38]——并没有完全脱离现实，可以通过依稀可辨的环境展开连接。至于整体色调，巴尔蒂斯的作品更显幽暗沉稳，而莫迪利亚尼则更加清新飘逸，营造出梦境般的氛围。

莫迪利亚尼的作品是一座桥梁，连接起欧洲分离派（Sécession）—新艺术运动和装饰艺术风格，后者在1925年达到巅峰。当时住在巴黎的西班牙艺术家和插画家爱德华多·加西亚·贝尼托（Eduardo García Bénito），也是莫迪利亚尼的朋友，莫迪为他画了一幅素描头像，象征着贝尼托在平面设计领域的一种自我映射的突变。贝尼托为时尚杂志《Vogue》特别设计了一个新的图形体系。这本由康泰纳仕集团于1908年在美国创立的杂志，就像同一时期的《名利场》一样，其成功在很大程度上归功于封面。1929年2月的《Vogue》杂志揭示了贝尼托和时尚插画家保罗·伊里比（Paul Iribe）、时装设计师简奴·朗万（Jeanne Lanvin）一样，都受到了莫迪利亚尼的优美线条的启发。

如果要用两张图片来总结"莫迪利亚尼效应"，那么第一张应该是一栋位于卡涅的非常古老的废弃房屋，画家曾经在这里居住过数月。对于让-马里·古斯塔夫·勒克莱齐奥（Jean-Marie Gustave Le Clézio）而言，这个神秘的居所象征着艺术家，一个"萨满"，"一个迷人又阴暗的意大利犹太人"。[39]第二张则是让-吕克·戈达尔在他的电影《狂人皮埃罗》（1965年）中从手中滑落的《戴黑领带的女人》（1917年，第162页）。电影中，这幅画的复制品挂在床上方的墙上，安娜·凯莉娜（Anna Karina）和让-保罗·贝尔蒙多正是在那里发现了一个被谋杀的男人尸体，然后开始了疯狂的南部之旅。同样被挂在墙上的还有毕加索的《穿着百衲服的保罗》（*Paul en Pierrot*）和一些雷诺阿、马蒂斯的复制画，但女演员的形象却非常"莫迪利亚尼"。这个歪打着领带的女人占据了整个屏幕。这一切似乎在告诉我们：疯子阿梅代奥，历经时间成为永恒的莫迪利亚尼。

左页图
爱德华多·加西亚·贝尼托为1929年2月号《Vogue》创作的封面

上图
安娜·凯莉娜在让-吕克·戈达尔的《狂人皮埃罗》(*Pierrot le fou*、1965年)
乔治·皮埃尔(Georges Pierre)摄影,
巴黎法国电影馆
远景中,墙上挂着莫迪利亚尼的《戴黑领带的女人》(1917年)复制画

附录

生平

1884年
7月12日：一个饱受贫困困扰的塞法迪犹太家庭迎来了四个孩子中最小的一个，阿梅代奥·克莱芒·莫迪利亚尼。出生于里窝那。

1886年
5月17日：他的母亲欧也妮·加尔辛在家庭日记中将阿梅代奥亲切地唤作“迪多”。

1894年
外祖父艾萨克去世了，他启蒙了年幼的迪多对艺术和文学的兴趣。

1895年
患胸膜炎。高中。他的母亲开始担忧他的未来：“或许会成为艺术家？”

1898年
他的兄长埃马努埃莱因为从事社会主义政治活动而被捕入狱。莫迪利亚尼又患伤寒并伴有肺部感染。在画家古里耶摩·米克里的画室学习。

1899年
全身心投入到绘画中。与奥斯卡·吉格利亚建立起友谊。签名自画像。

1900年
患上肺结核。

1901年
欧也妮和迪多开始了意大利艺术都市之旅。写信给吉格利亚。

1902年
在罗马的博物馆里临摹画作。进入佛罗伦萨裸体学院学习。与奥尔蒂斯·德·萨拉特相识。在彼得拉桑塔大理石采石场（卡拉拉）练习直接雕刻技法。受到法托里的影响。

1903年
就读于威尼斯美术学院。与翁贝托·波丘尼和法比奥·莫龙罗尔相识。对锡耶纳画派的卡尔帕乔、贝利尼和进行了研究。

1906年
1月：抵达巴黎。进入科拉罗西学院，在蒙马特定居。认识了阿波利奈尔、德兰、马克斯·雅各布、毕加索、迭戈·里维拉。画了大量肖像画。受到图卢兹·劳特雷克的影响。开始对原始艺术感兴趣。秋季沙龙举办高更回顾展。

1907年
频繁搬家。认识了画家郁特里罗、乌特和他第一位赞助人和藏家，保罗·亚历山大医生。作品开始在独立沙龙和秋季沙龙展出。这年的秋季沙龙举办了塞尚回顾展。

1908年
与德尔塔街上的艺术家频繁往来。向公众展示《犹太女人》这幅画。开始在木头上展开雕刻创作。

1909年
搬到蒙帕纳斯居住。与布朗库西相识并开始在石头上雕刻。短暂回到里窝那。在秋天带着画作《乞丐》回到巴黎。在法尔吉埃城14号工作。

1910年
《大提琴家》带来首次成功。在蒙帕纳斯和蒙马特两地居住。参观了马蒂斯和塞尚的展览，以及特罗卡德罗的民族志博物馆。

1911年
在阿玛迪奥·德·苏扎-卡多索的工作室展览了一系列头像雕刻。德·基里科抵达巴黎。

1912年
《头像，装饰合奏》：在秋季沙龙展出7件雕塑。与雅各布·爱泼斯坦和雅克·利普希茨相识。生病。

1913年
在里窝那疗养一段时间后，开始投入女像柱的绘画和雕刻创作中。

1914年
重归绘画创作。在保罗·亚历山大和商人乔治·舍隆之后，保罗·纪尧姆向他买画并转卖出去。与里维拉共享一个工作室。疯狂恋上英国记者及诗人比阿特丽斯·黑斯廷斯。第一次世界大战开始，他没有被动员去往前线。

1915年
创作了很多肖像画。与比阿特丽斯经常争吵。

1916年
夏天：与比阿特丽斯分手。

7月，毕加索的《亚维农的少女》在昂坦沙龙展出。参与在画家勒琼位于惠更斯街的工作室举行的展览。与西蒙娜·蒂鲁相恋。利奥波德·兹博罗夫斯基成为他的赞助人。

1917年
肖像画。裸体画。3月：与珍妮·赫布特尼相识。并和她一起搬到大草顶屋街8号居住。

12月3日：开始在贝尔特·魏尔画廊举办个展，这是他在世时唯一的个展。展出的裸体画引发争议。

1918年
新的裸体画创作。4月：在兹博罗夫斯基的倡议下，他带着身怀六甲的珍妮出发前往法国蔚蓝海岸。他在那里居住一年，创作了一些风景画和很多肖像画。

11月29日：他们的女儿小珍妮诞生了。

1919年
在画家奥斯特林德位于卡涅的家中暂住。拜访雷诺阿。

5月31日：返回巴黎。在芒萨德画廊（伦敦）和希尔画廊举办名为“现代法国艺术”的展览。

7月19日：弗朗西斯·卡科在《折扇》上就他的作品发表赞美文章。最后一幅《自画像》。莫迪利亚尼的身体状况每况愈下。

1920年
1月24日：在巴黎慈善医院因结核性脑膜炎不治身亡。珍妮在第二天自杀。

1月27日：他“像王子一样”被安葬于拉雪兹神父公墓。

第305页图
梳发髻的女人头像
1911—1912年，细节图见第80页

左页图
女像柱
1914年
细节图见第74页

注释

楔子
从传奇到作品

1. 沃尔德玛-乔治，《艺术之爱》，1925年10月刊。
2. 安德烈·瓦诺德，见1944年12月21日—1945年1月31日举办的《莫迪利亚尼的绘画，1884—1920年》展览目录前言的p. 7、25和11，巴黎法国画廊。
3. 珍妮·莫迪利亚尼，回忆录《没有传奇的莫迪利亚尼》，瓦莱基出版社（Vallecchi Editore），1958年版。第一版法译本：《没有传奇的莫迪利亚尼》，巴黎Gründ出版社，1961年版。此处引自《没有传奇的莫迪利亚尼》，巴黎毕罗出版社（Biro），1990年版，p. 26—27。
4. 瓦诺德，见前注，p. 8。
5. 珍妮·莫迪利亚尼，见前注，p. 59—60。
6. 亨利·洛米尔安（Henri Lormian），《莫迪利亚尼和他的传奇》，发表于1934年1月12日，《美术》第54期，p. 5。
7. 让-玛丽·多特（Jean-Marie Drot），《关于莫迪利亚尼的生平、工作和命运》，法国广播局影片，16mm，55分钟，1963年。
8. 安德烈·萨尔蒙，《莫迪利亚尼》。发表于1922年1月的《艺术之爱》第一期。
9. 1906年，两位意大利艺术家抵达巴黎。参见吉诺·塞韦里尼（Gino Severini）的《画家的一生》。法译本由阿兰·马德琳-佩德里亚（Alain Madeleine-Perdrillat）翻译，巴黎Hazan出版社，2011年版。塞韦里尼在书中谈到了他们的相遇，p. 37—38。
10. 参见《1923—1966年，吉诺·塞韦里尼与雅克·马里坦的信件》，由吉莲·拉丹（Giulia Radin）起草、展示和注释，佛罗伦萨Leo S. Olschki出版社，特伦托和罗韦雷托现代和当代艺术博物馆文献，2011年版，p. 50—56。这里见p. 54。
11. 同上注，p. 52。
12. 阿道夫·巴斯勒，《莫迪利亚尼》，巴黎Crès et Cie出版社，1931年版。p. 5—15，这里见p. 12。
13. 《活的艺术》（*L'Art vivant*，期刊），n° 8，巴黎，1925年4月15日出版。
14. 弗朗西斯·卡科，《莫迪利亚尼》，1919年7月15日发表于《折扇》，日内瓦，p. 201—209。
15. 安德烈·萨尔蒙，《莫迪利亚尼》，发表于《折扇》，见前注文章。
16. 安德烈·萨尔蒙，《莫迪利亚尼充满激情的一生》，比利时韦尔维耶，Gérard & C° 出版社，巴黎L'Intercontinentale du livre出版社，1957年。
17. 珍妮·莫迪利亚尼，见前注，p. 108。
18. 古斯塔夫·考奎特，《被诅咒的画家们》，巴黎德尔佩奇出版，1924年版，p. 101—112。这里见p. 103。
19. 约翰·伯格（John Berger），《毕加索的成功与失败》（1965），巴黎迪诺尔出版社（Denoël），1968年版，p. 12。
20. 关于图书，参见诺埃尔·亚历山大，《陌生人莫迪里亚尼》，巴黎阿尔宾·米歇尔出版社（Albin Michel），1993年版，p. 63。亚历山大医生保存了一本关于惠斯勒（Whistler）的书、一本邓南遮（D'Annunzio）和一本属于莫迪利亚尼的尼采的《查拉图斯特拉如是说》。关于歌剧剧本，参见克里斯蒂安·帕里索著，《阿梅代奥·莫迪利亚尼作品录》，阿梅代奥·莫迪利亚尼法定文献库t. V，Forma，2012年版，p. 64。现藏于罗马法律档案研究所的芳人面具的隶属关系仍然存在疑问。
21. 珍妮·莫迪利亚尼，见前注，p. 27。
22. 奥斯瓦尔多·帕塔尼（Osvaldo Patani），《莫迪利亚尼的素描》（Disegni di Modigliani），米兰Edizioni della Seggiola出版社，1976年，p. 10。帕塔尼在书中将这一点归因于莫迪利亚尼，但在后来的书中，他将这句话放在引号中，看起来像是艺术家本人所说：参见奥斯瓦尔多·帕塔尼（dir.），《莫迪利亚尼，绘画和素描，遇见意大利1900—1920》，米兰Mazzotta出版社，1984年版，p. 10。
23. 帕塔尼（1976），名为《人物研究》的复制画，p. 20。1914—1915年，铅笔水彩，53.5 × 41 cm，私人藏品，罗马。
24. 同上注，n° 83，名为《露妮娅·捷克诺夫斯卡肖像》的复制画，1919，42 × 42 cm，coll. part.巴黎。
25. 参见安布罗吉欧·塞罗尼（Ambrogio Ceroni），《阿梅代奥·莫迪利亚尼：画家，露妮娅·捷克诺夫斯卡的回忆》，米兰Milione出版社，1958年版，p. 19—34，这里见p. 32。
26. 奥斯瓦尔多·帕塔尼，《阿梅代奥·莫迪利亚尼：作品总录，素描（1906—1920）》米兰莱奥纳多出版社，1994年版，p. 288。绘画（私人藏品）为第528号：《士兵乔万尼》（*Giovane militare*）。
27. 参见1917年12月在贝尔特·魏尔画廊举办的《莫迪利亚尼，素描，绘画》展览目录中发表的"论莫迪利亚尼的肖像"一文。在帕里索出版的作品集的第五部分中，阿梅代奥·莫迪利亚尼法定文献库中编号为"Arch-D-015"。
28. 帕塔尼（1976），n° 43。一小段意大利短语为这个人物做了标识："Orlando addormentato"（熟睡的罗兰），身处于一个"prato fiorito"（鲜花盛开的草坪）的场景中。
29. 同上注，n° 20，名为《一个男人的肖像（囚徒）》[*Ritratto d'uomo (Il Prigioniero)*]的复制画，1914—1915年，24.5厘米 × 20.5厘米，私人藏品。米兰，曾属于著名收藏家雨盖特·贝海斯（Huguette Bérès）。在作品总录的第三部分，帕里索用另一幅素描来匹配魏尔伦的十四行诗：n° 109/16，p. 164。

从里窝那到蒙马特

1. 考奎特，见前注，p. 101。
2. 艾米丽·绍布-科赫，《阿梅代奥·莫迪利亚尼》，里尔-巴黎，Mercure universel出版社，1933年版，p. 17。
3. 安德烈·萨尔蒙，《莫迪利亚尼的生平和作品》（*Modigliani. Sa vie et son œuvre*），巴黎Éditions des Quatre Chemins出版社，1926年版，p. 21。
4. 欧也妮·加尔辛-莫迪利亚尼，1886年5月17日至1929年9月20日期间记录的《家族总录》（译者注：Le livre de raison，一个家族内部与财务、买卖、家族财产等相关的所有记录，今天几乎不再使用的一个概念，与族谱、户口簿不一样），见克里斯蒂安·帕里索著《阿梅代奥·莫迪利亚尼1884—1920》。传记，都灵，Canale Arte出版社，2000年版，p. 29—48，《我们家族的历史》前，p. 7—27。引自1896年4月20日的记录，p. 36。
5. 同上注，p. 42。
6. 同上注，p. 43。
7. 同上注，p. 43。
8. 克里斯蒂安·帕里索整理编辑的见证，见前注，p. 67—68。
9. 珍妮·莫迪利亚尼，见前注，p. 52—53。
10. 考奎特，见前注，p. 102—103。
11. 《盲人》，1907—1908年，蜡笔，26.9厘米 × 19.9厘米，私人藏品。目录第八卷，诺埃尔·亚历山大（Noël Alexandre）（repr. p. 156）。背面：海关印章。
12. 帕塔尼（1994年版），n° 139，p. 112。
13. 参见玛丽-卡特琳·萨乌特（Marie-Catherine Sahut），弗洛伦斯·雷蒙（Florence Raymond），《安东尼·华托和版画艺术》（*Antoine Watteau et l'art de l'estampe*），巴黎，卢浮宫，Le Passage出版社，2010年，p. 24。
14. 米歇尔·霍格（Michel Hoog），《高更的生平与作品》（*Gauguin. Vie et œuvre*），瑞士弗里堡（Fribourg）书局，1987年版，p. 277。
15. 克里斯托弗·格林（Christopher Green），《法国艺术，1900—1940年》，New英国纽黑文，2000年版。特别备注p. 202—217。

16. 同上注，p. 215。除了《女丑角》（*Arlequine*，1915年，n° 100），帕塔尼（1994）还复制了莫迪利亚尼另外两部与意大利即兴喜剧有关的作品：1915—1916年的《意大利即兴喜剧造型》（*Figure de la commedia dell'arte*）（160）和《队长》（*Matamore*，161）。
17. 该作品于1930年在威尼斯双年展上展出，现已丢失。
18. 珍妮·莫迪利亚尼，见前注，p. 56。
19. 帕里索，见前注，p. 81。
20. 诺埃尔·亚历山大，《不为人知的莫迪利亚尼》（*Modigliani inconnu*），巴黎Albin Michel出版社，1993年版，p. 90。
21. 珍妮-巴蒂尔德·拉古（Jeanne-Bathilde Lacourt），《分离与统一的艺术。1909至1915年期间的莫迪利亚尼的杰作》一文，发表于展览《阿梅代奥·莫迪利亚尼，内心之眼》（里尔现代艺术博物馆，2016年2月27日—6月5日）的目录册，巴黎Gallimard出版社，2016年版，p. 25。
22. 梅森·克莱恩（Mason Klein）主编，《面具后的莫迪利亚尼》（*Modigliani Unmasked*），纽约耶鲁大学出版社，2017年版，展览图册。该展览于2017年9月—2018年2月在纽约犹太博物馆举办。
23. 亚历山大，见前注，p. 92—93。
24. 帕里索（2012年版），t. V，n° 212/16，p. 226—229。我们无权限访问该文档。
25.《智天使伸手向剑》（*Chérubin met la main à l'épée*，1916—1917年），纸本铅笔，43.2厘米 × 26厘米，私人收藏。
26. 帕里索（2012年版），p. 42—43。和之前的评论一致。
27. 参见斯蒂芬妮·巴伦（Stéphanie Barron）等人，《颓废艺术：纳粹德国先锋派的命运》（*Entartete Kunst. Das Schicksal der Avantgarde im Nazi-Deutschland*），洛杉矶艺术博物馆，德国历史博物馆，慕尼黑Hirmer Verlag出版社，1991年版。
28. 艾米莉·布劳恩（Emily Braun），《莫迪利亚尼的面孔，法西斯主义下的政治身份》，发表于梅森·克莱恩编辑一书《莫迪利亚尼，超越传奇》（*Modigliani. Beyond the Myth*），纽约犹太博物馆，耶鲁大学出版社，2004年版，p. 25—41。
29. 帕塔尼（1994），n° 343，《囚徒》（*Poverino*）；n° 361，《贫穷的女人》（*La Femme pauvre*）。
30.《祈祷中的方济各修士》（*Franciscain en prière*），1917年，纸本铅笔，43厘米 × 26厘米，私人收藏，repr.帕里索，t. 4，1996，p. 267。
31. 绍布-科赫（Schaub-Koch），见前注，p. 49。
32. 安德烈·萨尔蒙，《关于工作室》，巴黎Crès et Cie出版社，1922年版，p. 218—219。注释1说："阿梅代奥·莫迪利亚尼是意大利社会党的伟大演说家，里窝那议员，公民埃马努埃莱的兄弟。"
33. 1909年，布面油画，46厘米 × 38厘米，私人收藏。
34. 来自阿凡桥的信，编号166，收录在维克多·迈赫莱斯（Victor Merlhès）编辑的《保罗·高更的信件》，第一卷，1873—1888年，巴黎Singer-Polignac基金会出版，1984年版，p. 234—235。
35. 文森特（凡·高）给提奥的信，同上注，编号n° LXXVII，p. 44。
36. 罗兰·多格莱斯，《迷雾城堡》，巴黎Albin Michel出版社，1932年版。参见Livre de Poche出版社版本，1961年版，p. 24。
37. 同上注，p. 37。
38. 同上注，p. 69。
39. 同上注，p. 73。
40. 瓦诺德（1945），p. 12。
41.《画框前的保罗·亚历山大的头像和半身像》，1909年，纸本铅笔，19.8厘米 × 27厘米，私人收藏。
42.《运动员身躯》，1910，纸本中国水墨，26.5厘米 × 21厘米。帕里索，t. I，1990年，p.54。画纸背面是诺查丹玛斯的预言。
43. 早期亚历山大藏品，收录在诺埃尔·亚历山大，见前注，p. 126—127。分别编目6.34和6.37。
44.《保罗·亚历山大医生肖像》，1909年，布面油画，100厘米 × 81厘米，日本名古屋山崎马扎克美术馆。塞罗尼罗尼n° 14。
45.《女骑士》，1909年，布面油画，92厘米 × 65厘米，私人收藏。塞罗尼罗尼n° 21。

蒙帕纳斯，雕塑时期（1909—1913年）

1. 珍妮·莫迪利亚尼，见前注，p. 74。
2. 查尔斯-艾伯特·辛里亚（1883—1954），《今日》，1931年2月。
3.《大提琴家》（正面）和《布朗库西肖像》（背面），1909年，布面油画，阿贝罗美术馆藏。
4.《女骑士》，1909年，布面油画，92厘米 × 65厘米，私人收藏。塞罗尼罗尼n° 21。
5.《裸体女人站立像》，1909年，纸本铅笔，0.44厘米 × 0.26厘米（译者注：这个尺寸非常小是不是有误？），私人收藏。其姿态颇为相似，但女人双手置于胸前，身体倾斜站立。塞罗尼罗尼n° 16，绘画卷，1965年版。
6. 卡尔·爱因斯坦，《非洲雕塑》（*Negerplastik / La Sculpture africaine*），莱比锡Verlag der Weissen Bücher出版社，1915年德语版；巴黎Crès et Cie出版社，1922年法语版。
7. 安布罗乔·塞罗尼，《阿梅代奥·莫迪利亚尼，素描和雕塑以及插图目录》（*Amedeo Modigliani, dessins et sculptures avec suite du catalogue illustré des peintures*），米兰Edizioni del Milione出版社，1965年版。
8. 加布里埃拉·贝利、弗拉维奥·费尔孔兹、亚历山德罗·迪·普坡（策划），2010年12月18日至2011年3月27日在特伦托和罗韦雷托现代和当代艺术博物馆举办的《雕刻家莫迪利亚尼》目录册，米兰Silvana Editoriale出版社，2010年版。参见费尔孔兹著，《莫迪利亚尼雕塑的初步问题》，p. 21—61。
9.《年轻女子头像》，1910年，布面油画，41.3厘米 × 25.4厘米，私人收藏。塞罗尼 罗尼n° 29。
10. 帕里索（2012年版），V，p. 55。参考：Arc. DOC；DID-004。
11. « And WE the moderns : Epstein, Brancusi, Archipenko, Dunikowski, Modigliani, and myself, through the incessant struggle in the complex city, have likewise to spend much energy.../ we have crystallized the sphere into the cube, we have made a combination of all the possible shaped masses – concentrating them to express our abstract thoughts of conscious superiority. Will and consciousness are our VORTEX. »（注释为英文，这里列出原文作为参考）
12. 同上注。
13.《利己主义者》（*The Egoist*），1914年6月15日发表，p. 227—228。由凯瑟琳·切维洛特（Catherine Chevillot）翻译并引用在《巴黎的雕塑，1905—1914，一切皆有可能的时代》（*La Sculpture à Paris. 1905—1914, le moment de tous les possibles*），巴黎Hazan出版社，2017年版，p. 135。我们这里引用了作者的翻译。
14. 在1914年3月才出现的一段文字中——《Der Sturm》（一篇关于阿契本科的文章）——他断言纳德尔曼就像"我们的当代画家一样"，试图"完成将内在造型统一的目标"。参见阿波利奈尔，关于艺术曾写下这样的文字，p. 442：《另一方面，纳德尔曼小心翼翼地尝试了音乐的结构，超越了希腊人和埃及人。他试图让造型更接近建筑（科学立体主义）。从而为将内部造型的严谨与漂亮外表的魅力相结合的艺术开辟了道路。》
15. 巴斯勒，《法国的现代雕塑》，巴黎Crès et Cie出版社，1928年版，p. 46。
16. 安德烈·纪德，《日记》，巴黎Gallimard出版社，1960年版，p. 272，1909年4月25—26日。
17. 安德烈·萨尔蒙，《装饰艺术》（*L'Art décoratif*），巴黎，1914年1月—6月刊，t. XXXI，p. 107—114。
18. 埃利·纳德尔曼在1910年10月发表的第32期《摄影作品》（*Camera Work*）中写道："除了曲线，我没有用其他线条，它具有新鲜感和力量。我将这些曲线组合在一起，使它们彼此一致或相反。这样，我获得了形态的生命，即和谐。通过这种方式，我打算让作品本身产生源源不断的生命力。"
19. 安娜·阿赫玛托娃著，《阿梅代奥·莫迪利亚尼：巴黎1911》（*Amedeo Modigliani : Paris 1911*），克里斯蒂安·牟泽（Christian Mouze）翻译，马赛Harpo &出版社，2000年版，n.p。
20. 伊迪丝·巴拉斯曾写过，《埃及艺术是莫迪利亚尼风格的源泉》，发表于1981年2月的《艺术公报》（*Gazette des Beaux-Arts*），p. 87—94。
21. 阿伦·威尔金森写道«巴黎和伦敦。莫迪利亚尼，利普希茨，爱泼斯坦和高迪耶-布热斯卡»，参见威廉·鲁宾的著作，即《20世纪艺术中的原始主义》展览画册，纽约大都会艺术博物馆，1986年版，p. 417—423，451。
22. 让我们回顾一下曾属于莫迪利亚尼的芳人面具，收录在克里斯蒂安·帕里索作品总录（2012年版）中，p. 97。
23.《珍妮·赫布特尼肖像》，1918年，布面油画，46厘米 × 29厘米，法国特鲁瓦现代艺术博物馆藏。塞罗尼n° 327。
24. 诺埃尔·亚历山大，见前注，p. 67。
25. 参见展览《博物馆里的吴哥窟：来自特罗卡德罗印度支那博物馆的铸件》，巴黎吉美博物馆，2013年。
26. 埃米尔·吉美，在《吉美博物馆的安提诺乌斯肖像》（*Les Portraits d'Antinoé au musée Guimet*），巴黎桦榭出版社，1914年版，p. 26。
27.《里昂·巴克斯》，1917年，布面油画，55.3厘米 × 33厘米，华盛顿国家美术馆藏。塞罗尼n° 165。
28.《舞蹈二号（3个女舞者）》[*La Danse II (Trois danseuses)*]，约1906年。彩色木板雕刻（法国里尔都市现代美术馆藏）。
29.《小珍妮》，1908—1909年，墨水混合白色颜料，27厘米 × 21厘米。Cat. 303诺埃尔·亚历山大（repr. p. 385）。
30.《奔跑的维纳斯，左手在抬起的右脚后》（*Vénus courant, la main gauche derrière le pied droit relevé*），画面右上方有炼金术符号，蜡笔，35.5厘米 × 26.2厘米。Cat. 208诺埃尔·亚历山大（repr. p. 366）。
31.《保罗·亚历山大肖像》（*Portrait de Paul Alexandre*），1911—1912年，布面油画，92厘米 × 60厘米，私人收藏。塞罗尼n° 15。
32. 西德尼·盖斯特（Sidney Geist），在威廉·鲁宾的著作中，见前注，p. 256- 257。

33. 珍妮-巴蒂尔德·拉古,《分离与统一的艺术。1909至1915年期间的莫迪利亚尼的杰作》,发表于展览《阿梅代奥·莫迪利亚尼,内心之眼》的目录册,见前注,p. 25。
34.《维纳斯·阿纳迪奥梅》(*Aphrodite anadyomène*),纸本铅笔,1914年,(帕里索),位置未知。
35.《女像柱》,1914年,纸本铅笔与蛋彩,90厘米×70厘米,私人收藏。帕里索,t. I,1990年,p. 64。
36. 克里斯蒂安·帕里索在其目录中收录一张属于莫迪利亚尼的明信片:这是一张非洲裸体女人的照片,她戴着项链、手镯,腰间系着一条华丽的细腰带。参见帕里索(2012年版),p. 96。
37.《巴黎生活》周刊,1912年10月5日版,p. 713。
38. 要识别这些雕塑,请参考弗拉维奥·费尔孔兹的研究著作,《莫迪利亚尼雕塑的初步问题》,见前注,p. 21—61。
39. 路易·沃尔塞克,发表于《吉尔·布拉斯》(*Gil Blas*,巴黎文学期刊),1912年9月30日刊,p. 2—3。
40. 戈特哈德·耶德利卡(Gotthard Jedlicka),《莫迪利亚尼》,苏黎世E. Rentsch出版社,1954年版,p. 34。我们引用珍妮-巴蒂尔德·拉古的翻译版,见前注文章,p. 44。
41. 雅各布·爱泼斯坦(Jacob Epstein),《让雕塑存在》(*Let There Be Sculpture*),纽约,1940年版,p. 19。
42. 雅克·利普兹(Jacques Lipchitz),《阿梅代奥·莫迪利亚尼1884—1920》,巴黎Flammarion出版社,1958年版,n.p。
43. 库普卡(Kupka),《造型艺术中的创作》(*La Création dans les arts plastiques*,1910—1913年)。像莫迪利亚尼一样,他也受到埃尔·格列柯(le Gréco,p. 58)和安格尔(Ingres)的影响,"我们可以从线条中感受到他的拉丁根源"(p. 163—164)。他强调线条的自在随意(p. 172)。库普卡和莫迪利亚尼一样,也对神秘科学和远东艺术有着浓厚的兴趣,他在1919年完成的画作《印度图案(红色渐变)》[*Motif hindou (Dégradés rouges)*]。
44. 安德烈·萨尔蒙,《年轻的法国雕塑》(*La Jeune Sculpture française*),巴黎三十社会(Société des Trente,译者注:这是一个1789年法国大革命时期的政治群体,这里只能查到这本书的封面上有这个群体的名字,但不确定其角色),Albert Messein出版社,1919年版,p. 54。
45. 阿波利奈尔在《不妥协报》报上发表的多篇文章:1910年4月13日,《在国家美术学院沙龙开幕之前》;1911年4月14日,《第二十一届国家沙龙》。引自阿波利奈尔,《艺术编年史(1902—1918)》,L. C. 布鲁尼格(L. C. Breunig)整理带有前言和注释的文本,巴黎Gallimard出版社(原版1960年),2002年版,分别见p. 111和p. 200。

巴黎画派,预备期(1914—1917年)

1. 珍妮·莫迪利亚尼,见前注,p. 97。
2. 弗洛朗·费尔斯,《文学、艺术和科学新闻》,1925年10月24日,p. 4。
3. 1915年9月15日,橘园美术馆档案。
4. 对乔瓦尼·夏维勒(Giovanni Scheiwiller)的评论,引自科莱特·吉罗登(Colette Giraudon)著,《保罗·纪尧姆和20世纪的画家们》(*Paul Guillaume et les peintres du xxe siècle*),巴黎艺术图书馆出版社,1993年版,p. 30(1932年4月6日)。
5. 克里斯托弗·格林,见前注,p. 56。
6. 奥西·查德金(Ossip Zadkine),《木锤与凿子,我一生的回忆》(*Le Maillet et le ciseau. Souvenirs de ma vie*),巴黎Albin Michel出版社,1968年版,p. 92。
7.《Bathy-Bius》(保罗·纪尧姆画像),1915年,纸本铅笔,尺寸位置,私人收藏。让·黎施潘(Jean Richepin)在诗作《大海》(1886年)中,接受了这种原始物质的想法,"一种无形无色的存在",人类就是由此而来。
8. 乔治·德·基里科,《思维机制》(*Il meccanismo del pensiero*),毛里齐奥·法吉奥·戴尔阿科(Maurizio Fagiolo dell'Arco)编,都灵Einaudi出版社,1985年版,p. 281。
9.《禁忌玩具》(*Les Jouets défendus*),1915—1916年,布面油画,55.4厘米×25厘米,布拉格国立美术馆藏。在另一张照片中,我们注意到两幅比阿特丽斯·黑斯廷斯的肖像,一幅莫迪利亚尼画的迭戈·里维拉肖像和德·基里科的画作《抵达》(*L'Arrivée*,1912年,布面油画,60.6厘米×85.1厘米,阿尔伯特·C. 巴恩斯基金会)。
10.《保罗·纪尧姆》,1916年,纸板油画,55厘米×38厘米,私人收藏,塞罗尼n° 102。
11. 安德烈·德兰,《胸部裸露的女子坐像》,位置未知;《汉卡·兹博罗夫斯卡夫人肖像》,布面油画,1917年,56厘米×39厘米,伦敦私人收藏;一幅尚无法确认身份的女像柱铅笔画。
12.《刘海少女》,1916—1917年,布面油画,私人收藏,塞罗尼n° 103。
13. 让·弗特里埃(Jean Fautrier),《水果》(*Les Fruits*,位置未知);《雷蒙多肖像》,1915年,布面油画,37厘米×29厘米,塞罗尼n° 56。
14. 安德烈·德兰,《弹吉他的丑角》,1924年,布面油画,190厘米×97厘米,巴黎橘园美术馆藏。柴木·苏丁,《唱诗班的儿童》,约1927—1928年,布面油画,63.5厘米×50厘米,巴黎橘园美术馆藏;《戴草帽的老妇人》(位置未知)。巴勃罗·毕加索的《海边浴女》,1908年,129.8厘米×96.8厘米,纽约现代艺术博物馆藏。莫迪利亚尼的《长发披肩的女孩头像》,1915年,55厘米×46厘米,私人收藏。塞罗尼n° 37。
15.《大女像柱》(1913—1914年),纸本铅笔及蜡笔,100厘米×62.1厘米,私人收藏。该作品是一张人物图的组成部分,被粘贴在更大尺寸的支撑物(纸?)上。需要仔细研究才能确定艺术家是否在基础绘画中加入了更加适合的人物,或者是否将其扩展到其他的媒介上。
16. 沃纳·施马伦巴赫,《肖像画》,收录在马克·雷斯特里尼(Marc Restellini)主编的《莫迪利亚尼,肃穆的天使》,巴黎Le seuil出版社/日内瓦Skira出版社,2002年版,p. 33—52,此处见p. 34—36,37。
17. 戴克斯,《毕加索和莫迪利亚尼》,同上注,p. 63—70。
18. 罗伯特·L. 德勒沃伊(Robert L. Delevoy)在1962年报道说,"因为蒙帕纳斯的青年画家们而出名的圆亭咖啡馆",费尔南·莱热是那里的常客,"当莫迪利亚尼决定不顾老板意志准备'巡回演唱'时,他就得承担起保镖的角色。"这段话出自罗伯特·L. 德勒沃伊的《轻盈》(*Léger*)一书,日内瓦Skira出版社,1962年版,p. 45。
19. 肯尼斯·韦恩在展览《阿梅代奥·莫迪利亚尼,内心之眼》的目录册中撰文《1914至1916年期间的莫迪利亚尼:比阿特丽斯·黑斯廷斯,艺术家肖像和原始超现实主义》,见前注,p. 69—82。
20. 同上注,p. 80。
21.《羊圈》,1915—1916年,黑色粉笔,纸本和纸板,43.8厘米×27.1厘米。帕塔尼113。
22.《朝圣》(查尔斯·道格拉斯肖像),1916年,纸本铅笔,43.4厘米×26.5厘米,罗马GNAM,帕里索t. 1,1990年,n° 31/16(repr. p. 300)。以查尔斯·道格拉斯的名义,他们出版了《艺术家街区:莫迪利亚尼,蒙马特和蒙帕纳斯》(*Artist Quarter : Modigliani, Montmartre & Montparnasse*),伦敦费伯出版社,1941年版。
23.《年轻朝圣者》,1916年,纸本铅笔,46.9厘米×31厘米,帕里索t. 1,1990年,n° 38/16(repr. p. 301)。
24. 根据弗朗索瓦·布隆代尔(François Blondel),《莫迪利亚尼》第一卷(1884—1916年),WisiMuz出版社,2016年3月版,epub,n. p。
25. 出版商莱昂·简诺索(Léon Genonceaux)《马尔多罗之歌》,巴黎,1890年版,p. V。
26. 事实上,1915年,他参考华托绘画的这幅画作中的丑角形象(p. 29)具有比阿特丽斯的神韵是十分合理的。他在刻画帽子时,将帽檐处理成被狭窄留白隔开的两个平面——其中一个有着密集的垂直线,另一个则是倾斜和略带弯曲的曲线——这见证了艺术家在比阿特丽斯·黑斯廷斯时期的"立体主义"风格。不过他也忠实地还原了华托画中的眉毛、鼻子和拱形的嘴巴,但却把眼睛描画成杏仁形。
27. 杰弗瑞·梅耶斯(Jeffrey Meyers)在著作《莫迪利亚尼的一生》(*Modigliani. A life*)中以此为标题,伦敦Decknorth出版社,2006年版,p. 149。
28.《保罗·亚历山大肖像》,1911—1912年,布面油画,92厘米×60厘米,私人收藏。塞罗尼n° 15。
29. 耶德利卡,见前注,p. 29。
30. 路易·阿拉贡,《给安德烈·布勒东的信,1918—1931年》,巴黎Gallimard出版社,2011年版,p. 258—259(1919年4月2日)。
31. 马克斯·雅各布,《给勒内·兰贝尔的信》(1923年5月16日),蒙马特Rougerie出版社,1983年版。
32. 巴勃罗·毕加索,《马克斯·雅各布》,1907年,纸本水粉,62.5厘米×47.5厘米,科隆路德维希博物馆藏;《马克斯·雅各布》,1915年,铅笔,33厘米×24厘米,私人收藏。
33. 在《保罗·纪尧姆肖像》(p. 103)中,商人的手指指向画家的签名。
34. 爱德华·劳勃,《回忆录:我的世纪一线牵》(*Mon siècle sur un fil. Souvenirs*),巴黎Laffont出版社,1982年版。
35. 帕塔尼(1994年版),n° 228—250,1916年;然后见n° 445—447,1918年。
36. 阿尔托尼拥有一幅代表诗人的画作,现藏于坎佩尔博物馆,以及六幅同样出自莫迪利亚尼之手的其他画作,包括《欣喜若狂》(1916年,纸上石墨,43.50厘米×26.80厘米,位置未知),画作标题位于画面顶部中心位置,"献给阿尔托尼,莫迪利亚尼/1916年7月"(译者:这里原文中为916,未见到原画,推测是笔误,应为1916?)。
37.《天使伸手向剑》,1916—1917年,纸本铅笔,43.2厘米×26厘米私人收藏。
38. 帕塔尼(1994年版),n° 445—8。
39. 同上注,n° 245。
40. 帕塔尼(1994年版),《贝塔·马特斯》,n° 229,p. 152。
41. 参见莫迪利亚尼技术研究计划(2017—2018年),《伯灵顿杂志》杂志,2018年3—5月刊发表了6篇文章,并收录在电子出版物中。
42. 威廉·冯特,《生理心理学要素》(*Éléments de psychologie physiologique*,1872年),法文译本,巴黎Félix Alcan出版商,1886年版,t. II,p. 73。

43.《亨利·劳伦斯》(头像),1915年,布面油画,55厘米×46.5厘米,塞罗尼n° 53。
44. 加泰罗尼亚雕塑家巴勃罗·加加罗(1881—1934年)在1912年来到巴黎定居,后于1914年返回西班牙。他曾从毕加索那里学习用金属创作,并在1913年为毕加索创作了这个头像,这件作品也为他赢得了国际认可(陶土,21厘米×19.4厘米×13.8厘米,马德里索菲亚王后国家艺术中心博物馆藏)。他还经常拜访莫迪利亚尼,一战结束后,他的雕塑如在空气中绘画,那种细腻的表达时常让人联想起里窝那人的艺术。
45.《塞尔索·拉加尔》,1915年,布面油画,35厘米×27厘米,耶路撒冷以色列博物馆藏。塞罗尼n° 96。
46. 利普兹,见前注,n.p。
47. 路德维希·迈德纳回忆说,在抵达巴黎后不久,画家为画布上漆,以使之更加有透明感,并得到如前辈大师们的画作般的质感。这段出自路德维希·迈德纳在《伯灵顿杂志》的文章:《年轻的莫迪利亚尼:一些回忆》,1943年82期,p. 87—91。
48. 布莱斯·桑德拉尔起草《致在法国的外国人》,收录在《断手以及一些战争往事》(1946年),巴黎Denoël出版社,2013年版,p. 9。
49.《桑德拉尔》,巴黎Gallimard出版社,Albums de la Pléiade(昂宿星团)系列(n° 52),2013年,p. 84。
50. 出自路易·帕罗特(Louis Parrot),《布莱斯·桑德拉尔》,巴黎Seghers出版社,1921年版,p. 61。
51.《五月玫瑰/人造的/在咖啡厅/Trina商店橱窗/白色/午夜。》(译者:原文为意大利文,Rosa di maggio/ artificiale/ nel caffè/ Trina vetrina/ bianca/ mezzanotte.)
52.《色彩的诞生》,出自《红玫瑰》第一期,巴黎,1919年7月17日。
53. 布莱斯·桑德拉尔,《十九首弹性诗》,巴黎Au sans pareil出版社,1919年版。
54. 布莱斯·桑德拉尔,《关于莫迪利亚尼的一幅肖像》,收录在1917年12月3日在贝尔特·魏尔画廊举办的展览《莫迪利亚尼,油画,素描》的目录册中。
55. 分别是《嘴里叼着烟的布莱斯·桑德拉尔肖像》,1917年,纸本羽毛和墨,21.6厘米×13.6厘米,位置不详,以及《诗人布莱斯·桑德拉尔》,1918年,纸本铅笔,42厘米×26厘米,地点不详。
56. 除了来自荷兰国家博物馆藏的画作(p. 140),我们也关注下《让·谷克多》,纸本石墨铅笔,47厘米×30.2厘米,法国芒通让·谷克多博物馆藏[塞弗林·温德曼收藏(collection Séverin Wunderman)]
57. 皮埃尔·勒韦迪,《塔朗窃贼》(*Le Voleur de talan*),阿维尼翁Rullière出版社,1917年版。
58. 谷克多对曾于1951年购买该作品的收藏家亨利·铂尔曼一封落款1957年的信的回复(https://www.henryandrosepearlmancollection.info/artist/amedeo-modigliani)。
59. 向莫迪利亚尼致敬的文字,收录在乔瓦尼·夏维勒编辑的《向莫迪利亚尼致敬(1884—1920年)》一书中,米兰,1930年版,n.p。
60.《夏娜·奥洛夫肖像》,纸本水墨,28.5厘米×17.5厘米,帕里索t. 1,1990年版,n° 6/16(repr. p. 293)。
61. 1917年,cat. rais. 1,n° 236帕里索;1919年,cat. rais. 1,n° 289。
62.《里昂·巴克斯》,1917年,布面油画,55.3厘米×33厘米,华盛顿国家艺廊馆藏,塞罗尼n° 165。《维京·埃格林》,1916年,布面油画,65厘米×46厘米,里尔现代艺术博物馆藏,塞罗尼n° 149。《加斯东·莫多》,1918年,布面油画,92.7厘米×53.6厘米,巴黎国立现代艺术美术馆藏,塞罗尼n° 279。
63. 帕塔尼(1976年版),n° 49。在《女子坐像》(比阿特丽斯·黑斯廷斯肖像)的背面,私人收藏,米兰。
64. 莫迪利亚尼的另一幅素描(塞罗尼,1958,P.15)上写有"1793"字样。
65. 例如,笔记本的这一页上,将兹博罗夫斯基描绘成施洗者圣约翰(约1918年,方格纸本上铅笔画,14.3厘米×9.3厘米),并以意大利文写下了耶路撒冷和施洗者圣约翰的名字。

一个社会的群像

1. 安德烈·瓦诺德在1933年9月28日发表于《Comœdia》上。
2.《女服务员》,1916年,布面油画,72.5厘米×54厘米,苏黎世美术馆藏。塞罗尼n° 124。
3. 阿里斯蒂德·布鲁恩特在1911年《在阿帕契人家中》和《阿帕契之歌》中唱到了手持弹簧刀的街头游荡者(俚语中称"surins"或"eustaches")。其中提到的两个阿帕契人,毫无疑问就是画中的拿刀男人,这些作品于1917年12月在贝尔特·魏尔画廊展出过。画家的母亲和妹妹在给亚历山大医生的一封信(1924年12月13日)中讲述了阿梅代奥的兄长埃马努埃莱曾失窃过一个"非常出色的阿帕契女人头像"——其风格可能在我们分析过的流行类型的脉络中。参见诺埃尔·亚历山大,见前注,p. 32。
4. 格奥尔格·齐美尔,在《文化的悲剧》一书中提到"脸型的审美意义"(1901年),巴黎Rivages出版社,1988年版,p. 138。
5. 绍布-科赫,见前注,p. 49。
6.《勒普特先生》(*Monsieur Lepoutre*),布面油画,92厘米×65厘米,私人收藏。塞罗尼n° 156。
7. 杜蒂耶从勒普特处获得了一件名为《少女头像》的作品。根据玛丽-艾米丽·赛诺的说法,这次转手发生在1940年代以前。这件作品并未出现在收藏家展示其众多莫迪利亚尼藏品的公寓的照片中。我们无从得知确切日期和地点。
8. 加斯东·莫多,1918年,布面油画,92.7厘米×53.6厘米,巴黎国立现代艺术博物馆藏,塞罗尼n° 279。
9. 玛丽-艾米丽·赛诺在展览《阿梅代奥·莫迪利亚尼,内心之眼》(里尔现代艺术博物馆,2016年2月27日—6月5日)的目录册中曾写道"罗杰·杜蒂耶,藏家的震惊",巴黎Gallimard出版社,2016年版,p. 119—139。
10. 同上注,p. 123。
11.《持拐杖的男人》,又名《梅尼尔先生》,1918年,布面油画,100厘米×65厘米,塞罗尼n° 252。
12. 参见帕里索(IV,1996),p. 66。
13.《帅气的军医》,布面油画,55厘米×47厘米,纽约巴尔的摩市约翰·霍普金斯大学长荣基金会收藏。
14.《祖阿伍》,布面油画,61厘米×46厘米,私人收藏,塞罗尼n° 263。
15. 我们可以看下这幅保罗·德米的铅笔像(1919年,格勒诺布尔博物馆),他是杂志《新精神》(*L'Esprit nouveau*)的创始人之一。参见帕塔尼(1976),no. 76。
16.《戴帽子的年轻人》,1919年,布面油画,100厘米×65厘米,私人收藏,塞罗尼n° 281。
17. 妮娜·哈姆内特,《大笑的躯干:妮娜·汉尼特的回忆》(*Laughing Torso : Reminiscences of Nina Hamnett*),纽约Ray Long & Richard R. Smith出版社,1932年版。作为亨利·高迪耶-布热斯卡的情妇,她是其作品《红石舞者》和《躯干》(1914年)的模特儿,作品中的身体变形充满青春期的脆弱感,因此也受到不少嘲笑,所以被称为"大笑的躯干"。她在拉鲁什住了一段时间,并在以艺术家的朋友玛丽·瓦西里耶夫命名的学院(Académie de Marie Vassilieff)学习过。
18. 苏菲·李维,《雌雄同体的肖像画家莫迪利亚尼》,里尔现代艺术博物馆展览目录册,见前注,p. 98—99。
19.《女骑士》,1909年,布面油画,92厘米×65厘米,私人收藏,塞罗尼n° 21。
20. 第七艺术——电影界最杰出的先驱之一,爱丽丝·居伊(Alice Guy),在她的那部充满争议与讽刺的电影《女权主义的后果》(*Les Résultats du féminisme*,1906年,高蒙影业)中,就已经乐于尝试这种角色的转换。
21.《勒妮·基斯林》,1917年,纸板油画,61.1厘米×50.2厘米,日本箱根POLA艺术博物馆藏。塞罗尼罗尼n° 163和IV. 34插图。
22.《身着条纹紧身胸衣的女孩》,1917年,布面油画,92厘米×60厘米,私人收藏,塞罗尼n° 214。
23.《埃琳娜》(波沃洛斯基),1917年,布面油画,45.8厘米×33.1厘米,私人收藏,塞罗尼n° 167。
24.《家仆》,1915年,纸本水彩和石墨铅笔,44.1厘米×26厘米,私人收藏。
25. 布劳恩,见前注文章,,由梅森·克莱恩编辑,见前注,p. 27.
26. 帕里索V,感言,n.p。
27. 雷米·拉布鲁斯,《伊斯兰教徒》(*Islamophilies*),巴黎Somogy出版社,2011年,p. 289。
28. 格里塞尔达·波洛克在梅森·克莱恩主编的展览目录册中提到"莫迪利亚尼和艺术的躯体,肉欲,专注和现代主义的挣扎",见前注,p. 55—73,此处见p. 71。
29. 艾夏·高布勒(Aïcha Goblet),舞者、模特儿,经常为曼·雷(Man Ray美国现实主义艺术家)和菲利克斯·瓦洛顿(Félix Vallotton)当模特儿。
30.《坐着的阿梅莎》(*Almaisa assise*),1916—1917年,布面油画,92.5厘米×53.5厘米,私人收藏。塞罗尼n° 132。
31. 格奥尔格·齐美尔,《装饰心理学》,出自《装饰和其他实验》,巴黎人类科学出版社,1998年版,p. 79—88。此处见p. 79。
32.《利奥波德·兹博罗夫斯基肖像》,1916年,65厘米×43厘米,耶路撒冷以色列博物馆藏。塞罗尼n° 157。
33. 在缺乏展览的精确图片的情况下,我们可以想象一下这些作品。由于无法全部复制,我们提供了由弗朗索瓦·卡钦(Françoise Cachin)作序的安布罗吉欧·塞罗尼的著作《莫迪利亚尼的全部画作》(*Tout l'œuvre peint de Modigliani*)中的参考:两幅利奥波德·兹博罗夫斯基的肖像(157—158);《卢西安娜》(*Lucienne*,126);汉卡·兹博罗夫斯卡的肖像(《L女士》,L代表她的丈夫利奥波德)(159,160,或从177至179);玛格丽塔(129),也是《红玫瑰中的女人》(*femme aux roses rouges*)(128);爱丽丝(69)是雷蒙德·拉迪盖的情人,正是她给予后者灵感创作出小说《肉体的恶魔》(*Le Diable au corps*);阿梅莎(阿尔及利亚女人),沉睡的女人(186,200或201)以及《沉睡的女人肖像》

（127，伦敦科陶德艺术学院的《裸体坐像》？），四幅裸体画但沉睡主题的画像也同样是裸体。夏娃或许是这幅画中跪着祈祷的裸体女性，与画面上方的亚当相呼应。

34. 皮埃尔·弗兰卡斯特尔谈到“莫迪利亚尼用阿拉伯式的，近乎讽刺的方式来诠释受社会冲突威胁的人们的脆弱与优雅”，出自《法国绘画史II，从大卫到毕加索》，巴黎Denoël出版社，Médiations调解系列，1955年版，p. 178。他甚至（错误地）肯定是他的“社会主义信念”阻止了其参与大战。

爱神（1916—1917年）

1. 安德烈·马尔罗，《绝对的货币》，VII，巴黎Gallimard出版社，昴宿星图书馆系列，p. 887（沉默的声音之第四卷）。1793年，46岁的戈雅患上了一种使他失聪的疾病，这严重影响了他的画作；在马尔罗（他和许多人一样认为是梅毒）的眼中，他的作品变得更加黑暗和更具戏剧张力，再次复兴了启示录基督教艺术。至于另一位艺术家华托，肺结核让他在36岁时就早早离世；与莫迪利亚尼有着同样的命运和作品中同样的忧郁魅力。《遐想》唤起了瓦伦西亚人（华托）的艺术中特有的狂欢节和田园风光特质。
2. 考奎特，见前注，p. 109。
3. 乔瓦尼·夏维勒，《阿梅代奥·莫迪利亚尼》，米兰Ulrico Hoepli出版社，《意大利现代艺术》系列丛书之八（第二版），1932年版，p. 11。
4. 阿道夫·巴斯勒、查尔斯·昆斯特勒（Charles Kunstler）著，《法国独立派绘画2：从马蒂斯到塞贡扎克》（*La Peinture indépendante en France, 2 : De Matisse à Segonzac*），巴黎Crès et Cie出版社，1929年版，p. 102。
5. 格里塞尔达·波洛克在梅森·克莱恩主编的《莫迪利亚尼，超越传奇》一书，见前注，p.72：“正在成形的论述”。
6. 同上注，p. 73。
7. 保罗·瓦莱里，《德加、舞蹈、绘画》（*Degas Danse Dessin*），巴黎Gallimard出版社，1946年版，p. 86—87。
8. 借泰特现代美术馆展览之际，学者们进行了一项重大的科学技术调查。并将研究结果分期发表在《伯灵顿杂志》上。他们用摄影和X射线的方式对作品进行了精确分析，这为进一步了解艺术家的绘画方式、所使用的颜料以及画面载体材料提供了宝贵的信息；早在1981年的另一场展览期间，法国博物馆实验室率先开展了在当时极具先驱性的科学研究，泰特美术馆的研究正是在其基础之上的进一步拓展。
9. 自19世纪以来，在法国对绘画规格的命名中出现了三种标准格式：人像、风景和海景。第一个主要是竖格式，另外两个则是横格式。海景格式最长（有点像宽银幕）。莫迪利亚尼非常偏爱海景格式，他会无视这种格式的本来用途，而把画布竖起来进行肖像创作。因此，在伦敦泰特美术馆展出的76幅画作中，非标准画幅有21幅，而在标准化画作中，人物画幅11幅，风景画幅9幅，海景画幅35幅。其中，只有五个是横向使用的，专门用于裸体肖像。
10. 麦奇斯拉斯·高伯格，《线条的道德》，先后由巴黎的出版商Léon Vanier和Messein发行，1908年版，p. 31。
11. 特别因为画家同时还画了摄影师弗拉基米尔·迪勒夫斯基（Vladimir Dilewski）的肖像（p. 200）。
12. 亨利·泽纳，《艺术家的视角》。出自阿兰·柯宾、乔治·维加雷洛（Georges Vigarello）和让-雅克·库尔第纳（Jean-Jacques Courtine）编辑的《身体的历史2：从大革命到一战》，巴黎Le Seuil出版社，2005年版，p. 85—117。
13. 安德烈·萨尔蒙，《活的艺术》，巴黎Crès et Cie出版社，1920年版，p. 279—281。
14. 沃尔德玛-乔治，《艺术之爱》，见前注文章。
15. 贝尔特·魏尔，《砰！……在眼中！或在当代绘画幕后的三十年》，巴黎Lipschutz书店，1933年版。
16. 帕塔尼（1994年版），《一个女人的裸体》（*Nudo di Donna*），n° 360，p. 211。《裸女》，约1910年，纸本石墨铅笔，17厘米×9厘米，私人收藏。原属于罗杰·杜蒂耶收藏。
17. 威廉·A. 尤因（William A. Ewing），《身体——人体摄影作品》，巴黎Assouline出版社，1998年版，p. 22。柯宾，见前注，p. 174—175。
18. 弗朗西斯·卡科，《现代绘画中的裸体1863—1920》，巴黎Crès et Cie出版社，1924年版，p. 114。
19. 同上注，p. 116。
20. 引自阿兰·柯宾的说法“身体的相遇”。出自柯宾、维加雷洛和库尔第纳编辑的著作，见前注，p. 149—214，此处见p. 185，作者参考了法比耶娜·卡斯塔-罗萨斯（Fabienne Casta-Rosaz）著，《调情的历史：关于天真与变态的心理》，巴黎Grasset出版社，2000年版。莫迪利亚尼在1916年还为一位横跨大西洋来到巴黎的女士作画。
21. 欧也妮·德拉克洛瓦，《日记1822—1863年》，日内瓦La Palatine出版社，1946年版，p. 301：“……我满怀热情、不知疲倦地看着这些裸体男性的照片，这是令人赞美的诗歌，我注视着这人体，我的眼睛比作家的文字传递出更多的信息”。
22. 彼埃尔·德·龙沙，《爱情》，十四行诗Sonnet 6（1552年），巴黎Le Livre de Poche出版社，安德烈·让德尔（André Gendre）编，1993年版，p. 84。
23. 夏尔·波德莱尔，《首饰》，出自无聊与理想（Spleen et Idéal），十四行诗Sonnet 20，《恶之花》，巴黎法国综合书店（Librairie générale française），1972年版，p. 35。
24. 兰伯托·维塔利著，《莫迪利亚尼的素描》（1929年版），《意大利现代艺术》卷一，Disegnatori系列C，米兰Ulrico Hoepli出版社，1936年。
25. 夏维勒，见前注，毫无疑问，这位意大利评论家所指的是画作《粉红裸体》，又称《小挤奶女工》（1918年），这里图片出自塞罗尼n° 266 V27 p. 239的复制件。
26. 皮埃尔·施耐德，《马蒂斯》，巴黎Flammarion出版社，1984年，p. 347。
27. 弗朗西斯·卡科，见前注，p. 116。
28. 皮埃尔·路易（莫里斯·丹尼），《艺术笔记——新传统主义的定义》。第二年n° 65，1890年8月23日，p. 540—542。文章后转载于《理论》（*Théorie*，1890—1910年），巴黎L. Rouart和J. Watelin出版商，1920年，p. 1—13。

神圣（1917—1919年）

1. 《ELLE》杂志，1946年1月16日，p. 3—4。
2. 亨利·泽纳，《艺术家的视角》，柯宾、维加雷洛和库尔第纳编辑的《身体的历史2：从大革命到一战》，见前注，p. 85—86。参见保罗·克利发表的《日记》，科罗索夫斯基（Klossowski）翻译，巴黎Grasset出版社，1959年版，p. 97—98。
3. 莫里斯·巴雷斯，《格列柯或托莱多的秘密》（*Greco ou Le Secret de Tolède*），巴黎Émile-Paul出版社，1912年版，p. 12。这篇文章是关于对埃尔·格列柯的重新发现，自1906年以来，一系列发表在《艺术》或《艺术公报》上的文章表达了对他的狂热，这也是罗伯特·德·孟德斯鸠、卡米尔·莫克莱尔或西班牙画家伊格纳西奥·苏洛阿加（Ignacio Zuloaga，1870—1945年）的一致观点.
4. 同上注，p. 125。
5. 珍妮·巴蒂尔德·拉科特，《阿梅代奥·莫迪利亚尼，内心之眼》展览图册，见前注。
6. 沃尔德玛-乔治，见前注文章。
7. 《珍妮·赫布特尼坐像》（一只手放在左肩上），1918年，布面油画，92厘米×73厘米，私人收藏。塞罗尼n° 306。
8. 《艺术家的女人》，出自萨尔蒙，《莫迪利亚尼的生平和作品》，见前注。
9. 勒妮·巴霍特，“一位潜意识的画家”，出自《自由的人》（*L'Homme libre*），1938年4月14日。
10. 《露妮娅·捷克诺夫斯卡侧像》，1919年，布面油画，56厘米×39厘米，私人收藏。塞罗尼n° 320。
11. 克里斯蒂安·泽沃斯为展览《莫迪利亚尼》的目录册写的前言，纽约De Hauke & Co画廊，1929年。
12. 考奎特，见前注，p. 109。
13. 《汉卡·兹博罗夫斯卡》，1917年，布面油画，30.2厘米×81.3厘米，纽约现代艺术博物馆藏。塞罗尼n° 177。
14. 《双手交叉的汉卡·兹博罗夫斯卡》，1917年，布面油画，100厘米×65厘米，私人收藏。塞罗尼n° 314。
15. 西莫内塔·弗拉克利著，《莫迪利亚尼与地中海给他带来的影响》，收录于西莫内塔·弗拉克利、南希·艾里逊（Nancy Ireson）编著的《莫迪利亚尼》，伦敦泰特出版社，2017年版，p. 149。
16. 同上注，p. 153。
17. 《双手放在腿上的女孩坐像》，1918年（？），布面油画，91.1厘米×53厘米，私人收藏。塞罗尼n° 254。
18. 《彩色韵律》系列（1913—1914年）是一组抽象作品，其原理是绘画与音乐的类比。这位俄罗斯艺术家在1911年于巴黎认识了纪尧姆·阿波利奈尔，1914年，后者在《巴黎晚会》（*Les Soirées de Paris*）中称赞了他。这些作品很自然地引出了维京·埃格林和汉斯·里希特（Hans Richter）的抽象电影实验。莫迪利亚尼在其暂居蓝色海岸期间与苏瓦吉往来频繁；他还画了苏瓦吉未来的妻子热尔曼·梅耶（《金发女郎》），参见p. 278。
19. 《利奥波德·苏瓦吉肖像》，1917年，布面油画，61.5厘米×46厘米，芬兰阿黛浓美术馆（Helsinki, Ateneum Art Museum）馆藏。塞罗尼n° 211。
20. 《维京·埃格林肖像》，1916年，布面油画，65厘米×46厘米，里尔现代艺术博物馆藏。塞罗尼n° 149。
21. 《给利奥波德·兹博罗夫斯基的信》，后收录在珍妮·莫迪利亚尼著《莫迪利亚尼传记》（*Modigliani, une biographie*）中，巴黎Adam Biro出版社，1990年版，p. 135。
22. 《双手放在大腿上的女孩》，参见supra la note 17。
23. 《未梳头的年轻女孩》，1919年，布面油画，99.7厘米×64厘米，私人收藏。塞罗尼n° 299。
24. 妮娜·哈姆内特，《大笑的躯干：妮娜·哈姆内特的回忆》，见前注，P134。
25. 罗杰·弗莱，《线条，现代艺术的表达方式》（*Line as a means of expression in modern art*），1919年

发表于《伯灵顿杂志》34期，p. 62—63，66—67，69。“作品表面的丰富多样性和戏剧性是莫迪利亚尼艺术的非凡之处之一，并表明作为雕塑家，他对形式的统一感与画家对表面的感觉相交融。”
26. 参见肯尼斯·韦恩的文章《莫迪利亚尼的核心圈子》，发表在弗拉克利和艾里逊编著的《莫迪利亚尼》一书中，见前注，p. 178。
27. 里奥奈罗·文杜里，《31号展厅，阿梅代奥·莫迪利亚尼个人展》，发表于1930年《第十七届威尼斯双年展图录》中，p. 116—122。
28. 马里奥·佩德罗萨，《莫迪利亚尼的胜利》（«*Modigliani em triunfo*»，原文为西班牙文，请西语翻译再确认下），发表于1958年5月29日的《巴西日报》，p. 6。
29.《摩根·罗素》，1919年，布面油画，99厘米×63.5厘米，私人收藏。塞罗尼n° 308。
30. 苏亚雷斯·德·门多萨，《多彩的听觉，关于虚假的生理次要感觉，特别是与客观声音感知相关的颜色伪感觉的研究》，巴黎Doin出版社，1890年版。
31. 阿尔弗雷德·比奈，《多彩的听觉的问题》，发表于《两个世界的评论》（*Revue des Deux Mondes*），t. 113，1892年10月1日，p. 586—614。以及p. 608，p.594。
32. 帕里索（1996年版，IV），见证，巴黎文献出版社（Éditions des archives），n.p。
33. 让·谷克多，《莫迪利亚尼》，巴黎Hazan出版社，1950年版。
34. 帕塔尼（1976年版），p. 10。
35. Ana Gonçalves Magalhães, Márcia de Almeida Rizzutto, Dalva Lúcia Araújo De Faria, Pedro Herzilio Ottoni Viviani De Campos, « Autorretrato de Amedeo Modigliani do acervo do MAC USP à luz de sua história material », Anais do Museu Paulista São Paulo, Nova Série, vol. 27, 2019, p. 1—37.

尾声：阿梅代奥，我们的当代艺术家

1. 安德烈·萨尔蒙，《莫迪利亚尼》，1920年发表于期刊《活的艺术》，巴黎Crès et Cie出版社，p. 279—281，此处见p. 281。
2. 艾伦·鲍尼斯，《成功的条件：现代艺术家如何成名》（*The Conditions of Success : How the Modern Artist Rises to Fame*），伦敦泰晤士和哈德森出版社，1989年版。
3. 霍华德·贝克尔，《艺术世界》，洛杉矶伯克利-伦敦，加州大学出版社，1982年版。
4. 比阿特丽斯·茹瓦耶-普吕内尔（Béatrice Joyeux-Prunel）写了关于该主题的研究文章，《死后的复仇？国际现代艺术市场上的莫迪利亚尼，1906—1960年”，发表在展览《阿梅代奥·莫迪利亚尼，内心之眼》的图册上，见前注，p. 158—165。
5. 布莱斯·桑德拉尔，《天空的细分》（*Le Lotissement du ciel*），巴黎Denoël出版社，1949年版，p. 430。比阿特丽斯·茹瓦耶-普吕内尔在上述文章的p. 160中提到过。
6. 弗朗西斯·史泰格勒（Francis Steegmuller）在《谷克多》中收录了诗人的回忆录，巴黎Buchet/Chastel出版社，1997年版，p. 113。比阿特丽斯·茹瓦耶-普吕内尔在上述文章的p. 161中提到过。
7. 关于法国式的作家和艺术家之间的认可模式，参见蒂埃里·杜弗雷（Thierry Dufrêne）的文章《1945年后的贾科梅蒂和他的巴黎作家们：文学与现实的神话》，发表于展览《阿尔伯托·贾科梅蒂工作室》（*L'Atelier d'Alberto Giacometti*）的展览图册上，巴黎阿尔伯托·贾科梅蒂基金会/蓬皮杜中心出版社，2007年，p. 330—347。
8. 保罗·纪尧姆写给乔瓦尼·夏维勒的信，引自科莱特·吉罗登，《保罗·纪尧姆和20世纪的画家们》，见前注，p. 30（1932年4月6日）。
9. 阿道夫·巴斯勒，《绘画……新宗教》，巴黎法国书店出版社，1926年版。
10. 帕里索（1996年版，IV），p. 28—30。《收藏的历史——来自雅克·盖兰的证言》（*Histoire d'une collection. Témoignage de Jacques Guérin*）。
11. 展览《20世纪艺术》，白教堂美术馆（1914年5月8日—6月20日）。和展览《法国艺术1914—1919》，芒萨德画廊（Mansard Gallery，1919年8月9日—9月6日）。
12. 引自比阿特丽斯·茹瓦耶-普吕内尔，见前注，p. 158。
13. 乔什和加斯东·伯恩海姆-琼，埃蒂安·比格努（Étienne Bignou）为大学城所组织策划的展览《百年法国绘画》，巴黎，1930年15—30日，在乔治·珀蒂画廊举办，n.p。
14. 里奥奈罗·文杜里，《31号展厅，阿梅代奥·莫迪利亚尼个人展》，发表于1930年《第十七届威尼斯双年展图录》中，p. 116—122。
15. 布劳恩，见前注文章，梅森·克莱恩（Mason Klein）主编，见前注，p. 25—41。
16.《白领女人》，1917年，布面油画，81厘米×60.2厘米，格勒诺布尔美术馆藏。塞罗尼n° 169。
17.《莫迪利亚尼的百幅画作》，雷蒙德·纳森塔作序，雅克·拉塞涅和里奥奈罗·文杜里撰文，巴黎夏彭蒂埃画廊（galerie Charpentier），1958年版。
18.《巴黎蒙帕纳斯》总13期，1930年2月号。
19. 夏维勒，见前注，n.p。
20. 艺术家很可能指的是《站立的金发裸体》（1917年），见p. 238；和《粉红裸体》又称《小挤奶女工》（1918年），见p. 239。莫迪利亚尼作品标题的多变性让我们一向以来都保持谨慎的态度来对待。
21. 沃尔德玛-乔治，见前注文章。
22. 夏维勒，见前注，n.p
23. 同上注。
24. 埃利·富尔，《现代艺术》，巴黎Crès et Cie出版社，1921年版，p. 476。
25. 莫德·戴尔，《现代艺术：莫迪利亚尼》，纽约A. Knopf出版社，1929年版。
26. 瓜蒂埃里·圣·拉孔罗，《莫迪利亚尼，绘画》，巴黎Le Chêne出版社，1948年版。
27. 皮埃尔·弗兰卡斯特尔，《法国绘画史》，见前注，p. 178。
28. 同上注，p. 257。
29. 里奥奈罗·文杜里，展览《莫迪利亚尼》图册，马赛康提尼博物馆，1958年版。
30. Idem，《意大利绘画，从卡拉瓦乔到莫迪利亚尼》（*La Peinture italienne, du Caravage à Modigliani*），日内瓦Skira出版社，1952年版，p. 153—159，此处见p. 158。
31. 阿纳森，《两次战争期间的巴黎画派》，收录于《现代艺术史》，纽约Abrams出版社，1986年版，p. 249—250。
32. 贝尔纳黛特·贡当苏主编，让-马里·古斯塔夫·勒克莱齐奥和丹尼尔·马谢修（Daniel Marchesseau）编纂，《阿梅代奥·莫迪利亚尼》展览图册，巴黎市立现代美术馆，s.n，1981年。
33. 夏维勒，见前注，n.p
34.《莫迪利亚尼的百幅画作》，见前注。
35. 欧森冯和让纳雷，《立体主义之后》（*Après le cubisme*），巴黎评论出版社（Édition des Commentaires），1918年，p. 58。
36. 戈特哈德·耶德利卡，《插画家阿尔伯托·贾科梅蒂》，瑞士奥尔腾Vereinigung Oltner Bücherfreunde出版社，1960年版。
37. 帕塔尼（1994年版），p. 10。
38. 关于莫迪利亚尼的人像，詹姆斯·特劳尔·索比提出“腹语表演者的假人”（演说家的假人）。参见《莫迪利亚尼》，纽约现代艺术博物馆，1951年版，p. 10。
39. 让-马里·古斯塔夫·勒克莱齐奥，发表于贝尔纳黛特·贡当苏的著作中，见前注，p. 11。

参考书目

来源与证言

Akhmatova, Anna, *Amedeo Modigliani : Paris 1911*, trad. Christian Mouze, Marseille, Harpo &, 2000, n.p.

Alexandre, Noël, *Modigliani inconnu. Témoignages, documents et dessins inédits de l'ancienne collection Paul Alexandre*, Paris, Albin Michel, 1993.

Carco, Francis, « Modigliani », *L'Éventail*, Genève, 15 juillet 1919, p. 201-209.

Cendrars, Blaise, « Sur un portrait de Modigliani », in cat. exp. *Modigliani. Peintures. Dessins*, Paris, galerie Berthe Weill, 3 décembre 1917.

Idem, *Le Lotissement du ciel*, Paris, Denoël, 1949.

Cendrars, Paris, Gallimard, coll. « Album de La Pléiade » (n° 52), 2013.

Ceroni, Ambrogio, *Amedeo Modigliani, peintre*, suivi des « Souvenirs » de Lunia Czechowska, Milan, Milione, 1958.

Cingria, Charles-Albert, « Pages sur Modigliani » (1931), repris in Arthur Pfannstiel, *Dessins de Modigliani*, Paris, Mermod, 1958, XI-XVIII.

Cocteau, Jean, *Modigliani*, Paris, Hazan, 1950.

Conversazioni Modigliani, presentazione di Leone Piccioni (edizione speciale per il *Corriere della Sera*), Rizzoli, Skira, Milan, 2004.

Coquiot, Gustave, « Modigliani », in *Des peintres maudits*, Paris, Delpeuch, 1924, p. 101-112.

Correspondance Gino Severini Jacques Maritain (1923-1966), éd. établie, présentée et annotée par Giulia Radin, Florence, Leo S. Olschki editore, documenti del MART, 14, 2011, p. 50-56.

Douglas, Charles (Charles Beadle et Douglas Goldring), *Artist Quarter : Modigliani, Montmartre & Montparnasse (Reminiscences of Montmartre and Montparnasse in the First Two Decades of the Twentieth Century)*, Londres, Faber and Faber Ltd., 1941.

Epstein, Jacob, *Let There Be Sculpture*, *An Autobiography*, Londres, Hulton Press, 1955.

Epstein, Jacob, Arnold L. Haskell, *The Sculptor speaks*, Londres, William Heinemann, 1931.

Faure, Élie, *L'Art moderne*, Paris, Crès et Cie, 1921, p. 476.

Fels, Florent, « Chroniques artistiques. Modigliani », *Nouvelles littéraires, artistiques et scientifiques*, n° 158, 24 octobre 1925, p. 4.

Garsin-Modigliani, Eugénie, « Le livre de raison », tenu du 17 mai 1886 au 20 septembre 1929, in Christian Parisot, *Amedeo Modigliani (1884-1920). Biographie*, Turin, Canale Arte, 2000, p. 29-48, précédé de « L'Histoire de notre famille », p. 7-27.

Guillaume, Paul, « Modigliani », *Les Arts à Paris*, n° 6, novembre 1920.

Hamnett, Nina, *Laughing Torso : Reminiscences of Nina Hamnett*, Londres, Constable and Co., New York, Ray Long & Richard R. Smith, 1932.

Hastings, Beatrice, *The Old « New Age »*, *Orage and Others*, Londres, Blue Moon Press, 1936.

Lanthemann, Joseph, Christian Parisot, *Modigliani inconnu*, suivi de *Précisions et documents inédits*, trad. de Paola Miglietti, Brescia/Paris, Shakespeare et Company, 1978.

Lipchitz, Jacques, *Amedeo Modigliani (1884-1920)*, New York, Abrams, 1953, Paris, Flammarion, 1954, n.p.

Idem, *Amedeo Modigliani*, Milan, Garzanti, 1958.

Lipchitz, Jacques, avec H.H. Arnason, *My Life in Sculpture*, New York, Viking Press, 1972.

Lormian, Henri, « Modigliani et sa légende », *Beaux-Arts*, n° 54, 12 janvier 1934, p. 5.

Meidner, Ludwig, « The young Modigliani : some memories », *Burlington Magazine*, 1943, 82, p. 87-91.

Paris Montparnasse, n° 13, février 1930 (numéro d'hommage à Modigliani).

Reverdy, Pierre, *Le Voleur de talan*, Avignon, imprimerie Rullière, 1917.

Salmon, André « Modigliani », in *L'Art vivant*, Paris, Crès et Cie, 1920, p. 279-281.

Idem, « Modigliani », *L'Amour de l'art*, n° 1, janvier 1922.

Idem, *Propos d'atelier*, Paris, Crès et Cie, 1922, p. 218-219.

Scheiwiller, Giovanni (dir), *Omaggio a Modigliani (1884-1920)*, Milan, 1930.

Severini, Gino, *La Vie d'un peintre*, trad. Alain Madeleine-Perdrillat, Paris, Hazan, 2011, p. 37-38.

Venturi, Lionello, « Mostra individuale di Amedeo Modigliani, sala 31 », in *Catalogo illustrato della XVII Esposizione Biennale di Venezia*, Venise, 1930, p. 116-122.

Vlaminck, Maurice de, « Souvenir de Modigliani », *L'Art vivant*, I, n° 21, Paris, novembre 1925.

Waldemar-George, « Modigliani », *L'Amour de l'Art*, VI, Paris, octobre 1925.

Idem, « Voici Modigliani dans sa grandeur et sa misère », *Beaux-Arts*, 22 avril 1938.

Weill, Berthe, *Pan !... dans l'œil ! ou trente ans dans les coulisses de la peinture contemporaine*, Paris, Librairie Lipschutz, 1933.

Zadkine, Ossip, *Le Maillet et le ciseau. Souvenirs de ma vie*, Paris, Albin Michel, 1968, p. 92.

Zborowska, Anna, *Modigliani et Zborowski*, Paris, L'Échoppe, 2015.

Zborowski, Léopold, *Modigliani*, Milan, Garotto, 1945.

个人传记

Meyers, Jeffrey, *Modigliani : a Life*, Londres, Duckworth, 2006.

Modigliani, Jeanne, *Modigliani senza legenda*, Vallecchi Editore, 1958. Première trad. française : *Modigliani sans légende*, Paris, Gründ, 1961. Cité dans notre ouvrage d'après *Modigliani sans légende*, édité par Claudia Moatti, Paris, Biro, 1990.

Idem, *Modigliani, mio padre*, Milan, Abscondita, 2005.

Parisot, Christian, *Amedeo Modigliani 1884-1920. Biographie*, Turin, Canale Arte, 2000.

Rose, June, *Modigliani : The Pure Bohemian*, London, Constable, 1990.

Salmon, André, *La Vie passionnée de Modigliani*, Paris, Intercontinentale du livre, 1958.

Secrest, Meryle, *Modigliani : A Life*, New York, Alfred A. Knopf, 2011.

Sichel, Pierre, *Modigliani : A Biography*, Londres, W.H. Allen, 1967.

作品总录

Alexandre, Noël, Diederik Bakhuÿs, *Amedeo Modigliani. Peintures et dessins provenant de la collection de Paul Alexandre conservés au musée des Beaux-Arts de Rouen*, Rouen, musée des Beaux-Arts, cabinet des dessins, 2002.

Ceroni, Ambrogio, *Tout l'œuvre peint de Modigliani*, trad. Simon Darses, introduction par Françoise Cachin, Paris, Flammarion, coll. «Les Classiques de l'art», 1972.

Idem, *Amedeo Modigliani, dessins et sculptures avec suite du catalogue illustré des peintures*, Milan, Edizioni del Milione, 1965.

Idem, *I dipinti di Modigliani*, presentazione di Leone Piccioni, apparati critici e filologici di A. Ceroni, Milan, Rizzoli, 1966.

Ceroni, Ambrogio (dir.), *Amedeo Modigliani, peintre*, Milan, Edizioni del Milione, 1958.

Lanthemann, Joseph, *Modigliani, 1884-1920. Catalogue raisonné : sa vie, son œuvre complet, son art*, Barcelone, Condal, 1970.

Parisot, Christian, *Modigliani. Catalogue raisonné, tome I : dessins, aquarelles*, Livourne, Graphis Arte, 1990.

Idem, *Modigliani. Catalogue raisonné, tome II : peintures, dessins, aquarelles*, Livourne, Graphis Arte, 1991.

Idem, *Modigliani. Catalogue raisonné, tome III : dessins, aquarelles*, Rome, Carte Segrete, 2006.

Idem, *Modigliani. Catalogue raisonné, tome IV : témoignages*, s.l., Éditions des archives, 1996.

Idem, *Amedeo Modigliani. Catalogue raisonné, tome V*, Florence, éditions Forma, 2012.

Patani, Osvaldo, *Modigliani. Disegni*, Edizioni della Seggiola, 1976.

Patani, Osvaldo (dir), *Modigliani. Dipinti e disegni. Incontri italiani 1900-1920*, Milan, Mazzotta, 1984.

Idem, *Amedeo Modigliani. Catalogo generale*, 3 vol., Milan, Leonardo, 1991-1994.

Idem, *Amedeo Modigliani. Catalogo generale. Disegni (1906-1920)*, Milan, Leonardo Editore, 1994.

Pfannstiel, Arthur, *Modigliani et son œuvre. Étude critique et catalogue raisonné*, Paris, Bibliothèque des Arts, 1956.

Idem, *Dessins de Modigliani*, Lausanne, éditions Mermod, 1958.

Vitali, Lamberto, *Disegni di Modigliani* (1929), vol. 1 de *Arte Moderna Italiana*, série C, *Disegnatori*, Hoepli, 1936.

展览目录

专著类

1re exposition Lyre et Palette : *Kisling, Matisse, Modigliani, Ortiz de Zárate, Picasso. Sculptures nègres*, Paris, novembre-décembre 1916.

Modigliani. Dessins. Peintures (3-30 décembre 1917), Paris, galerie Berthe Weill, 1917.

Modigliani, Paris, galerie Bing & Cie, novembre 1925.

Exhibitions of Paintings by Modigliani, Londres, The Lefevre Galleries, mars 1929.

Amedeo Modigliani (1884-1920). Retrospective Exhibition of Paintings, New York, novembre 1931, préface de Maud Dale, New York, Demotte Inc., 1931.

Modigliani, janvier-février 1934, Bâle, Kunsthalle, préface de Charles-Albert Cingria, 1934.

Modigliani (1884-1920). Peintures, 21 décembre 1944-31 janvier 1945, textes d'André Warnod, Paris, Galerie de France, 1944.

Modigliani : Paintings, Drawings, Sculptures, introduction de James Thrall Soby, The Cleveland Museum of Art/New York, The Museum of Modern Art, 1951.

Cent tableaux de Modigliani, Paris, galerie Charpentier, 1958.

Modigliani, présentation de Lionello Venturi, Marseille, musée Cantini, 1958.

Modigliani (1884-1920), musée d'Art moderne de la Ville de Paris, mars-juin 1981.

The Unknown Modigliani : Drawings from the Collection of Paul Alexandre, Londres, The Royal Academy, janvier-avril 1994.

Modigliani. L'ange au visage grave, Marc Restellini (dir.), Paris, musée du Luxembourg, Milan, Palazzo Reale, 2002-2003, Milan/Paris, Skira/Le Seuil, 2002.

Modigliani. Beyond the Myth, Mason Klein (dir.), New York, Toronto, Washington, The Jewish Museum/Yale University Press, 2004.

Modigliani Scultore, Rovereto, Museo di Arte Moderna e Contemporanea di Trento e Rovereto, 18 décembre 2010-27 mars 2011, Gabriella Belli, Flavio Fergonzi et Alessandro del Puppo (dir.), Milan, Silvana Editoriale, 2010.

Amedeo Modigliani. L'œil intérieur, Villeneuve-d'Ascq, LaM, 27 février-5 juin 2016, Sophie Lévy, Jeanne-Bathilde Lacourt et Marie-Amélie Senot (dir.), Paris, Gallimard, 2016.

Modigliani, Simonetta Fraquelli, Nancy Ireson (dir.), Londres, Tate Publishing, 2017.

Modigliani Unmasked, New York, The Jewish Museum, septembre 2017-février 2018, Mason Klein (dir.), New York, Yale University Press, 2017.

合集类

Twentieth Century Art. A Review of Modern Movements, Londres, Whitechapel Art Gallery, 8 mai-20 juin 1914.

Exhibition of French Art 1914-1919, Londres, Mansard Gallery, 9 août-6 septembre 1919.

XIII Esposizione Internazionale d'Arte della Città di Venezia, 15 avril-31 octobre 1922, texte de Vittorio Pica, «Amedeo Modigliani», Milan, Bestetti e Tumminelli, 1922, p. 57.

XVII Esposizione Internazionale d'Arte della Città di Venezia, texte de Lionello Venturi, éd. Carlo Ferrari, 1930.

Cent ans de peinture française, Paris, galerie Georges Petit, 15-30 juin 1930.

Première exposition Fraternité. Quelques peintres juifs et le pathétique dans l'art, Paris, galerie Jean-Marc Vidal, juin-juillet 1945.

Exposition des cent chefs-d'œuvre de l'École de Paris, Paris, galerie Charpentier, 1946.

Cent chefs-d'œuvre de l'art français, 1750-1950, Paris, galerie Charpentier, 1957.

The Circle of Montparnasse : Jewish Artists in Paris, 1905-1945, Kenneth E. Silver et Romy Golan (dir.), New York, Universe Publishing et The Jewish Museum, 1985.

Modigliani and the Artists of Montparnasse, Kenneth Wayne (dir), Buffalo, Fort Worth, Los Angeles, New York, Harry N. Abrams, 2002.

专著

Basler, Adolphe, *Modigliani*, Paris, Crès et Cie, 1931.

Carli, Enzo, *Amedeo Modigliani. Con una testimonianza di Jean Cassou*, Rome, De Luca, 1952.

Dale, Maud, *Modern Art : Modigliani*, New York, A. Knopf, 1929.

Descargues, Pierre, *Modigliani (1884-1920)*, Paris, Braun, 1951.

Diehl, Gaston, *Modigliani*, Paris, Flammarion, 1969.

Hall, Douglas, *Modigliani*, Londres, Phaidon, 1984.

Jedlicka, Gotthard, *Modigliani (1884-1920)*, Zurich, E. Rentsch, 1954.

Parisot, Christian, *Modigliani*, Paris, Gallimard, 2005.

Pfannstiel, Arthur, *Modigliani*, préface de Louis Latourrettes, Paris, M. Seheur, 1929.

Roy, Claude, *Modigliani*, Genève, Albert Skira, 1958.

Russoli, Franco, *Modigliani*, Milan, Silvana Editoriale d'Arte, 1958.

Salmon, André, *Modigliani. Sa vie et son œuvre*, Paris, Éditions des Quatre Chemins, 1926.

San Lazzaro, Gualtieri di, *Modigliani, peintures*, Paris, Le Chêne, 1948.

Idem, *Modigliani*, Paris, Le Chêne, 1953.

Idem, *Modigliani, portraits*, Paris, Fernand Hazan, 1957.

Schaub-Koch, Émile, *Amedeo Modigliani*, Lille-Paris, Mercure universel, 1933.

Scheiwiller, Giovanni, *Amedeo Modigliani*, Milan, Librairie Ulrico Hoepli, coll. «Arte moderna italiana» 8, 1927.

Schmalenbach, Werner, *Amedeo Modigliani : Paintings, Sculptures, Drawings*, Munich, Prestel, 1990.

Werner, Alfred, *Modigliani*, trad. Éliane Brau, Paris, Cercle d'Art, 1968.

历史及艺术背景

Basler, Adolphe, *La Peinture… religion nouvelle*, Paris, Librairie de France, 1926.

Idem, *La Sculpture moderne en France*, Paris, Crès et Cie, 1928.

Idem, Kunstler, Charles, *La Peinture indépendante en France, 2 : De Matisse à Segonzac*, Paris, Crès et Cie, 1929, p. 102.

Braun, Emily, «The Faces of Modigliani. Identity Politics under Fascism», in Mason Klein, *Modigliani. Beyond the Myth*, New York, The Jewish Museum, Yale University Press, 2004, p. 25-41.

Carco, Francis, *Le Nu dans la peinture moderne (1863-1920)*, Paris, Crès et Cie, 1924.

Coquiot, Gustave, *Cubistes, futuristes, passéistes : essai sur la jeune peinture et la jeune sculpture*, Paris, Ollendorff, 1929.

Courthion, Pierre, *Montmartre*, Paris, Albert Skira, 1956.

Crespelle, Jean-Pierre, *Modigliani, les femmes, les amis, l'œuvre*, Paris, Presses de la Cité, 1969.

Idem, *La Vie quotidienne à Montparnasse à la grande époque 1905-1930*, Paris, Hachette 1976.

Dorgelès, Roland, *Quand j'étais Montmartrois*, Paris, Albin Michel, 1936.

Fels, Florent, *L'Art vivant de 1900 à nos jours*, Genève, Pierre Cailler, 1956.

Fuss-Amoré, Gustave, Maurice Des Ombiaux, *Montparnasse*, Paris, Albin Michel, 1925.

Georges-Michel, Michel, *Les Montparnos. Roman nouveau de la bohème cosmopolite*, Paris, Arthème Fayard et Cie, 1923.

Giraudon, Colette, *Paul Guillaume et les peintres du XXe siècle. De l'art nègre à l'avant-garde*, Paris, Bibliothèque des Arts, 1993.

Joyeux-Prunel, Béatrice, « La revanche d'un mort ? Modigliani sur le marché international de l'art moderne, 1906-1960 », in cat. exp. *Modigliani. L'œil intérieur*, Villeneuve-d'Ascq, LaM, 27 février-5 juin 2016, Paris, Gallimard, 2016, p. 158-165.

Klüver, Billy, Julie Martin, *Kiki et Montparnasse, 1900-1930*, Paris, Flammarion, 1989.

Macedo, Diogo de, *Amadeo Modigliani e Amadeo de Souza Cardoso*, Lisbonne, Edições Panorama, 1959.

Mann, Vivian B. (dir), *Garden and Ghettos : The Art of Jewish Life in Italy*, Berkeley, University of California Press, 1989.

Olivier, Fernande, *Picasso et ses amis*, Paris, Stock, 1933.

Salmon, André, *La Jeune Sculpture française*, Paris, Société des Trente, Albert Messein, 1919.

Idem, *L'Art vivant*, Paris, Crès et Cie, 1920.

Silver, Kenneth E., Rémi Golan, *The Circle of Montparnasse : Jewish Artists in Paris, 1905-1945*, New York, Universe Books, 1985.

Warnod, André, *Les Berceaux de la jeune peinture. Montmartre-Montparnasse*, Paris, Albin Michel, 1926.

Warnod, Jeanine, *La Ruche et Montparnasse*, Genève, Paris, Weber, 1978.

Wayne, Kenneth, « Modigliani entre 1914 et 1916 : Beatrice Hastings, portraits d'artistes et proto-surréalisme », in cat. exp. *Amedeo Modigliani. L'œil intérieur*, Villeneuve-d'Ascq, LaM, 27 février-5 juin 2016, Paris, Gallimard, 2016, p. 69-82.

Idem, « Modigliani's Inner Circle », in Simonetta Fraquelli, Nancy Ireson (dir.), *Modigliani*. Londres, Tate Publishing, 2017, p. 178.

风格研究

Balas, Edith, « The art of Egypt as Modigliani stylistic source », *Gazette des Beaux-Arts*, février 1981, p. 87-94.

Idem, « The Unbuilt Architecture of the Early Modern Sculptors », *Gazette des Beaux-Arts*, novembre 1987, p. 181-190.

Barotte, René, « Un peintre du subconscient », *L'Homme libre*, 14 avril 1938.

Bernheim-Jeune, Josse et Gaston, Étienne Bignou, introduction à *Cent ans de peinture française*, cat. exp. Paris, 15-30 juin 1930, galerie Georges Petit, n.p.

Cartier, Jean-Albert, *Modigliani : nus*, Paris, Hazan, 1958.

Daix, Pierre, « Picasso et Modigliani », in Marc Restellini (dir.) *Modigliani. L'ange au visage grave*, Paris/Genève, Le Seuil/Skira, 2002, p. 63-70.

Dale, Maud, « Vérisme et stylisation », *Formes*, Paris, octobre 1931.

Décimo, Marc, « Portrait de Modigliani en lettré moderne », in cat. exp. *Amedeo Modigliani. L'œil intérieur*, Villeneuve-d'Ascq, LaM, 27 février-5 juin 2016, Paris, Gallimard, 2016, p. 106-107.

Einstein, Carl, « Modigliani », *Die Kunst des XX Jahrhundert*, Berlin, 1926.

Fergonzi, Flavio, « Questioni preliminari per Modigliani Scultore », in Gabriella Belli, Flavio Fergonzi et Alessandro Del Puppo (dir.), cat. exp. *Modigliani Scultore*, Rovereto, Museo di Arte Moderna e Contemporanea di Trento e Rovereto, 18 décembre 2010-27 mars 2011, Milan, Silvana Editoriale, 2010. p. 21-61.

Fraquelli, Simonetta, « Modigliani & the Impact of the Midi », in Simonetta Fraquelli, Nancy Ireson (dir.), *Modigliani*, Londres, Tate Publishing, 2017, p. 149.

Fry, Roger, « Line as a means of expression in modern art », *Burlington Magazine*, 34, 1919, p. 62-63, 66-67, 69.

Green, Christopher, *Art in France, 1900-1940*, New Haven, Londres, 2000. Voir notamment p. 202-217.

Kruszynski, Anette, *Amedeo Modigliani : Portraits and Nudes*, Munich/New York, Prestel, 1996.

Lacourt, Jeanne-Bathilde, « L'art qui sépare et qui unit. Le grand œuvre de Modigliani 1909-1915 », in cat. exp. *Amedeo Modigliani. L'œil intérieur*, Villeneuve-d'Ascq, LaM, 27 février-5 juin 2016, Paris, Gallimard, 2016, p. 25.

Lévy, Sophie, « Modigliani, portraitiste de l'androgyne », in cat. exp. *Amedeo Modigliani. L'œil intérieur*, Villeneuve-d'Ascq, LaM, 27 février-5 juin 2016, Paris, Gallimard, 2016, p. 98-99.

Magalhães, Ana Gonçalves, Márcia de Almeida Rizzutto, Dalva Lúcia Araújo De Faria, Pedro Herzilio Ottoni Viviani de Campos, « *Autorretrato* de Amedeo Modigliani do acervo do MAC USP à luz de sua história material », *Anais do Museu Paulista* São Paulo, Nova Série, vol. 27, 2019, p. 1-37.

Neugass, Fritz, « Les sources de l'art de Modigliani », *Art et artistes*, n° 149, 1934, p. 330-335.

Pedrosa, Mário, « Modigliani em triunfo », *Jornal do Brasil*, 29 mai 1958, p. 6.

Pollock, Griselda, « Modigliani and the Bodies of Art. Carnality, Attentiveness, and the Modernist Struggle », in cat. exp. *Modigliani Unmasked*, New York, The Jewish Museum, septembre 2017-février 2018, p. 55-73.

Ragghianti, Carlo L., « Revisione di Modigliani », *Sele Arte*, VII, 40, Florence, mars-avril 1959.

Röthlisberger, Marcel, « Les Cariatides de Modigliani », *Critica d'Arte*, VII, 1960.

Schmalenbach, Werner, « Les Portraits », in Marc Restellini (dir.) *Modigliani. L'ange au visage grave*, Paris/Genève, Le Seuil/Skira, 2002, p. 33-52.

Schuster, Bernard, Arthur Pfannstiel, *Modigliani : a Study of His Sculpture*, Jacksonville, Namega Corporation, 1986.

Senot, Marie-Amélie, « Roger Dutilleul, le "choc" du collectionneur », in cat. exp. *Amedeo Modigliani. L'œil intérieur*, Villeneuve-d'Ascq, LaM, 27 février-5 juin 2016, Paris, Gallimard, 2016, p. 119-139.

Venturi, Lionello, *La Peinture italienne, du Caravage à Modigliani*, Genève, Skira, 1952, p. 153-159.

Vlaminck, Maurice de, « Réflexions sur Rousseau et Modigliani », *Beaux-Arts*, n° 157, Paris, 1936.

Warnod, Jeanine, *Chez la baronne d'Oettingen : Paris russe et avant-gardes (1913-1935)*, Paris, éditions de Conti, 2008, notamment p. 109.

Werner, Alfred, *Modigliani sculpteur*, adaptation française de F. et J. Bruschweiler, Genève, Nagel, 1962.

Wilkinson, Alan G., « Paris et Londres. Modigliani, Lipchitz, Epstein et Gaudier-Brzeska », in William Rubin, *Primitivism in XXth Century Art*, New York, MoMA, 1986, p. 417-423, 451.

纪录片

Jean-Marie Drot, *Enquête sur la vie, l'œuvre et le destin de Modigliani*, film ORTF, 16 mm, 55 mn, 1963.

莫迪利亚尼技术研究项目 (2017-2018), *The Burlington Magazine*, mars-mai 2018.

网站

http://www.secretmodigliani.com

https://www.tate.org.uk/whats-on/tate-modern/exhibition/modigliani/modigliani-vr-ochre-atelier

http://www.amis-de-modigliani.net

索引

粗体数字代表插图页码

D

E

F

G

H

I

J

K

L

本书中展示的莫迪利亚尼作品名录

CRÉDITS PHOTOGRAPHIQUES

Bridgeman Images, Paris : plat 1 du coffret, p. 22, 24, 31, 36d, 37, 55, 79g, 88, 89, 116, 117g, 125, 139, 169, 171, 179, 185, 217, 228, 231, 232-233, 279, 282, 288, 301b, 303 (Photo © Christie's Images) ; p. 15, 26d, 32, 42, 43h, 43bd, 48h, 71, 140d, 206, 209, 210h, 246b, 260, 265, 268, 276, 291, 293 ; p. 16g (Photo © AGIP) ; p. 25h (© Dario Grimaldi) ; p. 51 (Bequeathed by Lillian Browse, 2005, received 2006) ; p. 63 (Gift of Lois Orswell) ; p. 66 (Gift of Mr. and Mrs. John Cowles) ; p. 68 (Photo: © National Gallery of Australia, Canberra/Purchased 1976) ; p. 106 (Photo © Luisa Ricciarini) ; p. 121 (Gift of Mary E. Johnston) ; p. 177 (Gift of the Leland Fikes Foundation, Inc.) ; p. 180 (Photo Josse) ; p. 201, 281 (Photo © Lefevre Fine Art Ltd., London) ; p. 202 (Museum purchase funded by Audrey Jones Beck) ; p. 208 (Minneapolis Institute of Art/Bequest of Putnam Dana McMillan) ; p. 214-215 (Gift of Joseph and Enid Bissett) ; p. 220 (© Lukas – Art in Flanders VZW) ; p. 259 (Photo © Boltin Picture Library) ; p. 273 (Gift of Mrs Julian Bobbs in memory of William Ray Adams). **© Barnes Foundation, Philadelphie :** p. 4, 27d, 85, 118, 150, 154, 167, 178, 182, 240-241, 269, 284, 287, 301hd. **Agence photographique de la Réunion des Musées Nationaux – Grand Palais, Paris :** p. 5, 147, 189 et 264 (Centre Pompidou, MNAM-CCI/Georges Meguerditchian), 11, 96, 156 et 175 (Centre Pompidou, MNAM-CCI/Bertrand Prévost), 19b, 81, 84 et 94 (Centre Pompidou, MNAM-CCI/Philippe Migeat), 60, 73 et 298 (Centre Pompidou, MNAM-CCI/Image Centre Pompidou, MNAM-CCI), 62g (Centre Pompidou, MNAM-CCI/ Jacqueline Hyde) ; p. 6 et 184 (Musée national Picasso-Paris/Adrien Didierjean), 77bg (Musée national Picasso-Paris/René-Gabriel Ojéda) ; p. 7, 183 (McNay Art Museum/ Image McNay Museum) ; p. 8, 46d, 72, 79d, 186, 275 (Tate, Londres/Tate Photography) ; p. 12-13, 174, 257 (The Solomon R. Guggenheim Foundation/Art Resource, NY) ; p. 35, 43bg (Albright-Knox Art Gallery/Image AKAG) ; p. 40b (The National Gallery, Londres/National Gallery Photographic Department) ; p. 58, 90, 91 et 242-243 (The Metropolitan Museum of Art/Image of the MMA/ The Mr. and Mrs. Klaus G. Perls Collection, 1997), 109 et 130 (The Metropolitan Museum of Art/Image of the MMA/Bequest of Miss Adelaide Milton de Groot), 197 (The Metropolitan Museum of Art/Image of the MMA/ Gift of the Chester Dale Collection, 1956), 248 et 285 (The Metropolitan Museum of Art/Image of the MMA/ Gift of Mr. and Mrs. Nate B. Spingold, 1956) ; p. 76 (BPK, Berlin/Wolfgang Pankoke), 82, 120 et 129 (BPK, Berlin/Walter Klein), 133, 136 et 224-225 (BPK, Berlin/ Image Staatsgalerie Stuttgart) ; p. 77bd, 222 (Musée du Louvre/Franck Raux) ; p. 78h (Kimbell Museum, Fort Worth, Texas/Image Kimbell Museum) ; p. 78b (Musée du quai Branly – Jacques Chirac/Claude Germain) ; p. 80d (MNAAG, Paris/Michel Urtado), 82b (MNAAG, Paris/ Thierry Ollivier), 87d (MNAAG, Paris/Image musée Guimet) ; p. 95 (Archives Alinari, Florence/Mauro Magliani), 192d, 246h (Archives Alinari, Florence/Georges Tatge) ; p. 99, 102h, 110, 111 et 173 (Musée de l'Orangerie/ Hervé Lewandowski), 102b et 266 (Musée de l'Orangerie/ Archives Alain Bouret, image Dominique Couto) ; p. 115, 132 (Art Institute of Chicago/Image the Art Institute of Chicago) ; p. 215 (Musée d'Orsay/Patrice Schmidt), 221 (Musée d'Orsay/Hervé Lewandowski) ; p. 252 (The Philadelphia Museum of Art/Image Philadelphia Museum of Art). **Scala Archives, Florence :** p. 10, 17, 127, 142, 144, 166, 168, 195, 226-227, 294 (Heritage Images) ; p. 27g (Cameraphoto) ; p. 29, 34, 36g, 56, 57, 62d, 69g, 107, 152, 153, 155, 164, 200, 222-223, 235, 238, 253g, 256, 261, 301hg (Christie's Images, London) ; p. 33d, 192g (Studio Fotografico Luca Carrà) ; p. 41g (V&A Images/Victoria and Albert Museum, London) ; p. 65, 74 (Photo The Philadelphia Museum of Art/Art Resource, NY) ; p. 67g, 141 (Princeton University Art Museum/Art Resource, NY) ; p. 70, 77h, 83, 100g, 117d, 123hg, 194, 210b, 218, 244, 244-245, 289, 290 (Digital Image, The Museum of Modern Art, New York) ; p. 75g (Albright Knox Art Gallery/Art Resource, NY) ; p. 101 (Photo Fine Art Images/Heritage Images) ; p. 103, 119b, 138, 162, 271b, 302, plat 4 du coffret ; p. 113, 131, 216 (Courtesy of the Ministero Beni e Att. Culturali e del Turismo) ; p. 123b (Mauro Ranzani) ; p. 234d (The Art Institute of Chicago/Art Resource, NY). **Bibliothèque nationale de France, Paris :** p. 14, 28d, 87g, 304. **Alamy Stock Photo :** p. 16d (Heritage Image Partnership Ltd) ; p. 26g (David Burton) ; p. 196, 270 (Art Heritage) ; p. 211 (Artepics). **Roger-Viollet, Paris :** p. 19h (Musée Carnavalet) ; p. 93, 251, 262, 300 (Musée d'Art moderne) ; p. 122 (Musée Bourdelle). **© Archives légales Amedeo Modigliani, Paris :** p. 25b, 39d, 86, 98, 100d, 250, 297. **© The Phillips Collection, Washington :** p. 30 (Gift of Jean Goriany, 1943), 191 (Acquired 1949). **© Binoche et Giquello :** p. 38. **AKG-Images, Paris :** p. 39hg (Heritage-images/Jewish Chronicle Archive) ; p. 40hg, 134, 237 (Heritage Images/Fine Art Images) ; p. 45h, 151 (Sotheby's) ; p. 75c, 229 (CDA/Guillot) ; p. 80g, 255, 258, 306 (Bernard Bonnefon) ; p. 112 (Erich Lessing) ; p. 143, 145, 176, 193, 199 ; p. 239 (Album) ; p. 247 (André Held). **Westimage/Art Digital Studio © Sotheby's :** p. 40hd, 170. **© Private collection, courtesy of Nathanson Fine Art, London :** p. 41d, 50g. **© Courtesy of the Hecht Museum Collection, University of Haifa, Israel :** p. 44, 53g. **© SMK, Copenhague :** p. 45b, 108, 181. **© The Metropolitan Museum of Art, New York :** p. 48b (H. O. Havemeyer Collection, Bequest of Mrs. H. O. Havemeyer, 1929). **© C. Lancien, C. Loisel/Réunion des Musées Métropolitains Rouen Normandie :** p. 49, 50d. **© LaM, Villeneuve d'Ascq :** p. 52, 204, 219, 283 (photo Nicolas Dewitte) ; p. 67d (photo Philip Bernard). **© Paul Alexandre family, courtesy of Nathanson Fine Art, London :** p. 54. **© Collection Abelló/Photo Joaquín Cortés :** p. 61. **© 2020 National Gallery of Art, Washington :** p. 64, 135, 137, 157, 159, 160, 165, 190, 212-213, 274, 277. **© Michel Bourguet :** p. 69d. **© The J. Paul Getty Museum, Los Angeles :** p. 75d. **© National Gallery Prague 2020 :** p. 92. **© LACMA :** p. 105, 161. **© Musée des Beaux-Arts, Quimper :** p. 119h. **© La Collection, Paris :** p. 123hd (Jean-Michel Drouet) ; p. 126 (Artothek). **© Museu de Arte de São Paulo Assis Chateaubriand/Photo João Musa :** p. 128, 158, 163, 263, 292. **© Rijksmuseum, Amsterdam :** p. 140g, 234g. **© Kunstmuseum Basel :** p. 148. **© Moderna Museet, Stockholm :** p. 187, 207. **© Private collection c/o Sotheby's :** p. 188. **© Rheinisches Bildarchiv, Köln/Photo Sabrina Walz :** p. 198 (rba_**d053978_01**). **© Courtesy of Nevill Keating Pictures :** p. 203. **© Yale University Art Gallery, New Haven :** p. 253d. **© Collection of David and Ezra Nahmad :** p. 267. **© Nancy, musée des Beaux-Arts/ Cliché C.Philippot :** p. 278. **Photograph Courtesy of Sotheby's, Inc. © 2020 :** p. 280. **© Avignon, Fondation Angladon-Dubrujeaud :** p. 286. **© Department of Image Collections, National Gallery of Art Library, Washington, DC. :** p. 296g. **© Nicolas Dewitte :** p. 296d. **© Laurence Pierre de Geyer, coll. Cinémathèque française :** p. 305.

DROITS PATRIMONIAUX

© Adagp, Paris 2020 pour les œuvres de Marevna (p. 15), František Kupka (p. 86, 87g, 92), Jean Metzinger (p. 86), Moïse Kisling (p. 140d), Carlo Carrà (p. 271b), André Derain (p. 298), Henri Laurens (p. 301hg), Chana Orloff (p. 301b).

© Adagp/Comité Cocteau, Paris 2020 : p. 19h.

© Succession Brancusi - All rights reserved (Adagp), 2020 : p. 60, 84.

© Fondation Foujita/Adagp, Paris 2020 : p. 300.

© Succession H. Matisse : p. 45b, 246b.

© Succession Picasso 2020 : p. 46d, 117d, 218.

© The Estate of Sir Jacob Epstein : p. 75d.

Photo Roger Schall © Collection Schall : p. 102b.

© Succession Alberto Giacometti (Fondation Alberto et Annette Giacometti, Paris + Adagp, Paris), 2020 : p. 302.

© Laurence Pierre de Geyer : p. 305.

Selon les règles du code de la propriété intellectuelle, toutes les recherches des ayants droit sur les images ont été faites. Que ceux qui n'auraient pas pu être contactés trouvent ici nos excuses et se fassent connaître à l'éditeur.